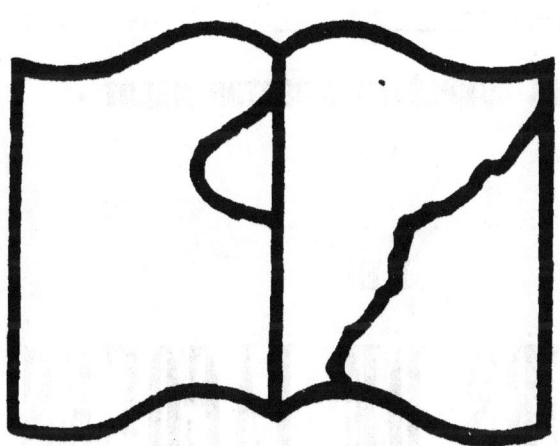

Couvertures supérieure et inférieure
détériorées

1 fr. 25 le volume

ŒUVRES COMPLÈTES D'HECTOR MALOT

LES
AMOURS DE JACQUES

PARIS
LIBRAIRIE MARPON & FLAMMARION
E. FLAMMARION, SUCC^r
26, RUE RACINE, PRÈS L'ODÉON

EN VENTE A LA MÊME LIBRAIRIE

EN COURS DE PUBLICATION

ŒUVRES COMPLÈTES D'HECTOR MALOT
à 1 fr. 25 le volume

Le Lieutenant Bonnet	1 vol.
Suzanne	1 vol.
Miss Clifton	1 vol.
Clotilde Martory	1 vol.
Pompon	1 vol.
Marichette	2 vol.
Un Curé de Province	1 vol.
Un Miracle	1 vol.
Romain Kalbris	1 vol.
La Fille de la Comédienne	1 vol.
L'Héritage d'Arthur	1 vol.
Le Colonel Chamberlain	1 vol.
La Marquise de Lucillière	1 vol.
Ida et Carmelita	1 vol.
Thérèse	1 vol.
Le Mariage de Juliette	1 vol.
Une Belle-Mère	1 vol.
Séduction	1 vol.
Paulette	1 vol.
Bon Jeune homme	1 vol.
Comte du Pape	1 vol.
Marié par les Prêtres	1 vol.
Cara	1 vol.
Vices Français	1 vol.
Raphaelle	1 vol.
Duchesse d'Arvernes	1 vol.
Corysandre	1 vol.
Anie	1 vol.
Les Millions Honteux	1 vol.
Le docteur Claude	2 vol.
Le Mari de Charlotte	1 vol.
Conscience	1 vol.
Justice	1 vol.
Les Amants	1 vol.
Les Époux	1 vol.
Les Enfants	1 vol.
Les Amours de Jacques	1 vol.

PARIS. — IMP. C. MARPON ET E. FLAMMARION, RUE RACINE, 26.

LES
AMOURS DE JACQUES

OUVRAGES DE HECTOR MALOT

COLLECTION GRAND IN-18 JÉSUS

LES VICTIMES D'AMOUR :		SANS FAMILLE.........	2 vol.
LES AMANTS, LES ÉPOUX,		LE DOCTEUR CLAUDE....	1 —
LES ENFANTS.........	3 vol.	LA BOHÈME TAPAGEUSE..	3 —
LES AMOURS DE JACQUES.	1 —	UNE FEMME D'ARGENT...	1 —
ROMAIN KALBRIS.......	1 —	POMPON.............	1 —
UN BEAU-FRÈRE........	1 —	SÉDUCTION...........	1 —
MADAME OBERNIN.......	1 —	LES MILLIONS HONTEUX..	1 —
UNE BONNE AFFAIRE....	1 —	LA PETITE SŒUR.......	2 —
UN CURÉ DE PROVINCE...	1 —	PAULETTE............	1 —
UN MIRACLE..........	1 —	LES BESOIGNEUX.......	2 —
SOUVENIRS D'UN BLESSÉ :		MARICHETTE..........	2 —
SUZANNE...........	1 —	MICHELINE...........	1 —
SOUVENIRS D'UN BLESSÉ :		LE SANG BLEU........	1 —
MISS CLIFTON........	1 —	LE LIEUTENANT BONNET.	1 —
LA BELLE MADAME DONIS.	1 —	BACCARA............	1 —
CLOTILDE MARTORY.....	1 —	ZYTE...............	1 —
UNE BELLE-MÈRE.......	1 —	VICES FRANÇAIS.......	1 —
LE MARI DE CHARLOTTE..	1 —	GHISLAINE...........	1 —
L'HÉRITAGE D'ARTHUR...	1 —	CONSCIENCE..........	1 —
L'AUBERGE DU MONDE : LE		JUSTICE.............	1 —
COLONEL CHAMBERLAIN,		MARIAGE RICHE.......	1 —
LA MARQUISE DE LUCIL-		MONDAINE...........	1 —
LIÈRE..............	2 —	MÈRE...............	1 —
L'AUBERGE DU MONDE : IDA		ANIE................	1 —
ET CARMELITA, THÉRÈSE	2 —	COMPLICES...........	1 —
MADAME PRÉTAVOINE....	2 —	EN FAMILLE..........	2 —
CARA................	1 —		

Mme HECTOR MALOT

FOLIE D'AMOUR......... 1 vol. | LE PRINCE............. 1 vol.

ÉMILE COLIN — IMPRIMERIE DE LAGNY

LES AMOURS
DE JACQUES

PAR

HECTOR MALOT

PARIS
ERNEST FLAMMARION, ÉDITEUR
26, RUE RACINE, PRÈS L'ODÉON

Tous droits réservés.

A JULES LEVALLOIS

Un goût vif pour les lettres, une vieille amitié profondément inaltérable nous unissent et nous soutiennent, mon cher Jules. Souvent nous avons puisé à ces sources des inspirations cordiales et de douces consolations. Aujourd'hui et en ta personne je rends à notre alliance ce témoignage mérité. En te priant d'accepter ce roman, je désire à la fois consacrer le souvenir de notre intime association de sentiments et de pensées, et remercier autant qu'il est en moi mon fidèle et vaillant compagnon dans la vie et dans l'art.

Hector MALOT.

Moisselles, 1er septembre 1860.

LES
AMOURS DE JACQUES

PREMIÈRE PARTIE

I

LA PENSION HEUDÉLAY

Le 11 août 1839 est une date qui marque dans l'histoire de ma vie : ce fut ce jour-là que mon père se décida tout à fait à m'envoyer en pension.

J'avais alors neuf ans, et depuis quinze mois que j'étudiais la grammaire, j'en étais arrivé aux pronoms ; encore n'avais-je sérieusement retenu que les substantifs ; pour les adjectifs, que je n'avais recommencé que trois ou quatre fois, je les connaissais de vue, mais en réalité il n'avait jamais existé, entre eux et moi, de relations bien suivies.

En revanche, je savais à fond, et dans tous leurs détails, *Roland furieux*, *Roland amoureux*, les *Quatre fils Aymon*, les *Douze pairs de France*, *Robert le Diable*, *Gil Blas* et le *Buchelier de Salamanque* découverts par moi dans un grenier, où leurs sales couvertures de parchemin jauni les avaient fait reléguer depuis longtemps ; j'avais lu une bonne partie de la *Bibliothèque de campagne* et je prévoyais à peu près sûrement, dès la cinquantième page, le dénoûment des romans qu'elle contient. Je savais encore enlever un cerf-volant, creuser un bateau dans un morceau de sapin, le gréer en brick ou en chasse-marée et, armé d'une gaule, le faire flotter sur une mare au milieu des archipels de renoncules et de nénufars ; enfin je savais jurer quand j'étais en colère et prier le bon Dieu quand il tonnait.

Toute cette partie d'éducation, je me l'étais donnée moi-même avec une ardeur intrépide et consciencieuse ; mais pour celle qu'on avait voulu m'imposer, je veux dire la grammaire et ses accessoires, je m'y étais soustrait avec la même intrépidité et la même conscience.

Ce n'était pas que je fusse un enfant rétif, j'étais seulement paresseux et surtout distrait et rêveur ; la tâche imposée était pour moi pleine d'un insurmontable ennui, la tâche choisie pleine d'un irrésistible charme ; — c'était là mon plus grand défaut ; par malheur, il était terriblement puissant.

J'avais beau, me faisant à moi-même les plus solennelles promesses, m'asseoir devant ma table, me plonger la tête entre les deux mains, et répéter vivement des lèvres en lisant des yeux : « Il y a trois personnes : la première est celle qui parle, *je, me, moi, nous* ; la seconde celle à qui l'on parle, *tu, te, toi, vous* ; » bientôt mes yeux se relevaient au plafond, et pendant que mes lèvres répétaient toujours machinalement, *je, me, moi, nous*, mon esprit s'échappait au galop et se mettait à songer à Rodomont, à Bradamante mon premier amour, à Roger, à Renaud ; puis oubliant tout à fait la grammaire, je me perdais de plus en plus profondément dans mes souvenirs, je vivais la vie de mes héros, j'étais Gil-Blas dans la caverne, Médor et Cloridan sur le champ de bataille.

Le vague sentiment des heures qui s'étaient écoulées me rappelait quelquefois brusquement à ma leçon ; mais alors la fièvre me prenait, je suais d'inquiétude et de remords, l'impatience empêchait l'attention, et quand on me faisait répéter, je ne disais pas deux mots couramment.

Mon père, qui voulait faire de moi un homme distingué, c'est-à-dire un magistrat, et qui se figurait, — il avait vécu parmi les vénérés débris du parlement de Rouen, — que, pour être juge ou substitut, il fallait absolument savoir quelque chose, mon père se désespérait, et se demandait chaque soir : « — Est-il bête ? est-il paresseux ? »

Bête, cela lui répugnait à croire, d'abord parce que j'étais son fils, et puis aussi parce que, dans la conversation et dans les choses de la vie, j'avais de ces réponses et de ces idées d'enfant terrible, qui ne manquent jamais de jeter les parents dans d'orgueilleuses surprises.

Il fut donc arrêté que j'étais paresseux, et que le meilleur remède à m'appliquer, c'était la pension.

Longtemps on en parla et on en reparla, sans rien conclure, car ma mère, avec deux mots, « il est bien faible, et il est encore bien jeune, » avait trouvé un excellent moyen pour me garder près d'elle.

— Au moins qu'il travaille, disait mon père.
— Il travaillera, répondait ma mère.
— Quand ?
— Demain.
— Hé bien, surveille-le ; pour moi, j'y renonce.

Et le lendemain, ma mère, s'imposant une sévérité à laquelle elle croyait plus que moi, se mettait courageusement à l'œuvre, tandis que je ne m'y mettais guère moi-même. Mais bientôt c'était à recommencer, et mon père, voulant juger de mes progrès, trouvait avec désespoir que j'en étais toujours à *je, me, moi, nous*. Il est vrai qu'il négligeait absolument de m'interroger sur les amours d'Isabelle et de Zerbin, qu'il ne me soupçonnait pas même de connaître.

Le 11 août 1839 amena enfin le dénoûment de cette comédie. Mon père, lisant dans le *Mémorial de Rouen* le compte rendu de la distribution solennelle des prix faite au collége, fut rappelé à ses idées favorites, et, pour n'être point cette fois encore exposé à des contradictions ou à des prières, il déclara formellement que le premier lundi d'octobre, j'entrerais à la pension Heudelay qui venait d'obtenir seize prix et trente-quatre accessits.

Ce fut avec d'habiles précautions et de douces câlineries que ma mère m'annonça cette grande nouvelle ; ce fut avec assez d'indifférence que je la reçus : pension n'était pour moi qu'un mot. Je n'avais jamais quitté la maison paternelle, je ne savais point encore ce que c'était que l'ennui, la solitude et les chagrins de l'absence.

Je le sus bientôt. Octobre accourut d'autant plus rapidement pour moi, que, débarrassé de toutes leçons, j'avais la liberté de retourner à mes romans, et de faire ce qui me passait par la tête : aussi étais-je si heureux que je ne pensais guère à mon prochain départ, mais autour de moi on y pensait : mon père me prenait maintenant avec lui dans toutes ses promenades, et ma mère, en travaillant à mon trousseau, m'attirait souvent contre elle quand je passais, et m'embrassait avec une émotion que je ne lui avais jamais vue.

La veille de mon départ, et après que j'eus fait assez fièrement mes adieux à mes camarades, pauvres petits paysans qui ne devaient jamais connaître la pension, mon père m'emmena dans son cabinet, ouvrit son secrétaire, et, tirant une assez grande quantité de pièces de cinq francs qu'il rangea devant moi :

— Tu vois ce que va nous coûter ton premier trimestre, dit-il ; eh bien, avant que tes classes soient terminées, il en faudra au moins cinquante fois autant ; tâche donc que cet argent ne soit pas perdu : travaille bien et deviens un homme.

Le lendemain, on m'éveilla avant le jour. La voiture qui devait nous conduire à Rouen partait à six heures du matin, et, pour la prendre, nous avions une lieue à faire dans des chemins de traverse. Une carriole nous attendait devant la porte. Pendant que ma mère y montait, mon père me prit dans ses bras, et, m'enlevant jusqu'à lui :

— Adieu, mon enfant, me dit-il d'une voix qui me parut tremblante.

Puis, me reposant vivement dans la voiture, il rentra rapidement dans le jardin et tira la grille sans se retourner. Assez étonné de cette brusquerie, j'en cherchais l'explication, quand je sentis deux bras m'enlacer, c'était ma mère qui m'attirait près d'elle, et, me pressant doucement sans rien dire, m'enveloppait de son manteau.

Entraînée par un bon cheval normand, la carriole partit au trot. Bientôt, à la clarté du jour se levant, la maison et le jardin, avec ses murs de bauge, disparurent dans un léger brouillard. Le chemin fit un brusque coude, et je ne vis plus que les cimes des ormes et des frênes détachant leurs lourdes feuilles d'automne sur le ciel pâle, qui se martelait de petits nuages cuivrés.

Alors, sans que j'eusse bien conscience de ce que je faisais, je me blottis contre ma mère, et quelques grosses larmes me coulèrent sur les joues ; mais presque aussitôt et par je ne sais quel enchaînement d'idées je me mis à penser à Gil-Blas quittant Oviédo, et me rappelant qu'il était fort allégrement parti sur la mule de son révérend oncle le chanoine, j'eus honte de ma faiblesse, j'essuyai mes larmes, et d'un air que je tâchai de rendre distrait, je regardai par la plaine grise et nue les corneilles qui s'abattaient en masses noires sur les champs qu'on venait d'ensemencer. Quand je quittai la carriole pour la diligence, je ne me souvenais même plus d'avoir pleuré.

Cependant je vis bientôt que ces larmes étaient plus naturelles que tout d'abord je ne l'avais cru ; presque tous les élèves que nous recueillîmes en route avaient les yeux rouges : attendant le passage de la voiture, groupés avec leurs parents devant les barrières des cours, ou assis au débouché d'un chemin herbu sur un tas de cailloux, ils ne cachaient point leur chagrin quand le conducteur brusquait leurs adieux, et dans leurs embrassements il y avait des sanglots : deux seulement ne montrèrent point d'émotion ; mais ceux-là étaient des grands qui grimpèrent sur l'impériale ; leurs tuniques s'ouvraient avec un air dégagé ; ils entraient souvent dans les auberges avec le conducteur, et ils montaient les côtes à pied pour fumer.

Attentif à ce qui se disait autour de moi, je ne tardai pas à apprendre que les pensions étaient en général des prisons où l'on mourait de faim, et qui avaient pour directeurs de misérables marchands de soupe ; mais quand une question de rivalité s'élevait entre les écoliers présents sur l'une ou l'autre de ces pensions, j'appris encore qu'elles étaient toutes parfaites, et que la plus irréprochable était inévitablement celle à laquelle appartenait le dernier orateur : seul le collège fut universellement attaqué, et comme il n'y avait pas là d'interne pour le défendre, il fut déclaré bouge, baraque et taudis.

Ces conversations, dont je ne perdais pas un mot, me donnèrent à réfléchir, et quand j'arrivai devant une grande porte cochère au-dessus de laquelle on lisait : « *Institution Heudelay,* » je me trouvais dans un singulier état de malaise ; j'avais le cœur serré, je voyais trouble.

— Entrez au parloir, nous dit un petit vieux qui empestait l'huile et le cirage, et qui semblait être le portier, — je vais aller voir si M. Heudelay est libre.

Et il nous introduisit dans une petite pièce plus longue que large, dont les murailles étaient tapissées de dessins au crayon et à l'aquarelle. A la place d'honneur, au-dessus d'un piano, s'étalait une immense page dessinée à la plume, avec une bordure d'oiseaux tricolores qui voletaient coquettement dans des parafes en tire-bouchon. J'appris plus tard qu'elle était l'œuvre du professeur d'écriture, et qu'on l'avait mise ainsi en évidence pour frapper d'admiration les parents qui ne savaient pas lire.

Le temps que le portier resta près de M. Heudelay me permit de jeter un coup d'œil sur l'ensemble de la pension, et l'impression que j'en reçus fut loin de calmer mon inquiétude : je n'avais jamais vu des murailles si froides, des arbres si chétifs, du sable si rempli de cailloux. La cour à peu près carrée était fermée, à son extrémité et en face de nous, par une grande maison avec d'innombrables fenêtres, à gauche, par une galerie couverte en zinc, et à droite, appliqué contre la propriété voisine, par un long bâtiment à un seul étage. La grande maison servait aux études, au réfectoire et aux dortoirs, la galerie en zinc aux récréations dans les jours de pluie, et le long bâtiment aux leçons de musique, de dessin et à la cuisine. De cette cuisine s'échappait, à travers la cour, en la partageant par la moitié, un ruisseau qui retenait entre ses pavés mal joints une eau gluante et noirâtre : au-dessus d'un banc de pierre, et à côté de la principale porte d'entrée, une cloche balançait sa chaînette de fer. De place en place, d'autres bancs s'appuyaient contre les murailles, et deux rangées de tilleuls et de catalpas montaient depuis le parloir et la loge du portier jusqu'à la maison. Leurs feuilles jaunies commençaient à tomber et à tranquillement pourrir sur le sol qui, depuis longtemps, n'avait point été foulé.

J'allais dire à ma mère que je trouvais tout cela bien triste et bien effrayant, quand parut un petit homme d'à peu près cinquante ans, à la démarche majestueuse, à l'air important, et qui avait le nez si rouge, que tout son visage en était éclairé : c'était M. Heudelay.

— Voilà donc notre jeune élève, dit-il en me regardant des pieds à la tête; le gaillard ne paraît ni sot ni embarrassé; mais halte-là!

Disant cela, il recula de trois pas, se mit à se balancer sur ses deux talons, en me fixant du doigt indicateur, comme s'il eût voulu me crever un œil.

— Halte-là! l'intelligence n'est pas tout; il faut le courage qui soutient et le travail qui nourrit. Pour ceux qui travaillent, je suis un père, pour ceux qui ne font rien, halte-là...

Et il se remit en position.

— Halte-là, je suis un diable.

Puis changeant de sujet, il voulut nous faire faire connaissance avec madame Heudelay, la première femme à lunettes que j'aie vue.

Après une visite qui dura plus d'une heure, et où il nous fallut voir chaque chose en détail, goûter au cidre des élèves, flairer le bouillon des élèves, nous asseoir sur le lit d'un élève, M. Heudelay me remit à ma mère et il nous rendit à tous deux la liberté.

Mais telle avait été la gêne qui s'était emparée de nous, que, même dans la rue, nous ne marchions qu'en nous parlant à voix basse, et que, sous les marronniers de la place Saint-Ouen, je croyais encore sentir me peser sur la tête le lourd silence des corridors. Rien ne put effacer cette impression, et au lieu de mettre à profit les dernières heures de la journée, en jouissant des plaisirs et des distractions que ma mère s'efforça de me donner, je revis sans cesse la pension, et ne pensai qu'aux sombres dortoirs, aux tristes classes, à la cour morne et glacée.

Cependant, et malgré mon anxiété, le temps s'écoula rapidement. Ma mère qui, tout aussi vivement que moi, désirait retarder notre séparation, eût bien voulu me coucher elle-même et s'assurer que je n'étais pas trop mal, mais M. Heudelay n'y consentit point, et il ne nous resta plus que quelques minutes pour nos adieux.

La cour que j'avais trouvée déserte le matin était alors à peu près pleine de groupes qui causaient bruyamment : la maison, depuis le haut jusqu'en bas, était rouge de lumières : par les fenêtres on voyait des ombres qui circulaient dans les classes et les dortoirs ; la sonnette de la rue retentissait coup sur coup, et la porte cochère, en retombant lourdement, annonçait la rentrée d'un pensionnaire. Assis sur un banc, ma mère et moi nous assistions à tout ce mouvement, — au milieu des domestiques qui allaient et venaient chargés de malles et de pupitres, — entourés d'élèves qui s'abordaient en se donnant des poignées de main, — pressés et coudoyés par des parents qui faisaient leurs dernières recommandations, — mais nous y assistions à peu près sans voir et sans entendre; elle me disait de douces paroles d'encouragement et je l'écoutais avec une attention qu'assurément je ne lui avais jamais prêtée. Quand la cloche sonna le coucher, elle me suppliait de ne jamais rester les pieds mouillés, et je le promettais en exigeant en échange qu'elle viendrait me voir dès le jeudi suivant.

Ce furent nos dernières paroles : petit à petit la cour s'était vidée ; les parents étaient partis les uns après les autres, et le portier, sa casquette à la main, se tenait auprès de nous. Alors elle m'embrassa une dernière fois en mêlant ses larmes aux miennes, et presque aussitôt la porte se referma avec un bruit qui m'écrasa le cœur.

Je demeurai stupide : il me semblait que je n'avais jamais été, et que jamais je ne pourrais être plus malheureux ; cependant je ne tardai pas à voir que je me trompais, et quand je me trouvai dans mon lit sans qu'on fût venu m'embrasser comme à l'ordinaire, quand le maître d'étude, éteignant les quinquets, eut allumé une veilleuse, qui brûlait dans un verre ébréché, quand on n'entendit plus un seul bruit ni dans la maison ni dans la rue, je me sentis encore plus triste, plus abandonné; j'enfonçai ma tête dans mon oreiller, je ne retins plus les sanglots qui m'étouffaient, et je me mis à verser deux ruisseaux de larmes : — Ah ! cette fois tout était bien fini, j'étais en prison, j'étais en pension.

II

EN HUITIÈME

Le lendemain matin nous étions à l'étude depuis une heure, et nous nous organisions tant bien que mal, en faisant, sous prétexte de rangement, un tapage assourdissant, quand un de mes voisins, qui regardait dans la cour, s'écria à mi-voix :

— Voici Jacques.

Et presque aussitôt, celui qu'on avait annoncé sous ce nom poussa la porte de la classe.

Je n'étais assurément pas dans des dispositions de folle gaieté, mais, en levant machinalement les yeux, je me mis à sourire, tant il me parut drôle et dégingandé : tout chez lui était d'une longueur démesurée, les jambes, les bras, le cou, la tête et les cheveux; seule sa blouse de drap noir était trop courte, et elle exagérait encore ce qu'elle eût dû cacher.

— Allez-vous placer là-bas, au bout de la table, à côté du nouveau, lui dit le maître d'étude en me désignant, et tâchez de trouver votre pupitre.

Pendant que Jacques cherchait, ce qui dura assez longtemps, je l'examinai avec plus d'attention, et mon sourire commença à disparaître ; j'oubliais l'ensemble pour ne plus voir que la tête qui avait véritablement un caractère de beauté fine, et quand je rencontrais ses yeux j'en étais comme ébloui ; il y avait en eux tant de profondeur que toute la vie y paraissait concentrée et que le visage en était pour ainsi dire amoindri.

Mais bientôt le rire me reprit, partagé cette fois par la classe entière : Jacques avait trouvé son pupitre, mais, en voulant le porter, il l'avait laissé tomber avec un fracas épouvantable, la serrure s'était ouverte, et les livres, les plumes, les cahiers roulaient à terre au milieu d'une mare d'encre que venait de faire une petite fiole qui s'était cassée.

— Vous êtes donc aussi maladroit que l'année dernière, s'écria le maître d'étude ; allons, dépêchez-vous de ramasser tout cela.

Et comme nous riions toujours de la mine ahurie que faisait Jacques :

— Le premier qui rit je le flanque à genoux pour deux heures.

Le silence se rétablit assez vite ; Jacques ramassa ses livres et vint pour prendre la place qui lui avait été assignée. Mais cette place qui était au bout extrême de la table, entre la muraille et moi, ne lui plut probablement pas, car, m'adressant la parole :

— Recule, me dit-il.

Je voulus lui faire observer qu'on n'avait pas dit que je reculerais ; il ne m'en donna pas le temps.

— Voyons, veux-tu reculer ? continua-t-il.

Je restai indécis, mais, ayant rencontré son regard, je n'hésitai plus et reculai docilement.

Alors il s'assit entre moi et mon voisin, et commença avec celui-ci une longue conversation ; puis bientôt se retournant de mon côté :

— Comment te nommes-tu ? me demanda-t-il.

— Frédéric.

— Frédéric qui ? Frédéric quoi ?
— Frédéric Arnoult.
— Quel âge as-tu ?
— Neuf ans.
— Qu'est-ce que fait ton père ?
— Il a été avoué... Et qu'est-ce que fait le vôtre ? demandai-je à mon tour.
— Il est avocat ; il s'appelle M. Chevalier.

Satisfait de mes réponses, et peu curieux probablement de ma conversation, il m'abandonna pour mon ancien voisin, tandis que ramené malgré moi, par cet interrogatoire, à la maison paternelle, je me replongeais dans mes tristes souvenirs. Mes pleurs recommencèrent. Je voulus les cacher ; aux efforts mêmes que je faisais, Jacques les devina.

— Pourquoi pleures-tu ? me demanda-t-il.
— Je ne pleure pas.
— Eh bien ! tu as de l'aplomb, toi, mon petit... Voyons, pourquoi dis-tu que tu ne pleures pas ?

Je ne répondis rien et le regardai timidement, mais je crus voir dans ses yeux plus de raillerie que de pitié, et au lieu de m'enhardir, je m'obstinai dans mon silence.

Alors lui, d'une voix douce :
— Ne sois donc pas bête comme ça... C'est ta maison, ta maman que tu pleures, n'est-ce pas ?
— Oui.
— Eh bien ! pourquoi ne l'avoues-tu pas ?

J'hésitai encore ; puis, tout à fait décidé par son accent et son regard qui me parurent cette fois pleins d'encouragement et de sympathie :

— Parce que ce matin, en me levant, je pleurais et ce grand qui est là-bas...
— Chaisemartin ?
— Oui ; il s'est moqué de moi et m'a donné un coup de poing en m'appelant moutard.
— Hé bien ! si tu veux qu'on ne se moque plus de toi,

c'est d'abord de ne pas pleurer, et puis de répondre à coup de poing ou à coup de paroles à ceux qui t'embêteront.

Quoique mon nouvel ami fût d'un an plus âgé que moi, on nous mit ensemble dans la petite huitième et nous eûmes pour camarades : Chaisemartin, Boudignot, Aize, Chamouleau, Noël et Cauchois.

Aidé de l'expérience de Jacques, qui avait fait son entrée au mois de mai précédent, je les connus mieux en huit jours que tout seul je ne l'eusse pu faire en un mois.

Chaisemartin, qui avait douze ou treize ans, était le premier d'entre nous, au moins par l'importance qu'il se donnait. Fils d'un très-riche indienneur de la vallée de Maromme, il possédait un orgueil qui, pour en être arrivé à l'état de splendeur qu'il avait atteint, avait dû se nourrir, dès l'enfance, de monstrueux exemples. En parlant, il disait toujours *mon* établissement de Maromme, *mes* ouvriers, *mon* comptoir de la rue de Crosne; à la récréation, il mettait des bottes vernies pour jouer; il ne prêtait jamais rien, ne payait strictement que sa dépense; il criait comme un âne en nous apprenant des ordures, et ne nous débarrassait de son encombrante personnalité que le samedi soir quand *son* domestique en livrée venait, dans *son* beau cabriolet, le chercher pour l'emmener à *sa* campagne.

Boudignot, qui avait au moins quatorze ans, faisait avec lui un frappant contraste. C'était un vrai fils de paysan bourgeois, à l'air pensif et réfléchi; avec cela, courtaud et grassouillet, le teint fade et huileux, la tête énorme et ronde, les jambes arquées et crochues, les bras toujours arrondis. Pour compléter cet ensemble qui lui donnait une physionomie déjà bien assez niaise, il avait de gros yeux à fleur de tête qui demeuraient immobiles, et que deux immenses paupières pouvaient à peine recouvrir. Il avait commencé ses études à Neufchâtel, dans une institution de prêtres, et il y avait pris des habitudes plutôt cafardes que religieuses; il bâtissait des petites chapelles dans son pupitre, et se disait la messe à lui-même pour son agrément. Silencieux en classe, ses bouts de manche en lustrine noire bien tirés, il paraissait étudier avec attention, et en réalité il ne pensait à rien; toute activité lui était antipathique; il ne riait jamais et causait rarement. Après la messe, son plus grand plaisir consistait dans l'éducation d'un lézard. Il avait un beau cahier relié et réglé, où il notait les différentes phases de cette éducation, et il en avait un autre plus gros, au dos duquel on lisait: *Mon journal.* Il y écrivait sa dépense et l'histoire de sa vie. C'étaient là ses seules distractions à l'étude; à la récréation il en avait d'analogues: presque toujours on le rencontrait dans les corridors, où il étudiait sa guitare. Souvent on avait voulu l'entraîner à jouer avec nous; toujours il avait résisté; il prétendait que suer le rendait malade, et qu'ayant, comme il disait, la poitrine grasse et le cerveau marécageux, il était obligé de prendre des précautions; c'était en s'appuyant sur ces motifs qu'il avait fait accroire au maître d'étude qu'il ne pouvait pas rester la tête nue et que le tabac lui était ordonné; aussi prisait-il comme une vieille portière et gardait-il toute la journée sur la tête une énorme casquette en forme de tourte baleinée et cartonnée. Je ne sais ce qu'il y avait de vrai dans ses allégations; dans tous les cas, les remèdes n'agissaient guère; constamment enrhumé du cerveau, il se mouchait sans cesse, reniflait péniblement et prononçait les nasales avec des intonations sourdes et étouffées qui nous mettaient en joie. Toujours mélancolique et grognon, il n'était point aimé, et quand un de nous, — je crois que ce fut Aize, l'eut surnommé « un raccourci de la colère divine, » personne ne prit sa défense. A la longue il devint notre bête noire, notre martyr; quand il faisait mauvais temps et que nous ne pouvions sortir, nous jouions avec lui comme s'il eût été une balle ou une toupie, nous nous prenions par la main, nous formions une ronde et nous l'entourions en chantant:

> Il est un petit homme
> Avec de p'tits mollets
> En crochets,
> Qui d'ennui nous assomme,
> Et qui vit en prisant
> Constamment,
> En bien récitant
> Très-dévotement
> Rosaire et chapelet.
> Oh! qu'il est laid,
> Oh! qu'il est laid,
> Avec ses p'tits mollets.

La chanson avait dix couplets, et j'ai quelquefois vu notre victime, renonçant à s'échapper de notre cercle, où on le rejetait à coups de poing, s'affaisser par terre, se cacher la figure entre ses mains et pleurer de rage.

Aize à une véritable bonté joignait une intelligence des plus vives; mais il était victime de son nom, et les calembours auxquels ce nom prêtait l'avaient irrité et rendu soupçonneux. Il croyait toujours qu'on voulait se moquer de lui : — Es-tu bien Aize? — Es-tu mal Aize? — Es-tu mort Aize? — Qu'est-ce que dit Aize (dièze)? — Bonjour, Saint-Aize (synthèse). — De quelle parent Aize parle-t-il? — Ça gêne Aize (sa Génèse). La blessure était incessante, car chaque plaisanterie était impitoyablement répétée par les quatre-vingt-dix élèves de la pension, et chaque nouveau se croyait obligé d'apprendre et d'essayer par lui-même le répertoire entier.

Chamouleau, qui mangeait sans cesse de la pâte de guimauve, était de nous tous le moins bruyant et le plus solidement immobile devant son pupitre; mais ce qui l'absorbait ainsi, ce n'était point sa grammaire, c'était une passion... Chamouleau adorait la distillation et pratiquait cet art avec frénésie. Fils d'un pharmacien de la rue

Beauvoisine, il consacrait tout son temps à préparer des breuvages chauds ou froids, avec des essences ou des sirops qu'il volait chez lui, et son plus grand bonheur était de nous faire superbement goûter une mixture nouvelle. Quand il en avait bien réussi une, il la fabriquait en grand et nous la vendait un centime le verre. Son père, décoré de juillet et sous-lieutenant dans la garde nationale à cheval, avait, en l'honneur d'un roi qui faisait son orgueil, nommé ce digne fils Louis-Philippe.

Noël et Cauchois ne doivent point être séparés, car il existait entre eux une haine qui chaque jour les mettait aux prises. Madame Noël (on n'avait jamais connu M. Noël) et madame veuve Cauchois avaient été autrefois les meilleures amies de Rouen; mais s'étant fâchées, elles avaient dit un mal effroyable l'une de l'autre, et, non contentes de divulguer la vérité, elles avaient inventé les histoires les plus scandaleuses. Les enfants avaient pris le parti de leurs mères, et comme ils étaient demi-pensionnaires, ils répétaient chaque matin ce qu'ils entendaient chaque soir : les grands s'en amusaient fort, et la moindre méchanceté éditée par une des anciennes amies était aussitôt colportée dans toute la ville. Madame Noël tenait l'hôtel du Sud où mangeaient des comédiens et des commis-voyageurs, et madame Cauchois trônait au comptoir d'une des plus belles confiseries de la rue Grand-Pont. Cauchois et Noël luttaient entre eux, pour l'amour-propre maternel, de toilette et d'élégance; et, de progrès en progrès, ils en étaient arrivés à la blouse de velours neuf, comme vêtement de tous les jours. Lorsqu'on voyait à l'un un ornement nouveau, on le voyait à l'autre dès le lendemain. Cauchois, pour l'emporter sur son rival et se faire des partisans, nous approvisionnait de bonbons défraîchis, et Noël, pour ne pas céder, de fruits et de pâtisseries, qu'on ne pouvait plus servir à l'hôtel du Sud. La lutte se continuait ainsi avec des chances diverses, et comme les deux mères ne voulaient pas que leurs fils fussent punis, — c'eût été un triomphe pour celui qui ne l'eût pas été, — elles en vinrent jusqu'à faire elles-mêmes les devoirs qu'on emportait pour la soirée; mais là, ce fut madame Noël qui triompha : — elle avait de l'orthographe.

Pour Jacques, qui naturellement ne me donna pas sur lui-même des détails aussi précis, je fus plus longtemps à le connaître; mais, entraîné vers lui par la sympathie, je l'aimais et ne cherchais point à l'étudier.

En dehors de cette sympathie, le lien qui avait le plus vivement contribué à nous unir, c'était mes lectures. Élevé par un père qui le surveillait de très-près, Jacques avait beaucoup lu, mais uniquement des livres sérieux : le *Cours d'histoire* de Condillac, le *Plutarque* d'Amyot, *Hérodote* et des *Mémoires* relatifs au règne de Louis XIV et de Louis XV; grâce à ce travail et surtout aux excellents commentaires que son père lui avait donnés, il avait sur l'ensemble de l'histoire des idées précises et solides, mais pour ce qui touchait l'imagination, il était au moins aussi faible que Chaisemartin. Curieux jusqu'à l'avidité d'apprendre enfin ce qu'on lui avait toujours interdit, il me faisait lui raconter ce que je savais.

Nous avions alors pour maître d'étude un pauvre diable nommé Lotot, qui, pour augmenter ses appointements, probablement assez maigres, copiait en cachette des rôles d'avoué : tout entier à sa besogne, il ne pouvait guère nous surveiller, et, pourvu que nous ne fissions pas un vacarme à amener M. Heudelay, il nous laissait à peu près libres de nous occuper comme nous voulions.

Jacques et moi nous profitions largement de ce désordre, lui pour écouter, moi pour parler; et mon répertoire n'eût peut-être pas tardé à s'épuiser sans un incident qui nous rendit plus circonspects.

Un jour qu'il avait voulu me démontrer qu'Agramant n'avait jamais pu assiéger Charlemagne dans Paris, et que je lui avais répondu en citant les noms des chevaliers qui combattaient dans les deux armées : Rodomont, Renaud, Ferragus, Ariodant, nous avions si vivement discuté que nous avions oublié devoirs et leçons. J'en fus quitte pour dix verbes à copier et un dîner au pain sec; mais Jacques ne s'en tira pas aussi heureusement, car retournant chez lui tous les soirs, il devait porter à son père le bulletin de sa journée, et M. Chevalier ne plaisantait guère sur la question du travail.

Ce fut avec une inquiétude mortelle que j'attendis le retour de Jacques; que se serait-il passé?

Il s'était passé une épouvantable chose.

En rentrant, Jacques, qui d'ordinaire commençait par remettre son cahier, s'était bien gardé de le tirer de sa poche, où il avait même essayé de le cacher sous son mouchoir. Tout d'abord la ruse avait parfaitement réussi : mais tout à coup M. Chevalier s'était ravisé :

— Où donc est ton cahier, avait-il demandé, et pourquoi ne le montres-tu pas? Est-ce qu'il y a du mauvais?

Il avait fallu tirer le fatal cahier.

— Qu'est-ce qu'il y a là, avait continué M. Chevalier en montrant l'accolade et son terrible accompagnement.

— Il y a... il y a... c'est mal écrit, je crois qu'il y a passable.

— Il y a pitoyable! Ah! monsieur, vous vous conduisez et vous travaillez d'une façon pitoyable. Hé bien! puisque vous ne voulez rien faire, vous n'êtes plus mon fils. Je vous abandonne. Vous entendez bien, je... vous... abandonne... Je vais vous donner dix francs; vous achèterez une sellette, des brosses et du cirage et vous serez décrotteur; vous tâcherez de gagner votre vie comme ces petits ramoneurs qui passent dans la rue.

Et il était sorti en chargeant madame Chevalier de veiller à l'exécution de ces ordres : ce que celle-ci naturellement n'avait eu garde de faire.

— Que serais-tu devenu? demandai-je à Jacques, si on t'avait mis à la porte.

— On n'aurait pas osé?

— Cependant...

— Eh bien ! alors je me serais établi, avec ma sellette, au bas de l'escalier du Palais, et quand j'aurais vu passer mon père, je me serais mis à cirer ses souliers au milieu de tous les avocats de Rouen.

Je fus émerveillé de cette fière réponse, et l'admiration que j'avais pour Jacques s'en accrut encore.

III

JACQUES

Je l'ai dit, Jacques avait reçu de son père et de ses lectures une première éducation assez forte et assez complexe pour hébéter ou troubler une tête moins solide que la sienne ; mais, chez lui, les idées reçues s'étaient classées avec ordre, et elles l'avaient conduit à la réflexion et à l'analyse, à un âge où l'on n'a guère encore que la mémoire et le sentiment. Pour apprendre une page de grammaire ou expliquer un chapitre d'*Epitome*, ces facultés hâtivement développées, loin de lui donner sur nous la supériorité, lui donnaient plutôt l'infériorité ; mais dans les sujets étrangers à nos études enfantines, dans ces digressions qui se présentent à propos de tout, il lui échappait parfois des remarques si profondes ou si ingénieuses, que M. Heudelay ne voulait pas croire qu'elles fussent de lui, et qu'après l'avoir longtemps tourmenté pour savoir où il les avait lues, il finissait par s'écrier : « Si vous compreniez ce que vous dites là, Jacques, vous seriez un enfant prodigieux, et vous n'hésiteriez pas comme vous le faites sur votre *Epitome*.

Pour moi, peu sensible aux raisonnements de M. Heudelay, je croyais à la supériorité de Jacques, parce que je la voyais et la sentais chaque jour. Je la subissais aussi, et dans tous nos entretiens, c'était lui qui prenait la direction.

Cependant, par un contraste qui se voit fréquemment, il était aussi bête et aussi maladroit dans les exercices du corps qu'il était habile et délié dans ceux de l'esprit. Cela tenait pour un peu à sa nature et pour beaucoup à son éducation. Né chétif et malingre, il avait eu besoin, pour vivre, des soins les plus affectueusement empressés, et sa mère l'avait élevé dans du coton, ne le quittant pas d'une minute, le soignant, le dorlotant, prévenant tous ses désirs et toutes ses demandes.

De ce système, bon dans son principe, il était résulté pour la mère et pour l'enfant un double inconvénient : — la mère avait pris l'habitude de ne lui laisser rien faire sans le surveiller, de ne lui permettre ni de jouer, de peur qu'il eût trop chaud, ni de courir de peur qu'il tombât, ni de toucher à ceci ou à cela de peur qu'il le cassât : — l'enfant avait grandi dans une déplorable faiblesse physique, incapable de se servir de ses jambes et de ses bras, ridicule auprès des autres enfants, honteux de lui-même quand on le regardait. L'âge n'avait en rien modifié cet état : la mère, qui voyait son fils toujours maladroit, avait toujours appliqué sa méthode des minutieuses précautions, et celui-ci, sans liberté, sans initiative, sans hardiesse, s'était endormi dans l'immobilité, n'ayant véritablement d'adresse que pour faire sauter en l'air un petit caillou rond et le recevoir machinalement tout en réfléchissant.

Il en souffrait cependant, surtout depuis son entrée à la pension, et il en souffrait doublement : dans son amour-propre et dans son plaisir. Au lieu de rester tristement au pied d'un arbre, en butte aux charges et aux railleries, il eût bien envieusement voulu prendre part à nos jeux, mais il était trop faible pour le cheval-fondu, trop maladroit pour la balle, trop gauche pour les barres : — « Quand tu voudras qu'on te reprenne avec nous, lui avait dit un jour Aize, tu tâcheras de ne pas courir comme un cercle de barrique. »

Le mot était cruel parce qu'il était juste ; Jacques, dans un accès de rage, voulut enfin devenir notre égal et se débarrasser à jamais de cette maudite maladresse. Ce fut moi qu'il choisit pour professeur, et bien des fois, derrière la chaire, nous nous sommes allongés coups de poing et coups de pied, à seule fin de nous exercer. Si j'appris assez facilement au pauvre garçon à bien recevoir, je ne lui appris point du tout à rendre : mes coups n'étaient jamais perdus, mes conseils l'étaient toujours.

Bientôt il se présenta une autre circonstance dans laquelle Jacques eût plus vivement encore peut-être désiré le succès, et cependant où nous échouâmes de nouveau.

La règle de la pension était de faire deux repas, le déjeuner et la collation, sans entrer dans le réfectoire. C'était en jouant que nous mangions, et le domestique qui nous versait à boire se tenait dans la cour avec un petit baril de cidre muni d'un robinet. Il n'y avait qu'un seul verre pour tous, et on le lavait dans un seau placé au-dessous du baril.

Le genre suprême et à la mode consistait, après qu'on avait bu, à rejeter vivement le verre dans le seau. Il fallait, pour ne pas le casser, que passant entre le robinet et l'anse du seau, il tombât bien d'aplomb sur l'eau, le cul en l'air. Cela n'était pas très-difficile, mais cependant cela exigeait encore une certaine adresse.

La première fois que Jacques avait bu, il avait tenté l'épreuve, et naturellement le verre était tombé en mille morceaux. On avait ri en poussant des grognements de triomphe, et Jacques n'avait plus osé boire. Puis un jour, prenant son courage de tout cœur, croyant avoir bien saisi la manière, il avait recommencé, et le verre s'était cassé exactement comme la première fois. Alors, renonçant à nous imiter, le lendemain, après avoir bu, il reposa doucement le verre dans le seau; rien n'était plus simple; mais deux ou trois bêtes, Chaisemartin en tête, ne le voulurent point ainsi; ils prétendirent qu'il se lavait les mains dans le seau, et, le bafouant de mille manières, forgeant avec les initiales de son nom, J. C., des mots pour exprimer sa maladresse : Joyeux Cornichon, Jeune Coco, Je Casse, ils le poursuivirent si impitoyablement qu'il se priva tout à fait de boire.

De la fin d'octobre au commencement d'avril, je ne le vis pas s'approcher du malheureux baril une seule fois; il tâchait de se tenir à l'écart dans une partie éloignée de la cour et d'échapper ainsi à ses propres tentations et aux charges de ses ennemis. Mais aux premières chaleurs du printemps ce supplice devint intolérable, et la soif et l'amour-propre le poussèrent à essayer encore. Pendant quinze jours je lui donnai les explications et les démonstrations les plus minutieuses, et comme nous ne pouvions faire de répétitions, quand il se crut bien préparé, il se décida à recommencer l'épreuve pour une troisième fois. En le voyant s'approcher du baril, ce fut une exclamation générale, les jeux s'interrompirent, et tout le monde courut pour l'environner. Sous le poids d'une émotion qui l'avait rendu affreusement pâle et pendant qu'on vocifère: « Il le cassera, il ne le cassera pas! » il prend le verre, et, après avoir bu, il le lève pour le laisser retomber; en même temps que résonne un bruit sec, s'élève un hourra formidable, — le verre était cassé.

Ce fut alors que se fit en lui un changement qui, en peu de mois, modifia profondément son caractère. Il n'avait été jusqu'à ce jour qu'un enfant à l'apparence débile et distinguée, dont l'originalité très-réelle, mais aussi trèscomprimée, ne pouvait être sentie que dans une longue et encourageante intimité; un de ces enfants qu'on regarde avec commisération plutôt qu'avec intérêt, qu'on plaint plutôt qu'on aime; mais exaspéré par les railleries et l'injustice, frappé dans son amour-propre et dans son plaisir, forcé aussi de renoncer à se servir des mêmes armes que ceux qui l'attaquaient, il voulut au moins lutter à sa manière, rendre blessure pour blessure, se venger, se faire craindre. Et il n'y réussit que trop. Il avait dit des mots drôles qui faisaient rire, il se mit à en dire de cruels qui firent pleurer : ses épigrammes n'épargnèrent personne, et, par malheur, elles eurent assez de fiel et de vivacité pour qu'on les répétât : en peu de mois, je le vis devenir aigre, cassant, agressif, toujours sur la défensive, toujours à la riposte : sa conversation fut un feu d'artifice, mais un feu d'artifice où il y avait autant de balles que de poudre, autant de blessures que de bruit.

Il resta cependant bon et dévoué pour ceux qui l'aimaient; et ni nos relations, ni notre amitié n'eurent à souffrir de ce changement; à la longue nous étions devenus inséparables : de cœur et d'esprit nous n'avions plus fait qu'un.

En même temps que nous nous rapprochions ainsi, nous abandonnions, l'une après l'autre, les distractions des premiers temps : nous nous façonnions mutuellement, et nos conversations comme nos études intimes prenaient une forme plus sérieuse, un but plus élevé. Nos heures de récréation se passaient à discuter, et nos heures de travail à nous écrire souvent de longues lettres littéraires.

De cette constante préoccupation, de cette précocité malsaine, il résulta bientôt que nous fûmes tous deux enfiévrés du besoin d'écrire; et, dès la cinquième, à un âge où nous aurions à peine dû savoir ce que c'était qu'un journal, nous résolûmes d'en fonder un. Fatigués de nous lire à nous-mêmes les nombreux manuscrits que nous avions en pupitre, nous voulûmes en faire jouir nos camarades.

C'était là notre raison vraie, mais elle n'était pas assez noble pour être avouée même entre nous, et nous nous dîmes que depuis trop longtemps les élèves étaient soumis à leurs maîtres, sans avoir un lien qui les unît et les fortifiât ; qu'il fallait combler cette lacune en créant un organe où les réclamations et les œuvres de chacun seraient fraternellement accueillies ; et qu'enfin le moment était venu de faire paraître la *Révolte*, journal hebdomadaire, union morale et littéraire des collégiens rouennais.

Cette idée nous jeta dans des transports de joie folle ; mais quoique nous n'eussions point d'actionnaires à réunir, de cautionnement à déposer, de permission à obtenir, d'imprimeur à trouver, d'appartement à louer, d'employés à choisir, de rédacteurs à refuser poliment, elle nous occasionna bientôt, lorsqu'il fallut la réaliser, de graves et sérieux désagréments ; nous étions parfaitement d'accord pour le format et le titre, mais nous ne l'étions guère pour la composition du premier numéro.

Jacques était alors amoureux, c'est-à-dire qu'il causait tous les soirs cinq minutes en cachette et tous les dimanches une heure en liberté, avec une jeune fille qui habitait sa maison : cette jeune fille, qu'il me dépeignait comme une merveille et qui en réalité était louche et rousse, — cette jeune fille, soit qu'elle eût été pervertie par Jacques, soit qu'elle eût été corrompue littérairement par un de ses oncles ouvrier-poëte, avait fait un roman, le *Fou de Toulouse*, et Jacques s'était engagé à l'insérer dans notre journal.

Je m'y refusais positivement ; je trouvais l'œuvre peu littéraire et surtout manquant trop d'orthographe : et puis, comme pour ne pas être débordés par la matière, nous avions fixé d'avance les dimensions de notre numéro, je ne voulais point prendre un roman qui m'empêcherait de publier mon grand drame, *la Famille et la Politique*, dans lequel, à propos de la querelle de Jean Sans-Terre et du jeune Arthur de Bretagne, j'avais émis cette théorie que je croyais aussi hardie que neuve, à savoir que les rois ne respectent rien, et qu'au lieu de donner à leurs peuples l'exemple de toutes les vertus, ils leur donnent celui de tous les vices et de tous les crimes.

La lutte entre nous fut assez vive, et nous étions en train de batailler, lorsque nous fûmes brusquement interrompus et rejetés de notre rêve dans une terrible réalité.

IV

LE PREMIER MALHEUR DE JACQUES

Depuis plusieurs mois M. Chevalier était assez sérieusement malade.

Il était atteint d'une affection de poitrine qui donnait de graves inquiétudes, non pas qu'il fût phthisique de naissance, mais à cause de son genre de vie ; car, nature emportée, excessive en tout, il aimait avec une égale ardeur et mêlait dans un même tourbillon effréné le plaisir et le travail.

Il n'était avocat inscrit au tableau que depuis un petit nombre d'années, et déjà il s'était acquis une clientèle nombreuse. Il plaidait quelquefois, dans une même journée, soit au Tribunal civil, soit à la Cour, deux ou trois affaires, et il les plaidait comme on plaide en province et surtout à Rouen, c'est-à-dire au fond, solidement, avec des détails infinis de fait et de droit ; le tout, non pour éclairer les juges, mais pour contenter le client ; puis rentrant chez lui, en dépit du temps, des circonstances, de la fatigue, il lui fallait à tout prix une distraction.

Il en avait plusieurs aussi nuisibles les unes que les autres à son repos; tantôt il allait au café Philippe, où, avec quelques camarades de Palais, il jouait jusqu'à une heure du matin; tantôt au théâtre des Arts dont il était un des meilleurs abonnés et où il faisait partie de cette coterie exceptionnelle et volontiers tapageuse qu'on appelait la *loge infernale*, et qui occupait les avant-scènes du rez-de-chaussée.

Mais il y avait d'autres jours, d'autres soirs, et ceux-là étaient les plus sombres pour la famille de Jacques, où M. Chevalier n'allait ni au théâtre ni au café : j'ai su qu'il avait des passions, je n'en ai connu ni l'histoire ni le détail. Jacques, sur ce point, mettait une sorte d'honneur sauvage à être discret, et je dois à l'amitié qui exista entre nous de ne point révéler ce que plus tard j'ai pu apprendre. A la longue cette existence fiévreuse et tendue avait usé les ressorts de cette organisation énergique sous une apparence frêle, et M. Chevalier avait été obligé de s'aliter.

Il ne se jugea pour cela ni perdu, ni même en danger : il se cramponna à la vie avec l'obstination d'un homme jeune, avec les illusions et la robuste confiance d'un phthisique.

Jusqu'au dernier moment, il se leva au moins deux heures par jour. Sa chambre à coucher était située à côté de son cabinet de travail; on le revêtait d'une vieille et chaude robe en futaine, à carreaux rouges et noirs, qu'il aimait et à laquelle il attachait une sorte de superstition, parce que drapé dans ses plis il avait déjà traversé un rude hiver et une rude maladie; et on le plaçait dans un fauteuil à la Voltaire, qu'on roulait doucement jusque dans son cabinet, auprès de son bureau, devant son feu. Il se regardait tristement dans la glace en soupirant de voir chaque jour ses traits plus amaigris et ses yeux plus ardents; puis de ses mains déjà faibles il feuilletait les dossiers qui s'étaient rapidement amoncelés pendant sa maladie.

— Allons, disait-il, il faudra que je fasse encore demander une remise à huitaine.

— A quinzaine, mon ami, interrompait doucement sa femme.

—Oh! non, reprenait-il; dans huit jours je serai suffisamment remis, et je pourrai au moins faire une apparition au tribunal.

Il jetait un coup d'œil sur les assignations, les conclusions, les exploits de toute sorte, et, bien vite fatigué, il repoussait le tout sur le bureau, et, se renversant contre le dos du fauteuil, il essayait de dormir.

Mais un continuel besoin d'activité le tourmentait; on eût dit que du petit nombre de jours qu'il lui restait à vivre, il ne voulait point laisser une minute qui ne fût employée, dévorée.

Lorsque c'était le soir, il regardait souvent à la pendule.

— Jacques va-t-il bientôt revenir? disait-il. Est-ce que ce n'est pas l'heure? Est-ce qu'il s'amuse?

Lorsque Jacques arrivait, son père, malgré sa respiration haletante, sa parole qui sifflait, et l'excitation nerveuse qui s'emparait de lui, tenait à l'interroger ou à l'enseigner.

Mais souvent interrogations ou leçons tournaient en digressions, auxquelles la disposition fébrile du malade donnait quelque chose à la fois d'attrayant et de pénible pour ceux qui l'écoutaient.

Il se traîna ainsi avec des alternatives de mieux et de pire jusqu'au 25 novembre.

Ce jour-là, Jacques vint encore le matin à la pension; et comme, depuis la maladie de son père, il prenait ses repas chez lui, il me quitta à midi pour aller déjeuner.

— Ton père est bien souffrant, lui dit sa mère lorsqu'il arriva. Il t'a demandé plusieurs fois, va donc près de lui.

Son père était exactement comme les jours précédents. On l'avait roulé auprès de la fenêtre qui donnait sur la rue, et comme par extraordinaire il faisait un chaud soleil, et qu'il étouffait, on avait, sur sa prière, entr'ouvert cette fenêtre.

Jacques l'embrassa silencieusement, puis il s'assit en face de lui, ses pieds sur un petit tabouret.

La figure de M. Chevalier était si pâle, si longue, ses traits étaient tellement tirés, sa respiration était tellement faible, tellement courte, que, sans se rendre nettement compte de ce qu'il redoutait, Jacques devint affreusement triste.

Il ne croyait pas à la mort ; surtout il ne croyait pas que les gens qu'il aimait pussent mourir.

Cependant ce matin-là il était comme écrasé, et à un moment la sensation fut si forte que, malgré sa réserve habituelle, il ne put s'empêcher de dire à son père :

— M'aimes-tu ?

Et en même temps il se leva, ayant son front à la hauteur des lèvres de son père.

Alors celui-ci passa doucement et lentement son bras derrière le cou de son fils, et, l'attirant contre lui, il lui dit d'une voix faible et qui avait une vibration étrange :

—Si je ne t'aimais pas, crois-tu que je souffrirais ainsi?

Jacques se rassit tremblant d'émotion.

Ils restèrent silencieux et immobiles tous deux pendant quelques minutes, puis son père eut un frisson et lui dit :

—Ferme la fenêtre, j'ai froid.

Il regarda ensuite du côté de la pendule.

—C'est singulier, murmura-t-il, je ne vois plus l'heure, j'ai comme un brouillard devant les yeux.

Jacques devina sa pensée, et lui répondit :

— Il est midi et demi. J'ai encore une demi-heure à rester.

M. Chevalier s'accota dans le fauteuil comme pour sommeiller et resta immobile. On eût dit qu'il dormait, seulement il avait les yeux fixes et ouverts.

Jacques demeura à peu près dix minutes la tête dans ses mains, replié, comme resserré sur lui-même, pour faire moins de bruit.

Puis il lui sembla tout à coup qu'il n'entendait plus cette respiration sifflante qui lui causait une sensation si douloureuse ; il écarta les mains et regarda : il était effaré par un horrible pressentiment.

M. Chevalier était toujours immobile, il avait toujours les yeux fixes et ouverts, seulement il sembla à Jacques qu'il était encore plus pâle, et que son nez ainsi que ses pommettes avaient pris une saillie extraordinaire. Il fut sur le point de se lever et de courir à la chambre de sa mère, mais une réflexion le retint, il eut peur de réveiller son père.

— C'est peut-être là, se dit-il, c'est peut-être là ce qui va le sauver.

Sur la pointe des pieds il s'approcha de lui, et, avec mille précautions, le plus légèrement du monde, il déposa un baiser sur le front de son père.

Il se releva anéanti : ce front était froid comme la glace !...

Il lui embrassa désespérément les deux joues : elles étaient froides.

Épouvanté, il courut à la porte..... En même temps, sa mère entra.

Lui voyant le visage baigné de larmes, les yeux hagards, les traits bouleversés, elle eut une crainte instinctive, et sans dire un mot elle courut à son mari : elle non plus ne voulut pas croire à la mort.

Pendant qu'elle s'empressait en appelant et en criant, la bonne entra tranquillement, précédant deux dames en grande toilette : c'étaient deux amies qui, séduites par le beau temps, venaient faire une visite.

Ce fut un moment d'indescriptible désordre : madame

Chevalier enveloppait le corps de son mari, et, aidée de sa mère, elle le portait sur le lit : les deux dames interdites restaient immobiles, retenues par la stupéfaction et aussi par une vague curiosité; et la bonne, la tête perdue, se faisait répéter dix fois d'aller chercher le médecin ; enfin elle comprit et partit.

Deux minutes après le médecin arriva, vivement il courut au lit, mais aussitôt il se retourna en baissant la tête.

Jacques, qui ne croyait pas à la mort tant qu'elle n'était point arrivée, y croyait trop dès qu'elle était un fait accompli. Nerveux, porté d'instinct à vivre dans le monde surnaturel, il avait peur de tout ce qui était *au delà*. Malgré toute sa solidité de raison, il craignait horriblement les revenants, les esprits, les vampires : la nuit un frôlement, ces mille petits bruits que rien n'explique, suffisaient à le tenir éveillé, palpitant d'angoisses pendant des heures entières.

Jusqu'alors il avait eu ce bonheur qu'aucun des siens, qu'aucun de ceux qui le touchaient immédiatement n'avait été frappé par la mort; mais ici, devant les pleurs de sa mère, les paroles du médecin, la consternation générale, l'aspect sinistre que prit la maison; et quand tout cela lui eut fait entrer dans la tête, comme par autant de coups de marteau, la conviction que c'était bien fini, qu'à un moment donné, que son imagination entrevoyait déjà, son père serait un squelette, — un de ces squelettes dont il avait peur, — il fut pris d'une indicible épouvante, si intense qu'elle tua net la douleur.

Et cependant, Jacques aimait tendrement son père; s'il avait une préférence, au fond elle était pour lui. Il l'aimait pour sa tendresse; il l'aimait pour sa gaieté, beaucoup aussi parce qu'il le craignait. D'ailleurs, il croyait en lui fermement et avec exagération : son père n'était pas un bon avocat; c'était le meilleur avocat de Rouen. Ce n'était pas un homme d'esprit; c'était l'homme d'esprit. Il n'eût pas souffert que l'on mît cela en doute; et plus tard, lui qui, dans les choses de l'esprit, ne péchait ni par l'humilité ni par le défaut de clairvoyance, il parla toujours de M. Chevalier avec un respect dans lequel il entrait encore de l'admiration et un peu d'orgueilleuse ostentation.

Jacques n'était pas seulement un cœur, c'était aussi une imagination, et son cerveau avait été brusquement envahi par une idée fixe. Le *père* n'était plus dans la maison, ce qu'il était devenu, où il était allé, Jacques ne se le demandait pas; mais ce qui était dans la maison, ce qui y restait, ce qui revenait à sa pensée tandis qu'il regardait avec des yeux secs et hébétés les gens qui le consolaient, — c'était le *mort*. Il se répétait avec terreur : Il y a un mort dans la maison !

Lorsque vint le soir il fut soumis à une terrible épreuve. Il avait espéré que sa grand'mère, qui occupait un logement dans une petite rue voisine, l'emmènerait chez elle passer la nuit. Il savait très-bien que cette nuit-là, — quel que fût le lieu où il la passât, — serait une nuit sans sommeil, et que jusqu'à l'aurore autour de son lit des spectres horribles le regarderaient; il savait bien que le mort ne serait pas loin, et il se disait avec la logique des fous, que ce ne lui serait pas une grande affaire, à ce mort, de se lever de son lit funèbre, de traverser la rue et de venir le contempler, lui, l'enfant, avec des yeux vitreux; il savait bien tout cela, mais n'importe, c'était encore moins terrible que de rester dans la maison.

Son épouvante fut au comble quand sa mère lui dit :
— Tu coucheras ici dans la grand'chambre.

On appelait la grand'chambre une pièce qui avait été habitée par la mère de madame Chevalier, et qui était restée inoccupée depuis que celle-ci, à la suite de quelques démêlés avec son gendre, avait loué le petit logement dont j'ai parlé tout à l'heure. Elle était justement située le long de la chambre mortuaire et séparée des autres pièces par cette chambre, le cabinet de travail et la salle à manger.

On juge de la frayeur qui dut s'emparer de Jacques. Il aurait voulu éterniser la soirée, mais on n'avait plus besoin de veiller dans la maison. Quelques personnes officieuses avaient, dans la journée, fait les démarches nécessaires et exempté la pauvre veuve des soins vulgaires et cruels que la mort traîne après soi.

Madame Chevalier conduisit elle-même son fils à la grand'chambre, et pendant qu'il se déshabillait elle l'entretint avec de douces paroles, pleurant toujours, l'embrassant souvent : lorsqu'il fut au lit, elle l'embrassa une dernière fois, et sortit en emportant la lumière.

Jacques était seul, et le moment tant redouté était enfin venu. Il s'était tourné du côté de la muraille et ses dents claquaient à se briser. Il resta longtemps ainsi, la peur du fantôme le tenait collé au mur, la tête enfoncée dans le traversin. Cependant il essayait de se dire que c'était folie, que pour se rassurer il n'avait qu'à regarder du côté de la porte et qu'il ne verrait rien : il se le disait, il se le répétait, il le croyait, et pourtant il n'osait pas; enfin, après deux heures d'angoisses peut-être, après s'être dix fois persuadé qu'il ne verrait pas, il regarda.

Par le trou de la serrure, qui était juste en face de son lit et à la même hauteur, il vit une longue lueur rouge qui entrait dans sa chambre, et qui, en trois grands rayons tremblotants, s'avançait dans l'obscurité : c'était la flamme des cierges qui brûlaient auprès du mort.

Toute la nuit, comme un idiot, immobile, baigné d'une sueur froide, il resta dans son lit, ramassé sur lui-même; il lui semblait que s'il détournait les yeux de dessus la serrure, la lueur, comme une épée flamboyante, allait s'enfoncer dans son corps.

Le matin lui fut une véritable délivrance; il prévoyait bien qu'un enterrement devait être une chose affreuse, et quand de loin, dans la rue, il avait vu venir une de ces longues files de chantres et de prêtres qui précèdent la croix, il avait toujours cherché à les éviter, soit en prenant une rue de traverse, soit en retournant sur ses pas; mais il n'avait point encore conduit de deuil, et d'ailleurs il se sentait si heureusement soulagé de sa frayeur nocturne, qu'il pouvait penser à ce moment sans trop d'épouvante.

La journée se passa douloureuse, mais assez calme. Seulement, il était étonné et choqué du désordre matériel de la maison : lorsqu'il avait pensé à la mort, il ne s'était jamais représenté le bouleversement, l'appareil menaçant et sordide, l'air de naufrage qui fatalement l'accompagne. Cette maison hier si recueillie, si propre, close et discrète, ouverte uniquement aux parents et aux amis, aujourd'hui tout le monde y entrait : les gens du dehors ouvraient des armoires, se servaient eux-mêmes; dans un appartement, on parlait bas, comme si le mort eût pu entendre; dans un autre, on criait, comme s'il n'y avait là ni une veuve ni un enfant; on examinait les tables, les chaises; on discutait pour savoir lesquelles il conviendrait mieux de prendre pour *mettre le mort en présent*. Puis on venait des pompes funèbres; le convoi ne serait prêt que fort tard; les billets, comme toujours, n'étaient pas faits. A chaque instant on sonnait : c'étaient des amis, des connaissances qui voulaient à toute force voir la veuve, lui serrer la main; c'étaient les gens de service qui vingt fois inutilement entraient, sortaient, claquant les portes avec fracas; c'étaient, — il faut bien le dire, — les fournisseurs qui allaient devenir des créanciers, et dont la mine était longue en proportion de la note.

On sut définitivement vers quatre heures que les obsèques auraient lieu à huit.

Les billets de faire part n'étaient pas venus; à tout instant, madame Chevalier allait regarder par la fenêtre de la salle à manger ; il pleuvait, le pavé était gras, il faisait un vrai temps d'enterrement.

— Oh ! mon Dieu ! mon Dieu ! disait-elle dans sa douleur où se mêlait un peu de vanité naïve, ce pauvre ami, il n'aura personne, il sera tout seul par ce temps-là, lui qui aimait tant la société.

Il y eut du monde cependant : les compagnons de plaisir et les compagnons d'affaires vinrent tous ; il vint aussi une députation de l'ordre des avocats, bâtonnier en tête.

On avait habillé Jacques scrupuleusement, on l'avait tiré à quatre épingles : il était pensif et ne pleurait pas.

— Tu n'aimes donc pas ton père ? lui dit sa mère en le regardant.

Il ne répondit rien. Son esprit plongeait de toutes ses forces dans ce qui allait se passer : il cherchait à se représenter comment ce serait ; il se disait avec désespoir que, par ce temps épouvantable, par cette nuit tombante, il assisterait sûrement à de bien effrayantes choses. Tout son sang reflua vers son cœur, et les jambes lui manquèrent, lorsque la personne qui conduisait le deuil, et qui était un des vieux amis de la famille, le prit par la main, en lui disant :

— Allons, mon pauvre enfant, du courage !

Arrivé au bas du premier étage, il jeta un long regard en dessous dans l'espérance de ne pas voir le cercueil : on était en train de l'enlever, et il y avait un peu d'émotion autour : on entendait des exclamations de surprise. Entre la muraille et le cercueil, blotti sous le drap noir, on avait retrouvé le chat de M. Chevalier, qui, depuis le moment de la mort, avait disparu.

Lorsque Jacques franchit le seuil de la porte et qu'il mit le pied dans la rue, le brouillard chaud et douceâtre le saisit.

On marchait sur le pavé gras, et très-lentement, car on y glissait.

Jacques n'osait regarder ni en face, ni de côté, et cependant, rien ne lui échappait ; il avait beau dire aux objets : je ne veux pas vous voir, ils s'imposaient à lui en raison de ce qu'ils l'effrayaient.

Les avocats en longues robes noires sur lesquelles se détachait la peau d'hermine, lui semblaient comme un surcroît de prêtres.

Ceux-ci chantaient lamentablement.

Dans les rues avoisinant la maison mortuaire, les voisins s'étaient mis sur les portes, et Jacques les entendait parler bruyamment ; il les voyait le montrer du doigt, les uns avec un geste de commisération, les autres paraissant le blâmer de ce qu'il ne pleurait pas.

On entra dans l'église Saint-Ouen : elle était sombre et silencieuse, seul le chœur était éclairé par la flamme des cierges, mais leur lumière trop faible ne pouvait percer les ténèbres qui remplissaient la voûte haute et profonde ; et çà et là confusément, dans les bas côtés, on voyait s'agiter des ombres blanches, qui, sur les dalles sonores, passaient en traînant les pieds.

Tout le monde s'assit ; on fit mettre Jacques à genoux pendant quelques minutes, puis on le releva et on le posa sur une chaise : il se laissait conduire et ne savait pas trop ce qu'il faisait.

Il regardait toujours en dessous du côté du cercueil, et depuis qu'il était dans l'église, se sentant après tout entouré de beaucoup de monde, la peur avait cédé la place à une curiosité terrible et à une douleur sans larmes, mais atroce.

Jusque-là il avait eu constamment le sentiment qu'il y avait encore quelque chose après : à chaque station sur la route funèbre, il s'était dit : c'est l'avant-dernière ; mais là il commençait à se dire : c'est la dernière ; et il lui prenait des idées folles, des idées auxquelles il croyait pendant leur durée d'une seconde. Il se figurait que le mort allait frapper au couvercle de son cercueil, qu'il allait dire : « J'étais en léthargie, j'étouffe, ouvrez-moi ; » et il regardait si autour de lui on n'entendait pas, et il s'accusait d'être sourd, et il écoutait avec son cœur, avec tout son être, à en rompre toutes ses fibres.

Quand on se remit en route, la nuit était très-noire, et le givre tombait pénétrant et serré. Les hommes des pompes funèbres avaient allumé des torches comme celles qu'ont les pompiers lorsqu'ils courent aux incendies, et quand les mèches étaient trop longues, ils les frappaient contre les bornes pour les raviver. Ces torches, mêlant leurs flammes rougeâtres à la lueur jaune des cierges, produisaient sur Jacques, et même sur les assistants, un effet lugubre.

Tout d'un coup on s'arrêta brusquement, et pendant un quart d'heure sur place on piétina dans la rue.

Le drap noir, placé sur l'un des chevaux, avait glissé. On s'en était aperçu à la hauteur de l'église Saint-Vivien, et il fallut, pour le retrouver, qu'on allât à sa recherche jusqu'à la rue des Faulx : l'administration tenait trop à son drap pour permettre que l'on continuât la route sans qu'il fût ramassé.

Mais Jacques avait épuisé la mesure de l'horrible ; la douleur toute simple et toute humaine avait repris ses droits ; ce hideux retard lui semblait une grâce qui le laissait plus longtemps avec son père ; il aurait voulu s'accrocher à tous les obstacles, à toutes les bornes qu'il rencontrait ; plus on approchait du Val de la Gatte, qui était le cimetière où l'on allait, plus il se creusait la tête pour trouver des expédients, des délais, et naturellement il ne trouvait rien.

Quand on fut sorti de la ville et entré dans le cimetière, où il fallut marcher assez avant, et où peu de personnes se sentirent le courage de pénétrer, les choses se passèrent avec une rapidité brutale.

Ce fut si vite fait que Jacques en fut étourdi.

Il ne lui arriva intérieurement rien de ce qu'il attendait, il ne fut ni soulagé, ni plus triste; il lui sembla seulement qu'il avait une grande courbature, que tout son corps était brisé, et que jamais plus il ne lui serait possible de penser.

V

LES PREMIÈRES IVRESSES

Cette mort fut pour Jacques un irréparable malheur, mais elle m'atteignit douloureusement aussi, car elle brisa nos relations et notre amitié.

La succession de M. Chevalier était loin d'être bonne, et quand madame Chevalier, qui n'avait jamais été initiée aux affaires de son mari, eut pris conaissance de l'actif et du passif, elle vit avec effroi que, non-seulement il ne lui restait pas de quoi vivre, elle et sa mère, mais encore qu'il lui serait impossible de payer même l'éducation de son fils. Par bonheur des amis influents vinrent à son aide, firent les démarches nécessaires, et, le 1er janvier, Jacques quitta la pension pour entrer au collége en qualité de boursier de la ville.

Pendant les premiers mois de notre séparation nous nous écrivîmes assez régulièrement de longues lettres où il y avait au moins autant de littérature que d'amitié; et chaque jour, en arrivant en classe, nous nous fîmes un signe de tête qui voulait dire : je pense à toi.

Puis les lettres devinrent plus rares, puis elles cessèrent tout à fait, puis le signe de tête aussi fut oublié.

Jacques avait fait de nouvelles amitiés et je l'avais imité; lorsqu'à la fin de ma seconde, je quittai le collége de

Rouen, pour venir à Paris, je ne pensai seulement pas que j'y laissais Jacques.

Un assez grand nombre d'années s'était écoulé, lorsqu'un jour et par hasard nous nous retrouvâmes en présence.

Ce fut à la Bibliothèque impériale; appuyé contre une grille devant le bureau des conservateurs, j'attendais un livre que j'avais demandé, et, pour passer le temps avec moins d'impatience, je m'amusais à étudier les lecteurs, et à deviner d'après leurs physionomies leurs aptitudes et leur genre de travail. Dans un de ceux qui attendaient comme moi, je crus retrouver une figure connue; je regardai plus attentivement; à n'en pas douter, c'était Jacques, Jacques avec de la barbe, Jacques grandi, allongé, non engraissé.

J'allai vers lui.

— Jacques Chevalier, n'est-ce pas? lui dis-je en lui tendant la main.

Il s'inclina sans répondre et me regarda d'un air étonné; je compris alors que moi aussi sans doute je n'étais plus le même.

— Eh quoi ! repris-je, tu ne reconnais pas ton vieux camarade Frédéric Arnoult?

— Comment, c'est toi ! s'écria-t-il.

Un domestique vint nous engager à nous taire. Nous sortîmes dans la rue, et, bras dessus bras dessous, nous gagnâmes les boulevards.

— Que fais-tu ? me demanda Jacques.

— Rien ; et toi?

— Rien ; c'est-à-dire, cependant...

— C'est-à-dire aussi, interrompis-je, que rien n'est pas très-exact ; en ce moment je fais des recherches pour un romancier qui veut écrire un drame historique, et qui croit que Notre-Dame de Paris était, sous Charlemagne, telle que nous la voyons aujourd'hui.

— Et moi, dit Jacques, j'amasse des matériaux pour un livre sur la philosophie de l'histoire que j'appelle : *Louis XI, Richelieu et la Révolution française*.

— C'est-à-dire que tous deux nous n'avons point failli à nos espérances de pension.

Ce mot pension nous rejeta dans le passé ; et, pendant une heure, ce furent d'éternels « T'en souviens-tu, t'en souviens-tu ? »

J'emmenai Jacques chez moi ; il me ramena chez lui. Au bout d'un mois nous étions redevenus les amis d'autrefois. Je lui avais conté ma vie, et il m'avait conté la sienne.

Après mon départ, Jacques acheva ses études au collége de Rouen, et quand elles furent terminées, qu'il eut même doublé sa philosophie, il revint chez sa mère.

— Qu'est-ce que tu vas faire maintenant ? lui dit madame Chevalier, tu es au seuil de toutes les carrières, c'est-à-dire qu'elles te sont toutes fermées. Avocat comme ton père ? je ne désire pas que tu le sois ; médecin ? ta maladresse t'empêchera toujours de faire de la chirurgie ; prêtre ? tu crois trop à de certaines choses et pas assez à de certaines gens. Mon pauvre enfant, je ne vois guère que le professorat. En entrant dans les premiers à l'École normale, tu ne me coûteras rien, et c'est pour nous une chose importante, car, tu le sais, nos ressources sont bien faibles.

Il fut décidé qu'il passerait l'examen pour entrer à l'École normale, et que, pour cela, il irait au chef-lieu de l'Académie, c'est-à-dire à Caen, où, afin d'économiser la dépense, il coucherait au lycée comme boursier.

Quelle était, à la veille de ce voyage, la disposition intérieure de Jacques ? Évidemment, ce n'était plus l'enfant maladif et poltron de l'institution Heudelay ; mais c'était un jeune homme ardent, bizarre, exceptionnel en tout, mal compris, peu aimé, très-écouté.

Au lycée, comme à la pension, il avait commencé par être souffre-douleurs, il avait fini par une espèce de royauté. Il l'avait conquise par toutes sortes de moyens, légitimes ou non, tantôt par des câlineries, tantôt par des railleries ; aujourd'hui, devinant les instincts et les faiblesses collectives de sa classe, et s'en faisant l'interprète, demain, les contrariant avec verdeur, les combattant avec intrépidité. Il était l'excitateur des révoltes, mais il en prononçait le *quos ego*. Les élèves le suivaient, le proviseur le ménageait, l'aumônier même, de temps en temps, lui offrait une tasse de chocolat ; seulement, comme je l'ai dit, personne ne l'aimait.

Et justement il avait un immense besoin d'affection. Il semblait qu'à mesure qu'il grandissait cette affectuosité vague qu'il portait en lui cherchât à se répandre et débordât follement. Ses amitiés passaient toute mesure et tout bon sens ; il en avait de chevaleresques, il en avait de ridicules. Un nouveau arrivait-il, et Jacques l'apercevait-il dans la cour tout effaré, seul et comme un oiseau sans plumes jeté brusquement hors du nid, une immense pitié à l'instant lui montait au cœur : il quittait ses vieux camarades et devenait le compagnon, le frère du nouveau ; il lui épargnait les déboires, il lui apprenait comment on pare les railleries et comment on y riposte ; il se faisait son ange gardien jusqu'au jour où le nouveau, suffisamment émancipé, se croyait autorisé à dire des injures à son protecteur et à lui donner des coups de pied dans les jambes.

De Rouen au Havre, du Havre à Caen, le voyage fut pour lui une féerie continuelle. Il n'avait jamais vu tant de mâts de navires ; il n'imaginait la mer ni si grande, ni si verte, et, dépaysé qu'il était, il avait à propos de tout le sentiment de l'immensité. Chaque vague un peu haute, chaque pli de terrain, chaque tournant de route lui paraissait dérober l'infini. Dans les rues de Caen, il n'avait qu'un mot, un mot stupide, qui agaçait son camarade, beaucoup plus avisé que lui : « Ce n'est pas comme à Rouen. » Il compara le passage Canivet au passage Saint-Herblant et le trouva inférieur; et, faubourg pour faubourg, il déclara très-formellement que Saint-Sever était plus pittoresque que Vaucelles.

Les internes du collége de Caen le reçurent d'un ton moitié amical, moitié gouailleur. On le logea dans une cellule que fermait hermétiquement une porte grillée. Jacques était habitué aux bons et paternels dortoirs du lycée de Rouen, où l'un à côté de l'autre, en files prolongées, courent les lits en fer sous leurs blanches couvertures ; il était habitué aux causeries familières qui précèdent le sommeil ; il avait coutume de s'endormir et de se réveiller en société : la perspective de ce sommeil cellulaire lui répugna.

Les jours suivants, aux examens, il s'observa beaucoup. Son voisin de droite eut seul le privilége d'attirer son attention. C'était un garçon de taille moyenne, aux cheveux blonds, à la barbe presque rouge, mais douce, et portant dans ses yeux bleus résolus un caractère de grande bonté. Il arrivait toujours un quart d'heure après la fermeture des portes, escorté de deux ou trois camarades dont il était assurément le capitaine.

Un jour, — c'était le jour de la composition en vers latins, et Jacques, qui tournait fort bien les vers français, n'avait jamais su construire un hexamètre, — ce jour-là, en entendant le professeur commencer la dictée par ces paroles à double sens : « *Athenarum rudera,* » Jacques se retourna vers son voisin et lui dit gravement :

— Est-ce qu'il y avait une *rue des Rats* à Athènes?

Certes, jamais le Roger-Bontemps de la jeunesse caennaise n'avait entendu un calembour aussi incongru, aussi colossal ; il éclata d'un rire immense que partagèrent docilement ses trois commensaux et qui alla troubler les bons sujets jusque dans les coins les plus reculés de la classe.

Après de si grandes preuves d'intelligence d'une part et de sympathie de l'autre, l'alliance était conclue et le pacte signé.

Lorsque les deux complices se trouvèrent côte à côte dans la rue Saint-Jean, ils se mirent à bavarder comme si depuis la huitième ils avaient polissonné ensemble.

En une heure, ils dépensèrent leur provision de railleries enfantines, d'espiègleries, de médisances. Dix fois l'un l'autre, à leurs domiciles respectifs, ils se reconduisirent; mais lorsqu'ils s'arrêtèrent devant la porte du lycée dont, bien involontairement, Jacques était l'hôte assidu, son nouvel ami lui prit la main, et d'une belle voix résonnante et cuivrée :

— Nous nous reverrons, je me nomme Émile Foulogne, à l'hôtel du *Grand-Turc*.

— Je vous reverrai avec plaisir, lui répondit timidement Jacques.

— Mais j'y pense, continua Foulogne, avez-vous dîné?
— Non.
— Eh bien, je veux que vous goûtiez de la cuisine du *Grand-Turc*.

Et, le prenant sous le bras, il l'entraîna délibérément, tout en parlant de l'avenir du monde et de la République. La Révolution de février venait de mettre le feu à toutes les cervelles, les esprits même les plus jeunes agitaient les questions sociales et humanitaires, et Foulogne, plus encore que tous ses camarades, se préoccupait et même s'occupait passionnément de ces questions.

Pendant sa dernière année d'étude, il avait été assez libre, et il avait usé de cette liberté non-seulement pour pratiquer le bezigue au café Adolphe, mais pour fréquenter les bureaux du journal de la localité.

Il avait, selon son expression, « brigué l'honneur d'y tracer quelques lignes, » et le journaliste attelé depuis dix ans à sa charrue, heureux de trouver quelqu'un de jeune et d'intelligent qui voulût bien prendre le harnais à sa place, avait accepté avec joie cette candide proposition.

En huit jours, Foulogne avait délivré l'Irlande, secouru l'Italie, reconstitué la Pologne, affranchi la Hongrie. Les abonnés avaient été sens dessus dessous ; la semaine suivante, ç'avait été encore bien pis : le nouveau journaliste s'était lancé à corps perdu dans l'économie politique, il avait renversé deux ou trois fois la société et incidemment l'avait rebâtie ; mais il avait bientôt rencontré, dans l'exercice de cette puissance, qu'il maniait si bien, un écueil qui l'avait perdu ; il n'avait pas su résister au désir de parler des choses du collége, et il avait accusé carrément le proviseur d'être un jésuite, les professeurs d'être des émissaires du père Loriquet, et le censeur d'aller tous les quinze jours prendre le mot d'ordre, rue des Postes, à Paris.

Le proviseur était-il un jésuite, — c'est possible, — mais dans tous les cas, c'était un homme très-fin et très-habile, qui avait deviné du premier coup quel était le coupable : il avait fait venir Foulogne.

Celui-ci était trop fier de son ouvrage pour le désavouer.

— Vous m'avez reconnu à mon style, avait-il dit, c'est celui de l'indépendance et de l'honnêteté.

— Vous n'êtes qu'un fou, lui avait répondu le proviseur ; prenez garde d'être un niais. Votre indépendance et votre honnêteté ne vous donneront pas un sou pour vivre. Si vous voulez me promettre d'être sage, j'oublierai tout, et même, à la fin de l'année, je vous ferai nommer maître d'étude, ou bien je vous assurerai au dehors un bon nombre de répétitions.

Foulogne avait fait avec grandeur un geste négatif.

— Écoutez-moi, avait continué le proviseur. Je sais

que vous avez mauvaise tête, mais bon cœur... Allons, Foulogne, ne me démentez pas. Voyons, niez-vous votre bon cœur.

Attaqué dans son faible, Émile avait balbutié.

— Eh bien, mon ami, — ce disant, le proviseur lui prenait les mains, — je sais ce que c'est qu'une conviction, c'est sacré; mais il y a d'autres choses aussi qui sont sacrées : pensez à votre avenir.

Foulogne était très-fier de cet exploit et de cette persécution, il aimait à en parler, et ce fut avec une orgueilleuse complaisance qu'il en fit le récit à Jacques émerveillé.

Ainsi devisant, ils arrivèrent à l'hôtel du *Grand-Turc*. C'était vraiment un établissement bien hospitalier. Du matin au soir, on s'y ruait en cuisine. Il y avait d'innombrables volailles que dévoraient d'innombrables voyageurs. Jacques crut assister aux préparatifs des noces de Gamaches, et cependant il se trouva seul à table avec son nouveau camarade.

Le combat dura quatre heures, et lorsque alourdi par la bonne chère, grisé de ses propres paroles et des confidences d'Émile, il commençait à sommeiller sur sa chaise, celui-ci lui frappant sur l'épaule, lui cria dans l'oreille :

— Allons prendre le café.

— Eh quoi! se dit Jacques émerveillé, il y a encore quelque chose à prendre.

Au café, il fut renversant.

Vers la fin de la soirée il y voyait trouble.

Lorsqu'il se leva pour regagner son gîte, Foulogne lui dit :

— Pourquoi n'accepteriez-vous point une place dans mon humble mansarde?

— Où couchez-vous donc? demanda Jacques, qui avait un peu perdu la mémoire.

— Au *Grand-Turc!*

Alors toutes les magies, toutes les séductions du *Grand-Turc* passèrent sous les yeux de Jacques, et il se dit que l'on ne pouvait mal dormir dans un endroit où l'on mangeait si bien.

Le lendemain, il fut très-étonné quand son ami de la veille, le secouant pour le faire sauter du lit, lui cria dans l'oreille :

— Déjeunons promptement; il faut que j'aille voir ma sœur.

VI

CAROLINE

— Ma sœur, dit Foulogne à Jacques en déjeunant, — ma sœur se nomme Caroline. C'est une noble fille, je veux que vous la connaissiez : je vais aller un instant chez elle en vous quittant, je vous y mènerai ce soir et vous la verrez. Elle a beaucoup souffert; je devrais dire nous avons beaucoup souffert.

Puis, changeant brusquement de sujet et s'adressant directement à Jacques :

— Nous prendrons le café ici, n'est-ce pas?

Et sans attendre la réponse :

— Nous avons beaucoup souffert, car nous avons des ennemis, ajouta-t-il en baissant le ton, — des canailles, s'écria-t-il d'une voix tonnante. Si l'on vous parle de nous ici, vous en entendrez de belles : ce ne seront que lâches calomnies, noirceurs infâmes, malignités cruelles; tout le monde nous attaque; surtout les prêtres, — reprit-il à mi-voix, — les cafards! tonna-t-il.

— Vous avez lu Michelet, risqua modestement Jacques, toujours littéraire dans ses observations.

Mais, sans tenir compte de cette furtive parenthèse, Émile continua :

— Ce n'est pas un ange, ma sœur, c'est un martyr. Ce qu'elle a passé de nuits pour nous, ce qu'elle a accepté d'humiliations, ce qu'elle a versé de larmes est quelque chose d'inouï, que toute une tendresse n'acquittera pas, que tout mon sang ne payera jamais. Je veux que vous lui serriez les mains. — Désirez-vous du rhum ou du kirsch? — Vous êtes faits pour vous comprendre tous les deux. — Prenez du kirsch. — Ici les bourgeois la disent toquée, et moi je vous dis qu'elle est poëte et un grand poëte. C'est Dieu... — Il est bon, hein, le kirsch? — C'est Dieu qui vous a envoyé à nous : nous étions deux pour soutenir la lutte, nous voilà trois, car vous ne nous abandonnerez point, n'est-ce pas, Jacques? — Dites donc, la bonne, du curaçao! Il y en a d'excellent ici, je veux vous en faire goûter. — Maintenant, je vais vous quitter; je parlerai de vous à Caroline, je veux qu'elle sache qui vous êtes.

Et comme ils s'étaient levés de table, il se pencha d'un air mystérieux à l'oreille de Jacques.

— Je veux qu'elle connaisse notre nouvel ami, — notre complice! cria-t-il de toutes ses forces en s'en allant.

Tandis que Jacques, immobile sous l'enseigne du *Grand-Turc*, le regardait s'éloigner, charmé de cette exaltation de sentiments et de paroles, il se posait involontairement cette question : Caroline ressemble-t-elle à son frère?

Il ne la vit point ce soir-là, mais il en parla longuement avec Émile, qui, avec effusion et profusion, lui donna, sur lui, sur elle, sur sa famille, sur ses amis, sur ses ennemis, tous les détails qu'on lui demandait et même qu'on ne lui demandait pas.

Ils étaient orphelins de père et de mère et n'avaient pour toute famille qu'une sœur plus âgée qu'eux, et un oncle maternel qui était prêtre. Leur père, lieutenant de vaisseau, avait quitté le service avec une pension de retraite que ne grossissait que très-médiocrement le traitement de légionnaire, et s'était retiré à Courseulles, son pays natal. Il avait espéré y passer tranquillement le reste de ses jours à cultiver son jardin, à fumer sa pipe, et à aller régulièrement à l'heure de la marée voir les bateaux de pêche rentrer au port.

Cette vie heureuse et calme n'avait point duré longtemps : à cinquante-deux ans le lieutenant Foulogne était devenu amoureux pour la première fois de sa vie. Celle qui l'avait ainsi affolé était une jeune fille de vingt-trois ans, dont le père, fermier à Langrune, passait pour riche, grâce à une certaine ostentation, mais était, en réalité, rongé par les intérêts et les rentes qu'il avait à servir. Ce père alléché par l'espérance de ne pas donner de dot; la fille séduite par la perspective de quitter les sabots, de devenir une bourgeoise, de se promener au bras d'un homme à qui les douaniers présentaient les armes, et aussi par la coquette pensée de ne pas avoir d'enfants qui flétriraient sa fraîcheur véritablement admirable ; le mariage fut promptement décidé et conclu. Mais l'espoir de madame Foulogne, en ce qui touchait les enfants, fut bientôt déçu; au bout d'un an elle accoucha d'une fille. Ce ne fut pas tout; six ans après, elle eut un fils. La pension devenait maigre, le lieutenant demanda et obtint un bureau de tabac. Lorsque cet heureux secours arriva, madame Foulogne était sur le point de mettre au monde un troisième enfant, et sa fureur était telle qu'elle en mourut pendant sa fièvre de lait.

M. Foulogne éleva de son mieux ses enfants, qu'il adorait, et c'était à Courseulles une opinion assez généralement acceptée, qu'ils étaient beaucoup moins malheureux que s'ils avaient encore leur mère. Malgré tout le désir qu'il en avait, le digne homme n'eut pas la douce satisfaction de voir ses trois enfants assez âgés pour affronter la vie sans l'appui d'un père. Lorsqu'il mourut, Félicie avait vingt-deux ans, Émile en avait seize, et Caroline quatorze. Ils restaient absolument sans fortune, mais non sans protecteur : leur oncle Bonnœil, le curé de Couvigny, qui avait une réputation de charité à fonder, prit comme moyen cette famille d'orphelins, et il les accabla de ses conseils et de ses services. Il se fit l'avocat d'une cause qui n'en avait pas besoin, et quoique personne ne songeât à leur enlever le bureau de tabac, leur seule ressource, il fit des démarches aussi nombreuses qu'inutiles, et s'attribua la gloire d'un succès qui ne lui avait point été disputé. Toutes les belles âmes de la contrée célébrèrent, avec un ensemble qui n'appartient qu'à cette corporation, le zèle de cet excellent parent, le dévouement de ce généreux prêtre. Ce triomphe l'encouragea.

Dans le but de faire du prosélytisme et de plaire à Monseigneur (qui demandait des missionnaires pour dire qu'il en avait trop), il voulut retirer Émile du collége où il était boursier et le mettre au séminaire; et en même temps il voulut aussi envoyer Caroline au couvent. Il fut aidé dans ce beau projet par Félicie, qui, paysanne avaricieuse et rusée, espérait ainsi rester unique titulaire du bureau de tabac; mais Émile, lui, se fâcha; en digne fils du vieux lieutenant républicain, il déclara que non-seulement il ne serait pas prêtre, mais encore que Caroline ne serait pas religieuse. La guerre fut déclarée. La pauvre jeune fille, qui restait seule exposée aux obsessions, fut persécutée moralement et physiquement; et les choses en arrivèrent à un tel point qu'après deux ans de souffrances, elle s'échappa pour venir à Caen, où elle entra dans une maison de commerce de dentelles, dont le chef avait connu son père. Alors commença entre le frère et la sœur une amitié que la douleur, l'isolement et les calomnies du digne abbé Bonnœil rendirent ardente, passionnée, absolue : Caroline se dévoua pour Émile, et celui-ci, en attendant qu'il entrât à l'École normale, se mit à donner des répétitions pour lui venir en aide.

Le lendemain du jour où Jacques apprit toute cette histoire, c'était au lycée de Caen distribution générale des prix; et, je ne sais plus trop pourquoi, il avait eu les honneurs d'une place réservée.

Tous ceux qui l'ont connu à cette époque, et sous son costume de lycéen, sont unanimes à déclarer qu'il offrait un aspect bizarre d'un comique irrésistible.

Il était étroitement sanglé dans une tunique toujours boutonnée jusqu'au dernier bouton, et dont la ceinture agrafée au dernier cran exagérait encore la minceur de sa taille. Il avait de larges souliers qui, par derrière, happaient à chaque pas l'ourlet du pantalon tout recroquevillé, et par devant laissaient admirer des bas de coton, chinés noir et bleu, toujours mal attachés. Il se complétait au sommet de son individu par un képi inflexible comme une flèche de cathédrale, et de dessous lequel partaient de longs cheveux plats, droits et luisants, qui faisaient suture avec le col de l'habit et ne s'en séparaient jamais.

Pendant que dura la distribution des prix, tous les intervalles de demi-silence que laissèrent la proclamation des noms des lauréats et les fanfares de la musique citoyenne, furent remplis par les éclats d'un rire frais, joyeux et sonore qui partaient d'une des extrémités de la salle.

Jacques était un peu myope, mais il n'était pas sourd; il regarda, et tant bien que mal, au milieu d'un groupe qui lui parut hostile, il distingua une grande jeune fille vêtue de noir, très-élancée, très-pâle; c'était elle, à n'en pas douter, qui riait de lui, si irrésistiblement et si bruyamment.

Le soir, après le dîner, — le dîner au *Grand-Turc*, — Jacques ayant scrupuleusement brossé sa tunique et son képi, sanglé son ceinturon avec frénésie, et essayé, mais infructueusement, de faire la rosette de ses souliers, se dirigea au bras de Foulogne vers le magasin où Caroline était première demoiselle.

En entrant, il se trouva face à face avec la jeune fille

dont il avait fait la joie pendant toute la journée, et, tandis qu'on les présentait l'un à l'autre, ils se regardèrent, ne sachant trop ce qu'ils devaient penser, ni quelle contenance tenir.

Au bout de cinq minutes, Jacques était sur Caroline de l'avis de son frère.

— C'est une noble fille.

Et celle-ci se disait :

— Voilà un garçon intelligent.

On parla République, Démocratie, Révolution : on raconta des histoires de club. Puis la conversation fit un brusque soubresaut, devint grave, tourna au mélancolique, et, après quelques ricochets imprévus, s'abattit sur Charlotte Corday.

— Elle demeurait là en face, chez sa tante, dit Caroline qui devint subitement pensive, au fond de cette longue allée que vous verriez s'il faisait jour ; il y a un puits sur les marches duquel, selon la tradition, elle s'asseyait pour lire la *Nouvelle Héloïse*.

Et d'un mouvement enfantin et naïf, regardant Jacques avec ses grands yeux noirs, ce qu'il appelait plus tard ses grands yeux fantastiques, elle lui dit :

— Oseriez-vous bien y venir avec moi, nous allons peut-être voir son fantôme.

Ils se prirent par la main et tous deux comme deux fous, comme deux enfants peureux qui s'exaltent par le bruit qu'ils font, ils coururent jusqu'au bout de l'allée, et, tout essoufflés, ils s'arrêtèrent près de la margelle du puits.

Une minute ils restèrent immobiles, respirant difficilement, la main dans la main, sans se rien dire, le rire se glaça sur leurs lèvres, ils eurent honte de leur bravade, et échangeant leurs pensées sans échanger une parole, ils s'en revinrent ne courant plus, mais marchant vite, et comme si entre eux il s'était passé quelque chose de grave.

Deux jours après, Jacques reçut une lettre d'un de ses

amis du Havre qui lui rappelait qu'on l'y attendait, et qu'à chaque marée on allait sur la jetée voir entrer le bateau de Caen.

Jacques montra cette lettre à Émile; celui-ci la lut, la relut, la tourna plusieurs fois dans ses mains et dit entre ses dents, comme se parlant à lui-même :

— C'est juste, c'était trop beau, ça ne devait pas durer.

— Qu'est-ce que tu as donc? demanda Jacques, car ils se tutoyaient.

— J'ai que je suis une bête, cria Foulogne en bondissant, que je le serai toujours, et que toujours la vie me donnera des soufflets que j'aurai bien mérités.

Et sans laisser à Jacques le temps de placer une parole :

— Croirais-tu, mon ami, que j'ai eu la stupidité de me figurer que cette vie-là ne finirait pas, et que nous resterions ensemble. Je suis tellement affamé d'affection et d'amitié, j'ai toujours rencontré si peu de sympathies, j'ai toujours eu si peu de bonheur, que je suis fait à toi comme si je te connaissais depuis vingt ans : j'ai besoin de toi comme si tu étais mon père et mon chef : tu me fais rire quand je suis triste, tu me relèves quand je suis abattu; tu vois clair dans l'avenir, tu es bon sans emphase, tu es fier sans méchanceté, tu me parles comme un ami, et il me semble que tu m'embrasserais comme un frère. Je comprends que tu nous quittes, on t'attend là-bas; on va te promener, te choyer; et toi si sérieux, Jacques, tu es enfant, tu ouvriras de grands yeux, tu t'amuseras et tu nous oublieras. Nous resterons, nous, les pauvres déshérités, qui ne voyageons pas, qui n'avons point de distractions, et ton souvenir s'incrustera dans notre vie; on parlera longtemps du collégien rouennais si gai, si spirituel, qui avait les mains pleines de promesses, et qui, malgré lui, a si peu tenu. Je ne te fais pas de reproches; va où le flot t'emporte, laisse seuls ceux qui sont seuls, et tristes ceux qui sont tristes; toi, tu es plus enfant et artiste que philosophe, il faut que tu penses tout haut, que ton rire ait des témoins, que tu charmes et que tu brilles.

Jacques avait les larmes dans les yeux.

— Mon bon Foulogne, lui dit-il, la douleur te rend injuste, demande-moi ce que tu voudras, comme marque d'amitié, sauf, bien entendu, la remise de ce voyage, ce qui est impossible, — et je te promets de te l'accorder.

— Et précisément, Jacques, je ne te demande que cette remise ; demain, c'est dimanche, nous dînerons avec ma sœur, nous irons avec elle nous promener aux prés Louvigny, et jusqu'à la dernière minute nous aurons savouré notre amitié. Ne pars que lundi.

Le lendemain, vers cinq heures du soir, tandis que Foulogne, pour se préparer à la dernière agape, se livrait à de violents exercices natatoires, Caroline reprenait avec Jacques l'entretien que son frère avait laissé interrompu la veille :

— Je voulais vous remercier pour Émile et pour moi, vous avez été un vrai rayon de soleil dans sa vie ; vous avez été, pendant dix jours, notre gaieté, notre consolation, notre espoir. Je ne cherche pas à vous retenir : nous n'avons rien de ce que l'on regrette. Donnez-moi votre main, mon loyal camarade, et mille fois merci.

En parlant ainsi elle s'était levée, et lentement, sous les grands arbres du cours, ils marchaient vers la ville.

Jacques était silencieux : des bouffées d'amour et d'orgueil, du cœur lui montaient à la tête.

Une belle jeune fille à la voix vibrante, au regard sympathique, lui parlait un langage de tendresse. Il était entré pour quelque chose, pour beaucoup peut-être, dans la vie de cette femme. S'il allait être aimé ! cela était possible. Il regarda autour de lui : le soleil dorait les prés Louvigny ; un air tiède circulait dans le feuillage des grands ormes ; la rivière, dans ses berges vertes, sur les cailloux, courait bruyante et fraîche : à leurs côtés, les hommes et les femmes passaient avec leurs beaux habits et leurs figures du dimanche.

Il eut un éclair de triomphe, il se dit qu'après ce qu'il avait souffert cela lui était bien dû ; mais aussitôt, comme un glaive, lui entra au cœur cette pensée : Je peux la perdre. Ensuite ce fut un retour sur lui-même, et alors il fut agité par un frisson d'humilité, il la vit plus élégante, plus jeune, plus belle qu'elle ne l'était réellement, tandis qu'il se vit gauche, maladroit, embarrassé ; et il fut, à sa manière, comme cet anatomiste célèbre qui n'osait se baisser pour ramasser une épingle, il n'osait plus ni parler, ni remuer, de peur d'accuser un de ses ridicules. Une idée fixe, qui s'empara de lui en ce moment, le fit horriblement souffrir : on était au dimanche soir, il partait le lundi matin, et elle allait rester à Caen, entourée des amis de son frère, courtisée, adulée : plusieurs la désireraient, quelques-uns l'aimeraient ; elle en choisirait un. Une conception vague s'éveilla en lui, il eut un rêve, un mirage : il ne vit plus les prés ensoleillés, le cours ombreux, ni les passants ; mais par delà et au loin, il devina la grande ville, ses plaisirs, ses féeries, et il s'y vit avec elle et son frère.

— Vous croyez trop à un adieu de ma part, dit-il ; quand il y a eu de telles paroles échangées, il y a un lien de formé que rien ne brisera. Nous nous séparons un instant ; nous ne nous quittons pas.

Caroline l'interrogea du regard.

— J'arriverai le premier à Paris ; je vous y ferai votre place ; je vous y aplanirai la route. Vous ne pouvez pas accepter plus longtemps cette vie de province, avec ses mesquineries, ses misères, ses déchirements. Ainsi qu'Émile, et sans en avoir nettement conscience, par vos instincts les plus vivaces, vous êtes artiste. Tant que vous ne serez pas venue vous réchauffer à ce foyer de mière, vous serez incomplète.

— Oh! ne parlez pas ainsi, interrompit Caroline; pourquoi parler de ce qui ne peut se réaliser : non, non, ne me montrez point Paris.

— On dirait que vous disputez, cria derrière eux la voix formidable d'Émile; de quoi diable parlez-vous?

— C'est notre ami Jacques, répondit Caroline, qui était fou et qui a failli me rendre folle, ne voulait-il pas nous entraîner à Paris?

— Pas si fou, alors, dit Émile; j'espère bien que nous irons, Jacques, et que nous y vivrons comme ici, tous les trois, fraternellement.

VII

LA HALTE AVANT LE DÉSERT

En arrivant à Rouen, Jacques trouva une longue lettre d'Émile, et une lettre triste.

Jacques avait été par eux initié à leurs affaires, mais le détail de leur misère lui revenant sur ce froid papier, en huit pages compactes et serrées, lui fut d'autant plus sensible qu'il coïncidait avec ses épreuves et ses difficultés personnelles. Dans cette lettre, il trouva aussi une petite médaille en argent attachée à un petit lacet de soie. En *postscriptum* Caroline le priait d'accepter cette médaille comme un bon souvenir et un gage de leur futur retrouvement.

Ce fut seulement à Paris que Jacques put répondre à cette lettre :

« Je rentre d'une longue promenade aux Tuileries et au Luxembourg pour t'écrire et causer enfin quelques minutes avec toi. »

Il y avait là une sorte de cruauté dont beaucoup de nouveaux arrivants comme Jacques se sont rendus coupables. Pourquoi dire si nettement à ces pauvres diables, qui, retenus dans leur ville de province, y végétaient misérablement sans espérance d'en sortir : Je suis à Paris, moi ; et afin que vous n'en doutiez pas, comme si le timbre de la poste n'était pas suffisant, je m'en vais au commencement, au milieu et à la fin de ma lettre vous accabler de détails authentiques et de preuves irrécusables.

Jacques remplit ainsi ses huit pages, d'abord avec ses impressions, avec quelques renseignements sur sa situation, puis à la fin il en vint à toucher la corde du sentiment, et il le fit avec une effusion qui n'excluait pas la finesse. Après avoir longuement assuré qu'il n'avait rien oublié ni personne, et que les circonstances seules étaient coupables, il continua ainsi :

« J'ai beaucoup pensé à toi, Émile, beaucoup à vous deux, et j'y ai surtout pensé dans mes dernières promenades ; vous me manquiez singulièrement. C'est une mauvaise chose que d'être seul à admirer : c'est une joie qui se gâte et se corrompt tout de suite. Tout ce qui m'a réjoui jusqu'à présent et m'a transporté, m'a fait en même temps venir les larmes aux yeux ; instinctivement je vous cherchais à côté de moi et je m'étonnais de ne pas vous y trouver. Est-ce que cela durera, — non toujours, nous ne pourrions le supporter, — mais longtemps ? Pourquoi ne viendriez-vous pas ici ? La vie n'y est pas plus difficile qu'en province, elle y est plus obscure, plus cachée, et les occasions de travail, les places, les emplois s'y présentent en plus grande abondance que partout ailleurs. Dis à ta sœur, — que je ne sépare jamais de toi lorsque je t'écris, — dis-lui combien j'ai été heureux de la petite médaille qu'elle m'a envoyée et du sens qu'elle y attache. Je crois, en effet, qu'il y a une bénédiction sur nous trois, c'est de nous être rencontrés, de même qu'il n'y aurait qu'une malédiction qui serait de ne nous revoir jamais. »

Il y eut six lettres comme cela d'échangées; inquiètes et désespérées d'un côté, séduisantes et câlines de l'autre.

La position de Caroline et d'Émile à Caen était devenue à la longue terrible et insoutenable : Émile, tout en continuant ses dépenses, n'avait point trouvé les répétitions sur lesquelles il comptait, et la place de première demoiselle dans une maison de province ne pouvait suffire aux besoins du frère et de la sœur.

Les lettres de Jacques leur brûlaient les yeux ; mais une sagesse instinctive les retenait cependant, les empêchait de dire oui au moment décisif, et les faisait défaillir. Ils avaient beau lire et relire ces lettres, il leur était impossible d'y rien trouver de précis, de formel, de positif. C'étaient des vues générales, des espérances en l'air, des perspectives chimériques ; il y était fort question d'aller ensemble aux cours du Collège de France, de se promener sur le boulevard Italien, de dîner au Palais-Royal, et de courir le dimanche les environs de Paris, mais d'une place, si humble fût-elle, d'un emploi même médiocre, il n'en était pas question. Jacques n'était nullement un homme pratique ; c'est là sa seule excuse en cette affaire, si c'en est une.

Quoi qu'il ait pu souffrir plus tard, il est bien certain qu'il ne souffrit que d'une situation qu'il se créa par son propre égoïsme ; et il ne fut en définitive frappé que du ricochet des souffrances qu'il avait occasionnées.

Pendant trois mois, lui qui vivait chez un de ses parents à Montmartre, doucement, chaudement et en réalité plus heureux qu'il n'avait jamais été, il fit briller devant ces pauvres amis le mirage trompeur de sa sécurité exceptionnelle. Il ne comprit pas qu'en arrivant à Paris, ils n'auraient eux, les pauvres enfants, ni famille où loger, ni bon feu pour les chauffer, ni bon lit le soir à les attendre quand ils rentreraient fatigués. Parce qu'il vivait de la vie bourgeoise, il se figurait naïvement qu'ils en vivraient

comme lui ; ou plutôt il ne se donnait point la peine
d'examiner ce qui adviendrait de leur destinée ; et pourvu
qu'ils vinssent et qu'il pût causer avec eux, il se tenait
suffisamment satisfait.

Enfin, il l'emporta ; et un soir qu'il rentrait du théâtre,
on lui remit une lettre ; elle était d'Émile et ne contenait
que ces mots :

« Nous venons à Paris tenter la fortune, puisse-t-elle
» nous être moins marâtre ! Je dis nous pour t'apprendre
» que ma sœur m'accompagne, et ne me quittera jamais.
» Nous allons donc être réunis : maintenant, mon vieux,
» c'est à la vie, à la mort.

» *P. S.* Trouve-toi mardi, à quatre heures du matin,
« aux Troyennes, à l'entreprise du Petit-Loisel ; je crois
» que c'est rue Coq-Héron, je ne sais pas le numéro.
» 15 janvier. »

Il était minuit, Jacques partit à trois heures.

Il descendit lentement la montée, se heurtant à chaque
minute contre des tas de pavés qui avaient été relevés pour
les travaux du gaz, et qu'éclairaient fort peu quelques
rares lanternes qui donnaient plus de fumée que de lumière. En marchant par ces rues silencieuses, il s'inter-
rogeait curieusement, et il était surpris de ne pas se trouver plus ému : — Je croyais les aimer plus que ça, se
disait-il. » La pensée de voir Émile lui causait cependant
un sincère plaisir : celle de retrouver Caroline lui inspirait une inquiétude vague et comme un chatouillement
de désir et d'amour-propre.

Arrivé à la rue Montmartre, il s'arrêta un instant à contempler avec surprise la longue file de becs de gaz que
réfléchissait l'asphalte mouillé du trottoir et les flaques
d'eau de la chaussée ; il n'avait point encore vu Paris à
cette heure où les gerbes de lumière font un si fantastique
contraste avec le silence des maisons et des rues, et il eut
un véritable émerveillement.

A quatre heures, il était devant les Troyennes.

Il faisait une nuit presque douce. Il attendit sans trop s'impatienter, allant de la rue Coquillière à la rue Montmartre, regardant les passants qui circulent sans cesse dans ce quartier populeux, regardant surtout les charrettes encombrées de choux et de carottes qui commençaient à s'entasser les unes à la suite des autres et à prendre leur rang pour déboucher sur le carreau des halles. Le tumulte assourdissant, le va-et-vient continuel, les légumes qu'on amoncelait sur les trottoirs sans prendre garde au ruisseau, les fourgons de poissons qui passaient en laissant derrière eux un parfum révélateur, les porteurs aux larges épaules, les paysannes encapuchonnées dans leurs mantes, les types étranges qui n'appartiennent qu'à ce quartier, les cris, les disputes, les voix éraillées, le choc des verres sur les comptoirs d'étain, tout cela l'étonnait, le distrayait et l'empêchait de ressentir trop fièvreusement la longueur du temps.

A cinq heures trois quarts, du côté de la rue Croix-des-Petits-Champs, il vit accourir une énorme lanterne rouge : c'était la diligence qui arrivait comme un ouragan; les chevaux, retenus d'une main vigoureuse et aiguillonnés par des batteries de coups de fouet, secouaient leurs blanches crinières dans un nuage de vapeur chaude : on entendit un cliquetis de chaînes, le pavé ronfla, les maisons tremblèrent. Jacques se haussa sur la pointe des pieds pour voir si par les vitres baissées il n'apercevrait pas ses amis, mais la lanterne lui projeta dans les yeux un flot de lumière qui le colla contre la muraille. Sans ralentir sa course, la voiture entra sous les portes de l'hôtel, et, avant qu'on les refermât, Jacques s'empressa de la suivre.

Il vit descendre du coupé, de la rotonde et de l'intérieur plusieurs créatures extrêmement hétéroclites, enveloppées dans des manteaux, des châles, des mouchoirs, des foulards, et qui se tiraient les bras en poussant des bâillements sonores et gigantesques ; mais Émile et Caroline, il ne les vit point. Il fit plusieurs fois le tour de la diligence, alla examiner les voyageurs sous le nez, s'insinua dans les groupes qui s'embrassaient, pénétra dans le bureau, où il lui sembla qu'on le regardait comme un voleur, et revint désespérément à la voiture. On la dételait. Il dut se résigner à croire qu'Émile et Caroline ne viendraient pas ce jour-là.

Il rentra à Montmartre brisé de fatigue, de très-mauvaise humeur et assez inquiet.

Le surlendemain, il reçut une nouvelle lettre d'Émile qui lui disait :

« Après mille contre-temps, nous sommes arrivés : tu nous trouveras aujourd'hui toute la journée rue de Verneuil, n° 20, à l'hôtel du Pérou. »

Jacques alla tout droit rue de Verneuil, et, arrivé en face du numéro indiqué, il vit en effet se détacher, sur une façade qui n'avait jamais subi les bienfaits du récrépiment, ces mots : *Hôtel du Pérou*; le rez-de-chaussée qui donnait sur la rue était occupé par une boutique de mercerie, contre laquelle s'ouvrait une allée étroite et sombre.

Cela ressemblait si peu à un hôtel, que Jacques hésita un instant, mais enfin il se décida et entra dans la boutique.

— Est-ce que c'est bien ici l'hôtel du Pérou? demanda-t-il.

— Oui, monsieur, répondit en pinçant les lèvres une petite femme qui était au comptoir.

— Est-ce que vous avez deux jeunes gens arrivés de Caen ?

— J'ai une demoiselle, monsieur.

— Mademoiselle Foulogne?

— En effet, monsieur.

— Elle y est?

— Oui, monsieur, mais je ne sais si...

Jacques n'entendit pas la fin de la phrase, il montait les escaliers; par un calcul assez sensé, fondé sur la position de fortune de ses amis, il ne frappa à une porte que lorsqu'il se sentit dans des régions élevées.

— C'est M. Jacques, dit une voix matinale et fraîche, je vous attendais.

Et Caroline lui tendit les deux mains.

Elle était seule. Émile était déjà allé faire des visites. Elle expliqua brièvement à Jacques par quelles suites de circonstances ils se trouvaient dans cet hôtel. Il était tenu par la mère d'un des camarades d'Émile, — mauvais camarade au collége, qui s'était trouvé bon à distance. — Cependant, lorsque Émile lui avait écrit pour lui annoncer son projet d'établissement, et lui dire qu'il comptait loger quelques jours chez sa mère, Alphonse Genty lui avait répondu par une lettre de quatre pages d'une écriture élégante, d'une orthographe supportable, et qui attestait une lecture attentive de la *Muse du Département* et du *Grand homme de province à Paris*. Il se posait en Lousteau, essayant d'arrêter ce nouveau Lucien de Rubempré sur les bords de l'abîme, faisait à Émile une peinture fantastique et balzacienne des grands journaux de Paris, où il n'avait jamais mis le pied, et parlait avec une éloquente amertume des misères de la vie d'artiste, qu'il ne connaissait pas davantage. Il terminait cependant en lui disant que sa mère, qui était pauvre, serait tout à leur disposition dans la mesure de ses moyens.

— Cela ne me plaît pas, pensa Jacques en rendant la lettre, puis tout haut il ajouta : — Est-ce qu'Émile sera longtemps sorti?

— Je ne pense pas, répondit-elle, il est allé voir d'anciens camarades qui sont étudiants, MM. Roblot, Dourdan et Pyrou.

Les déceptions de Jacques commençaient; il avait fait venir ses amis pour lui tout seul et il les trouvait tombés dans le domaine public; il croyait se les approprier, il se les figurait isolés, perdus dans Paris, n'ayant que lui pour cornac, pour providence, et indépendamment d'Alphonse Genty, ils connaissaient Roblot, Dourdan et Pyrou.

Il maîtrisa de son mieux sa contrariété. Caroline paraissait si contente d'être à Paris, si heureuse de le revoir, elle était si expansive, si gaie, que le nuage qui avait un instant obscurci la joie de Jacques, se dissipa rapidement : il oublia les fâcheux camarades et s'abandonna au plaisir de causer à plein cœur avec cette charmante jeune fille, qu'il trouvait plus ravissante encore que le souvenir, pendant ces derniers mois, ne la lui avait montrée.

Ils bavardaient tous les deux depuis une heure, lorsqu'on frappa à la porte : c'était Émile. Jacques respira en le voyant entrer, il était seul. Lorsqu'ils se furent embrassés, Caroline dit à son frère :

— Tu ne les as donc pas trouvés ?
— Pas un seul, c'est une fatalité.

Jacques éprouva un plaisir secret à voir les étudiants se mettre ainsi dans leur tort. Il rentrait en possession de ses amis.

Il passa presque toute la journée avec eux au coin du feu, et ne les quitta que vers cinq heures pour remonter à Montmartre.

— Oui, mais vous viendrez déjeuner demain avec nous, dit Caroline.

— Fraterniser, reprit Foulogne.

— Nous n'avons que trop peu de temps à nous voir, continua Caroline ; je vais sans doute trouver une place, Émile aussi, il faut profiter des deux ou trois jours qui nous restent à être ensemble.

Combien d'argent avaient-ils au juste, et par quels sacrifices se l'étaient-ils procuré, c'est ce que Jacques lui-même n'a jamais bien su ; seulement, de la succession de leur père, il leur restait quelques droits indivis qu'ils avaient dû vendre à perte pour deux ou trois cents francs.

Le lendemain matin, en arrivant, Jacques trouva sur la table de belles tasses dans de belles soucoupes, et devant la cheminée où il y avait un grand feu, un vrai feu de province, le chocolat qui bouillait.

Ce fut comme cela pendant huit jours. Jacques repartait pour Montmartre vers quatre heures, et ses amis le reconduisaient jusqu'au boulevard.

Mais, le neuvième jour, il vit le revers de la médaille : Émile et Caroline déjeunaient, ils ne dînaient pas; il comprit alors leur merveilleux appétit au repas du matin.

Ce soir-là, il avait prévenu chez lui qu'il rentrerait tard, et il s'était promis de rester à dîner avec ses amis. Il trouva Émile seul devant deux tisons qui fumaient mélancoliquement; Caroline était sortie.

Jacques s'ennuya cruellement, et pour la première fois il comprit bien que ce n'était pas Émile tout seul qui le rendait si fidèle. A chaque instant, il était prêt à demander où était Caroline, mais il sentait ce qu'une pareille question avait d'indiscret et il n'osait la faire.

Enfin il se hasarda à poser une interrogation indirecte.

— Ta sœur est bien longtemps.

— C'est vrai, dit Émile, elle est sortie pour aller à côté du Luxembourg faire une visite à Maret; et j'ai peur qu'elle ne se soit égarée. Si nous allions chez Maret ?

Ils descendirent, mais sur le trottoir, au coin de la rue de Beaune, ils rencontrèrent Caroline qui arrivait donnant le bras à un jeune homme.

Sylvain Maret était la dernière incarnation de la paresse. Il ne marchait pas, il se laissait aller, et, dans les cas graves, il glissait. Il parlait avec des modulations adoucies et autant que possible par monosyllabes. Aussitôt qu'il voyait un siége, il s'asseyait; quand il causait dans la rue, il commençait par appuyer son bras sur l'épaule de quelqu'un, et pour peu que la conversation se prolongeât, il semblait disposé à y reposer sa tête.

Jacques lui lança un regard furibond, mais Sylvain, sans se laisser déconcerter, se contenta de dire :

— Si nous montions, nous pourrions nous asseoir un peu.

Ils montèrent, et Maret resta deux heures; enfin il se décida à se lever. A peine était-il au bas de l'escalier :

— Va vite chercher la nourriture, dit Émile à sa sœur, nous mourons de faim.

Ils dînèrent avec un peu de fromage, une livre de pain et un litre de vin.

— Ce ne sont plus les dîners du *Grand-Turc*, murmura machinalement Jacques.

— Non, mais c'est toujours l'amitié du *Grand-Turc*, n'est-ce pas, Jacques?

— Sans doute, dit celui-ci; mais il le dit froidement, cette misère le glaçait, et il ne se sentait pas de force à la supporter même dans ses amis.

Cependant cette impression s'effaça bientôt : on changea de conversation, on fut gai, on chanta, on fit ce qu'on appelait une fédération, et Émile se hâta de déclarer qu'elle était indissoluble.

Il était à peu près dix heures lorsque madame Genty, que Jacques appelait « la Petite Souillon, » entra discrètement dans la chambre.

— Je voudrais vous dire un mot, mademoiselle Foulogne.

— Oh! vous pouvez parler, madame, dit Caroline en montrant Jacques. Monsieur est l'intime ami d'Émile.

— Tu peux dire que c'est un frère, s'écria celui-ci.

— Mon Dieu, il n'y a rien de bien mystérieux, reprit la Petite Souillon; j'ai trouvé pour vous une place de troisième demoiselle dans la maison Chaffiotte, Brassart et Hoefer.

Quand ils se retrouvèrent seuls tous les trois, ils n'osèrent se regarder; enfin, Jacques crut que c'était à lui de parler le premier.

— Voilà une heureuse affaire, dit-il.

— Oui, mais je te laisse seul, interrompit Caroline, en prenant la main de son frère.

Ils se turent encore.

— Pourquoi diable sommes-nous tristes? s'écria Foulogne. C'est notre première bonne nouvelle, et on dirait qu'elle nous désole.

— C'est que nous étions déjà faits à vivre tous les trois ensemble, dit Jacques, et qu'on s'habitue vite au bonheur.

— Mais Caroline aura ses dimanches.

— Il faut l'espérer.

— Et toi, Jacques, tu nous viendras voir.

— Sans doute.

— Hé bien, c'est égal, conclut Foulogne, j'aurais mieux aimé ne savoir cette bonne nouvelle-là que demain matin.

En remontant à Montmartre, Jacques était horriblement oppressé.

— Au surplus, fit-il, je verrai toujours Émile.

Puis, ayant fait quelques pas :

— Oui, mais je ne verrai plus Caroline.

Et quelques larmes lui montèrent aux yeux.

— Comme je les aime! continua-t-il.

Déjà hypocrite avec son cœur, il cherchait à le tromper, mais ce cœur ardent et vierge n'accepta point ce mensonge, et fermement, quoique bien bas, il murmura :

— Comme je l'aime!

VIII

AMOUR

Jacques avait désormais une occupation dominante, sa vie morale avait un centre, il y avait en lui et autour de lui un grand vide de comblé.

Après avoir constaté le sentiment qu'il commençait d'éprouver pour Caroline, il n'avait pas même songé à y résister. Sans aucune pensée de séduction, et plutôt avec des idées de fixité bourgeoise et d'établissement définitif, il se mit à caresser cet idéal d'une famille à trois.

Il se croyait tellement sûr de l'affection de ses amis, que l'absence de Caroline ne le fit pas trop vivement souffrir. D'ailleurs il devait la voir tous les dimanches, et il se flattait déjà de lui écrire.

Je ne sais si ce sentiment tendre et partagé serait devenu une grande passion, et s'il ne se serait pas éteint de lui-même dans un commerce prolongé ; mais différentes circonstances, en l'irritant, contribuèrent à lui donner plus de vivacité.

Jacques, séparé de Caroline et pensant à elle toute la semaine, s'était promis de grandes joies des premiers dimanches de printemps.

Le deuxième dimanche d'avril il arriva de Montmartre tout joyeux : il devait aller à Fontenay-aux-Roses avec ses amis. C'était un projet qu'il avait formé dans sa tête sans le leur communiquer, et il se réjouissait de leur faire une agréable surprise.

Il monta fort allégrement les trois étages de l'hôtel du Pérou, mais son allégresse se refroidit sensiblement lorsque, dans la chambre, il aperçut Roblot, Dourdan et Pyrou, et debout près de la cheminée, Caroline, tête nue il est vrai, mais habillée comme une personne prête à sortir.

Les trois étudiants qui n'aimaient pas Jacques, quoiqu'ils le connussent peu, ricanèrent en le voyant, Caroline fit effort pour paraître naturelle, et Émile lui-même sembla gêné. Il alla à la fenêtre avec Jacques et, se penchant un peu, il lui dit tout bas :

— Mon pauvre garçon, je suis bien contrarié ; voilà ce qui nous arrive : c'est la fête de madame Genty, elle nous a invités à déjeuner avec les camarades de son fils, et elle veut que nous dînions aussi ; mais assurément nous n'en ferons rien. — Est-ce que tu retournes dîner ce soir à Montmartre ?

— Je n'en avais pas l'intention, mais si cela devait vous gêner...

— Tu nous désobligerais de ne pas rester, interrompit Foulogne ; et, si le déjeuner dure longtemps, Caroline ou moi nous trouverons bien le moyen de nous échapper quelquefois et de venir te tenir compagnie.

Jacques ne se sentit pas le courage de répondre non, mais lorsqu'ils se retournèrent, il avait des larmes dans les yeux, et il se sentait tellement pris à la gorge par le dépit et le chagrin, qu'il n'osait parler.

Les étudiants causaient entre eux et fumaient sans s'inquiéter de lui. Roblot, qui était du pays de Caroline, et qui la tutoyait, l'accaparait avec affectation.

Cela dura dix minutes. Jacques devenait de plus en plus rouge.

Tout à coup Alphonse Genty entra, et, après avoir serré la main de ses camarades et dit à Jacques un bonjour plus qu'indifférent, il s'inclina cérémonieusement devant Caroline, et d'une voix importante :

— Nous sommes servis, cria-t-il.

On se dirigea vers la porte, et il y eut un peu de confusion.

Jacques revint à la fenêtre et se laissa tomber plutôt qu'il ne s'assit. Elle était ouverte, et en face, par-dessus un mur, on voyait un grand jardin avec des lilas en fleur et des marronniers qui, sous le soleil du matin, déplissaient leurs tendres feuilles. Malgré sa douleur et sa sombre préoccupation, cette vue et le pénétrant parfum de la sève lui rappelèrent son projet et ses espérances. Il se vit à la campagne avec Émile et Caroline. Ils couraient dans les herbes déjà molles et fleuries ; ils s'asseyaient dans les bois déjà pleins de fraîcheur et de verdure ; ils marchaient dans les cavées de la Vallée-aux-Loups, sous la voûte déjà ombreuse des érables et des coudriers; elle s'appuyait tendrement sur son bras : il lui parlait tendrement à l'oreille; et pendant qu'Émile sommeillait au pied d'un chêne, assis non loin de là tous les deux, il la contemplait avec ravissement, et elle se laissait contempler avec bonheur; il s'enhardissait, il cédait à son cœur, il disait son amour et, frémissante sous sa parole, émue sous son regard, enivrée des vertigineuses séductions du printemps, elle ne s'éloignait pas, elle l'écoutait, elle souriait, et ils restaient la main dans la main, les yeux dans les yeux. Ah ! la belle promenade, la douce ivresse !...

Longtemps il la fit cette promenade; mais le contraste de la réalité avec son rêve ne l'en étreignit que plus cruellement. Ce bonheur, dont l'espérance seule le transportait si follement, il allait peut-être le perdre. Par la scène qui venait de se passer, il se sentait menacé, presque évincé. Si Caroline allait lui échapper, si l'un de ces hommes allait se faire aimer d'elle : Genty était bien mielleux depuis quelque temps, Roblot paraissait bien fier et bien sûr de lui.

Ce fut dans ces douloureuses réflexions qu'il attendit trois heures : à la fin, fou de colère et d'orgueil, il allait repartir pour Montmartre, lorsque Caroline rentra.

Elle le regarda et courut à lui :

— Qu'avez-vous? votre figure est bouleversée; pauvre ami, vous vous êtes bien ennuyé?

— Non, j'ai souffert, dit Jacques en retirant sa main qu'elle voulait prendre.

— Pourquoi vous fâchez-vous? ce n'est pas ma faute.

Et alors elle entra dans ces détails qui ne sont des raisons que pour les femmes. Madame Genty lui avait montré les robes de sa fille, ses robes à elle, les dentelles qui avaient servi à une noce, et le chapeau qui devait servir pour un baptême; puis il était venu une demoiselle très-aimable. Précisément, sa cousine était de Caen, et par un fait exprès, elle habitait en face du magasin de Caroline. Naturellement, on avait beaucoup causé, puis cette demoiselle, qui demeurait à côté, rue de Lille, avait prié ces dames d'être assez gracieuses pour la reconduire chez elle. Elle leur avait montré son logement. C'était très-joli, très-propre; il y avait des tapis partout, et une armoire à glace achetée par le système des à-compte. La demoiselle lui avait donné l'adresse du marchand, et elles devaient y aller le dimanche suivant, de deux à cinq heures.

Jacques fut abasourdi de ce flot de paroles débitées avec volubilité et avec une gaieté irritante; plus Caroline parlait, plus sa colère augmentait; mais sur le dernier mot, il éclata.

— Ainsi, lui dit-il, ce n'est pas assez de perdre ce dimanche, il faut que nous perdions l'autre : en vérité, je ne vous comprends pas; aujourd'hui, vous déjeunez avec des espèces de brutes et chez des gens que vous n'estimez guère et, dimanche, vous irez courir avec une folle que vous ne connaissez pas du tout.

Caroline, à son tour, se redressa pâle de colère.

— Vous êtes injuste, monsieur Jacques, lui dit-elle; ces jeunes gens ne sont point des brutes, ce sont les amis de mon frère; et quant à mes sorties je suis libre de mes actions, je crois.

Jacques était allé trop loin, il le sentit; mais il était malheureusement dans sa nature de ne jamais convenir de ses torts, au moins sur-le-champ, et de les exagérer quand c'était possible. Il se mordit les lèvres, et voulant savoir au juste jusqu'où allait son influence sur Caroline, il lui dit d'un ton d'interrogation impérative :

— Est-ce que vous dînerez ce soir avec ces gens d'en bas?

— J'espérais que non, répondit-elle, et je me faisais une fête de dîner avec vous; maintenant, c'est autre chose.

— Alors, je vais remonter à Montmartre?

— Comme vous voudrez.

— Où est Émile?

— Au café, avec ces messieurs.

— C'est juste, quand on est avec ces messieurs, on est au café. Adieu, Caroline, amusez-vous bien.

— Je tâcherai.

Jacques descendit, mais il n'alla pas à Montmartre. Par une lâcheté qu'il ne s'expliquait pas lui-même, il alla droit au café, malgré la répugnance que lui inspiraient les trois jeunes gens.

Au bout de deux heures qui lui parurent éternelles, les amis se décidèrent à abandonner le café ; mais, à la grande surprise de Jacques, ce ne fut point du côté de la rue de Verneuil, où il avait espéré revenir avec eux, qu'on se dirigea.

— Où allez-vous donc? demanda-t-il à Émile.

— Ces dames sont au Luxembourg, et nous devons les y rejoindre.

— Est-ce que Caroline y est aussi?

— Je le pense. Tu viens avec nous, n'est-ce pas?

— J'ai l'air de gêner tes amis.

— Au contraire, tu leur fais plaisir ; ce sont de bons et nobles cœurs, sous une enveloppe grossière, et ils comprennent, sois-en sûr, les délicatesses de l'amitié. Vous vous entendrez un jour, leur cœur battra à l'unisson du tien, et nous ferons tous ensemble une fameuse fédération.

Jacques se laissa traîner au Luxembourg plutôt qu'il n'y marcha de bon cœur.

Caroline affecta, en le voyant, une surprise qui lui parut exagérée, et elle se promena pendant une demi-heure au bras d'Alphonse Genty.

Alors la colère, le désespoir et la jalousie le poussèrent à bout, et sans la prévenir, sans la regarder, il s'éloigna.

— Oui, se dit-il avec rage, cette promenade qu'elle n'a pas voulu faire, je la ferai tout seul ; ces joies du printemps qu'elle a dédaignées, tout seul je les goûterai.

Et par la rue d'Enfer, Montrouge et Châtillon, il gagna Fontenay.

Mais ces joies dont il voulait jouir, il n'y pensa guère : le cœur gonflé, la tête basse, il marchait rapidement. Son esprit était à Paris, auprès de Caroline ; il n'était point aux distractions du chemin, point aux frais et moelleux horizons ; point aux parfums des arbres en fleurs, point aux petits cris amoureux des hirondelles qui tournoyaient en se poursuivant.

Il savait dans les bois d'Aulnay une joyeuse clairière qui lui avait paru si bien faite pour des amants qu'il s'était promis d'y amener Caroline. Il y alla ; c'était une sorte de vengeance, de profanation : ce fut pour lui une cruelle épreuve. Il n'était point assis depuis cinq minutes, qu'il vit venir dans un étroit sentier un jeune homme et une jeune femme, marchant côte à côte et se tenant enlacés : ils étaient si peu aux choses de la terre, ils étaient si bien absorbés en eux-mêmes, que ce fut seulement lorsqu'ils se trouvèrent devant lui qu'ils l'aperçurent : tous deux ils rougirent et confus ils se regardèrent, mais ils ne se quittèrent point et continuèrent leur route : quand ils eurent disparu sous le taillis, on entendit un doux murmure de paroles et de sonores baisers. Cette vision d'amour fit à Jacques un mal horrible : lui aussi il eût pu être heureux, et il était seul. Alors ses larmes longtemps contenues lui échappèrent, et se cachant la tête entre ses mains, s'enfonçant dans l'herbe, il pleura longtemps. Par la profondeur de sa souffrance, il put voir quelle était la force de sa passion.

Il rentra à Montmartre le cœur gros de chagrin, le corps brisé de fatigue.

De telles scènes et de telles journées se renouvelèrent encore, sinon avec la même intensité de douleur, au moins avec le même caractère de domination chez tous deux, de jalousie chez Jacques. Mais il était déjà trop follement épris, trop absolument dompté pour bien juger son amour et sans enthousiasme envisager l'avenir ; aussi ces luttes, loin de l'éclairer sur sa propre nature et sur celle de Caroline, lui troublèrent-elles les yeux, en l'exaltant chaque jour davantage.

Tantôt Caroline cédait, et, lorsqu'ils avaient un peu d'argent, ils allaient dîner au Palais-Royal, *palaisroyaliser*, comme ils disaient ; tantôt elle se révoltait et s'étonnait des emportements de Jacques ; elle n'en voyait, prétendait-elle, ni la raison ni le droit ; elle menaçait de ne plus sortir de son magasin le dimanche et de ne plus venir chez son frère, si c'était pour y être exposée à des scènes continuelles de méfiance et de reproche.

Vers le milieu de mai, Caroline, momentanément sans place, passa quelques jours rue de Verneuil. La joie de Jacques n'eut pas de bornes ; il arrivait dès le matin et ne repartait que le soir. Émile leur tint compagnie les deux premiers jours, mais le troisième il fut forcé d'aller au café donner une revanche à Roblot.

— Pauvre Émile, dit tristement Caroline, il s'ennuie, il est toujours sans place. Oh ! vraiment, nous n'avons pas de chance, et Paris ne nous a pas porté bonheur.

Jacques fit un geste comme pour se justifier.

— Je ne vous accuse pas, continua-t-elle, je ne me plains même pas ; nous vous avons connu, Jacques, et nous pouvons bien payer ce bonheur par un peu de misère. Vous savez bien que je suis votre petite sœur et que je vous pardonne d'avance toutes vos cruelles colères ; vous n'êtes si rageur que parce que vous croyez qu'on ne vous aime pas.

Commencée sur ce ton, la conversation devait aller loin. Pour Jacques le moment était décisif, solennel, ils étaient seuls, l'heure était venue.

Il se mit à parler à mi-voix, les yeux baissés, tantôt avançant la tête dans la cheminée où il y avait un peu de feu, tantôt la cachant entre ses mains : il était décidé, mais c'était à condition qu'il ne rencontrerait pas ces beaux yeux, qui savaient si irrésistiblement l'émouvoir, le contenir ou l'exalter.

Il raconta une à une les misères et les espérances de sa jeunesse ; il ne cacha rien des épreuves qu'il avait traversées dans ces derniers temps, de l'affection qui s'était emparée de lui, des jalousies insensées qui le torturaient, des obstacles qu'il voyait partout. Il termina ainsi :

— Je vous ai dit tout cela malgré moi, Caroline, ne m'en veuillez pas, et même, quand cela vous blesserait, ne me chassez pas, j'ai besoin de vous, vous le savez, vous êtes ma gaieté, mon bonheur, ma vie.

Il se tut : son sang s'était arrêté dans ses veines, il tremblait et n'osait pas la regarder.

Il faisait clair et gai dans la chambre, et par la fenêtre entraient des rayons de soleil.

Il l'entendit remuer légèrement et il lui sembla qu'elle se penchait sur lui : sans faire un mouvement, sans relever les paupières, il attendit dans une angoisse poignante, son cœur ne battait plus. Alors il ressentit une commotion profonde, un frisson délicieux et mortel.

De ses lèvres elle avait effleuré son front.

Haletant, éperdu, il leva les yeux sur elle ; elle le regardait rouge et souriante.

Il bondit pour la prendre dans ses bras ; mais, dans un transport de sainte émotion, il lui saisit les mains, — ces mains blanches aux doigts effilés qu'il avait si souvent contemplées, — et pour elle il fut rempli d'un sentiment d'admiration.

Il se mit à genoux, et il la regarda, lui aussi, avec un sourire.

Jamais ils n'avaient encore été, jamais plus ils ne furent si heureux.

Ils étaient purs, ils étaient confiants, ils pouvaient s'embrasser et ils ne le faisaient point ; ils pouvaient se parler et ils ne se disaient rien ; le bonheur le plus grand qui soit au monde ils le possédaient, et ils avaient envie de pleurer.

Ils restèrent longtemps ainsi, ne cherchant ni à s'excuser envers eux-mêmes, ni à se donner aucune explication : ils se sentaient pris malgré eux, entraînés d'une égale ardeur, et ils avaient trop conscience de la brièveté de leur bonheur pour le troubler en rien.

Lorsque Foulogne, en rentrant, rompit cette extase, il ne put cacher un mouvement de surprise, en entendant Caroline dire à Jacques :

— Lève-toi et donne ta chaise à Émile.

— Tiens, tiens, on se tutoie donc, fit-il moitié riant, moitié sérieux.

— Oui, dit Caroline avec sa fermeté douce, puisque je suis la sœur de Jacques, quand nous serons entre nous je le tutoierai.

— C'est bien ce que tu fais là, s'écria Foulogne ému ; il y a longtemps que je voulais te le demander ; sacrebleu, c'est aujourd'hui la fédération du tutoiement.

Pauvre Émile ! c'était une bien autre fédération qui s'était accomplie ce jour-là.

Jacques et Caroline lui semblaient tout drôles, comme il disait ; il les regardait avec des yeux étonnés, il riait de leurs distractions, il était à la joie de son cœur de les voir si d'accord.

Mais eux, ils avaient pour lui des tendresses, des prévenances ; ils reversaient sur lui le bonheur qui les étouffait. Ils étaient honteux de lui cacher quelque chose, de le tromper si gravement, et ils voulaient s'excuser à leurs propres yeux à force de gentillesse et de bonté.

Quoi qu'ils fissent, cependant, c'était souvent à peine s'ils le voyaient ; ils allaient par la chambre se souriant l'un à l'autre, remarquant avec surprise combien leurs yeux étaient beaux et remplis d'expression. Ils se parlaient sans attacher un sens précis à leurs paroles, seulement pour entendre résonner leur voix, à laquelle ils trouvaient des charmes inconnus : ils découvraient dans cette voix un timbre, un accent, une musique, tout cela qui venait de naître et qui n'existait point dix minutes auparavant.

Il semblait à Jacques que le visage de Caroline rayonnait d'une joie céleste, et il se sentait pris pour elle d'un respect sans égal. Oh ! comme elle était montée en dignité depuis le matin ! Ce n'était plus une femme : la jeune fille, dans ses vêtements gris qui faisaient des plis si souples et si chastes, devenait dans son imagination une vierge de Prudhon.

Ce jour-là commença pour lui une vie nouvelle; il cessa de s'appartenir.

Avec ce baiser sur son front, elle avait cueilli son âme.

IX

A QUOI SERT UN RIVAL

On sait que Jacques habitait à Montmartre: il logeait dans sa famille, comme il disait un peu emphatiquement; cette famille se composait d'un cousin germain, de sa femme et de leur enfant.

M. Lévêque était notaire : c'était un homme sévère et laborieux, très-honnête, qui s'intéressait à Jacques, et qui étant d'une bonne foi parfaite ne suspectait jamais celle des autres : en dehors des affaires d'étude bien entendu, car là il était délié, habile et pénétrant.

Quelque temps après son arrivée à Paris, Jacques avait dû se résigner à cet aveu pénible, qu'il n'était pas reçu à l'École normale.

— Mais alors que vas-tu faire ? lui dit son cousin.

Jacques prit deux ou trois jours pour réfléchir.

Il réfléchit beaucoup à ce qu'il ne ferait pas. Il faut bien le dire,- -le démon de la littérature, pour parler congrument,—s'était emparé de lui : il voulait écrire, il voulait étudier librement, mais il n'osait le déclarer avec franchise. Il eût très-volontiers et très-gaillardement, dès cette heure, embrassé la vie d'aventures qu'il devait mener plus tard, et il l'eût fait d'autant mieux qu'il ne la connaissait pas ; mais, comme tous les gens timides, n'osant lutter, il prit le parti de mentir.

Il mentit avec art, suite et profondeur.

Il comprit que, créant une situation, il fallait la créer solide et durable ; et comme il savait qu'on ne contrôlerait pas ses assertions, — il annonça qu'à partir de tel jour, il l'indiqua, — il suivait les cours de *l'école des langues orientales vivantes*.

Il avait choisi cette école pour plusieurs raisons : d'abord, parce que c'était une des rares écoles libres qu'il pût désigner ; ensuite, parce que beaucoup de ses élèves sont plus tard employés par le gouvernement, perspective qui devait séduire sa famille ; enfin, parce que son cousin étant parfaitement étranger aux études qui s'y poursuivent, il pourrait, quand cela serait nécessaire, inventer une gradation de difficultés vaincues et de science acquise, et même, s'il le fallait absolument, lui parler arabe ou hindoustani, à la seule condition de ne pas employer le mot sacramentel : *mamamouchi*, le seul qu'il connût M. Lévêque.

Tous les matins il partait donc avec son déjeuner dans sa poche.

Il commençait par ne pas aller à *l'école des langues orientales vivantes*, où il ne mit jamais le pied, et il se dirigeait vers la rue de Verneuil.

Il y trouvait Foulogne parfaitement endormi.

—Comment ! il est dix heures, s'exclamait Émile ; après ça, ce n'est pas étonnant, je suis resté cette nuit jusqu'à trois heures à ma fenêtre où j'ai fumé dix-sept pipes en réfléchissant aux difficultés de la vie et à une nouvelle

organisation sociale : je crois avoir trouvé quelque chose
— Pour toi?
— Non, pour l'humanité.
Après le déjeuner, Jacques disait à son ami :
— Viens-tu à la Bibliothèque?
— Attends un peu.
Et tout en s'habillant, il se demandait gravement :
— Voyons, ai-je fini *Mauprat* ? c'est fièrement beau. Qu'est-ce que je vais lire aujourd'hui ? Je n'ai plus qu'un numéro de Revue. Mais pourquoi faire des cérémonies, je n'ai seulement pas de quoi prendre une chope, je vais avec toi ; le temps seulement d'acheter pour un sou à fumer.

Souvent Jacques venait seul, et alors ses goûts studieux, son avidité d'apprendre lui faisaient oublier ses inquiétudes, ses espérances et même son amour. Il passa là des heures ardentes, lisant, comparant, méditant.

Vers l'heure du dîner, il remontait chez son cousin, et il passait ses soirées à se promener dans un petit jardin attenant à la maison, à lire, à songer surtout, à penser à Caroline, à faire de beaux rêves, à se rappeler de doux souvenirs. C'étaient ses heures les plus remplies, les mieux remplies de la journée : il s'arrangeait une vie calme et heureuse, vie d'amant et d'artiste ; il entrevoyait le moment, pas très-éloigné peut-être, où s'étant conquis un nom, où étant quelqu'un dans la foule, il pourrait aller trouver sa mère et lui dire : J'aime une jeune fille belle, noble et bonne, j'ai mis tout en elle ; veux-tu que je la prenne pour femme? Et à la seule pensée de cette existence de famille qu'il avait toujours envieusement désirée, il était pris d'une exaltation fiévreuse et folle. Il courait à sa chambre, et, dans des lettres où débordaient la jeunesse, l'entraînement, la poésie, il disait à Caroline, avec une passion brûlante et respectueuse tout à la fois, ses espérances et ses projets ; il lui disait combien déjà elle l'avait fait heureux, et combien plus elle pouvait le faire encore ;

et lui, l'esprit méditatif si malhabile aux affaires de ce monde, il entrait dans de puérils mais délicieux détails, et pour elle il bâtissait un paradis d'amour, un idéal de béatitude parfaite, auquel, hélas! ne manquaient que la raison et l'expérience.

Cette félicité fut bientôt troublée par deux ordres d'incidents.

Un jour, en achevant leur frugal déjeuner, Foulogne dit à Jacques en lui tapant sur la cuisse :

— Tu ne sais pas une bonne nouvelle : Farin arrive dans quinze jours, et je crois qu'il logera avec moi. Comme Caroline va être contente!

Jacques avait entrevu Farin pendant le voyage de Caen : c'était un gros garçon qui lui avait paru assez lourd et très-vulgaire, mais pour lequel il avait une affection de confiance, à force d'entendre répéter à Caroline et à Émile que Farin était un prodige de dévouement.

— Pour nous, disait Émile, Farin passerait par le trou d'une serrure.

Cette nouvelle contraria un peu la jalousie de Jacques, mais il en prit assez vite son parti.

La fin de la journée lui gardait une plus rude secousse.

En rentrant, il trouva M. Lévêque en train de lire le *Constitutionnel;* du plus loin qu'il l'aperçut, son cousin lui cria, en frappant sur le journal :

— Eh bien! tu ne m'avais pas dit ça.

Jacques eut des affres terribles.

— Quoi donc? demanda-t-il en essayant de se donner une contenance.

— Parbleu, l'époque de vos examens; comment, c'est dans quinze jours, et tu ne m'en parles pas.

— Ah! je suis bien préparé, répondit Jacques, et si vous voulez, je peux vous traduire le *Constitutionnel* en hindouï ou en hindoustani : je vous assure que c'est très-intéressant.

— Non, non, je te remercie.

Cependant, malgré cette forfanterie, Jacques ne souffla mot pendant le dîner.

— Que le diable emporte les journaux! pensait-il tout bas. Que vais-je faire? C'est encore bien heureux que je sois averti, sans cela je n'en aurais rien su.

On pourra s'étonner que Jacques se fût habitué à vivre dans une situation aussi fausse, aussi dangereuse; mais les passions ont une logique qui n'est ni celle de la raison pure, ni celle de l'expérience, et s'il laissait cette situation se prolonger après l'avoir douloureusement subie pendant les premiers jours, c'est que, comme tous les gens timides, il se flattait qu'elle se dénouerait d'elle seule.

D'ailleurs son amitié pour Émile et son amour pour Caroline lui présentaient une compensation splendide, avec laquelle, selon lui, rien n'entrait en balance; et il s'était si bien accoutumé à ne plus séparer leur destinée de la sienne, qu'entre son propre avenir et le leur il ne faisait aucune distinction, il ne voyait aucune différence.

Il est vrai qu'il lui fallait toute la robuste bonne foi de la vingtième année, toute sa puissance d'illusions, tout son besoin absolu de désirs, pour regarder autour de lui sans effroi et sans désespoir, pour croire qu'il y avait des routes ouvertes et praticables, pour se figurer que son idéal n'était point une chimère.

Il est vrai aussi que, réduit à lui-même, dissuadé par ses proches, éclairé par la comparaison, son esprit pénétrant eût probablement fini par remettre les choses à leur place, par rendre aux objets leur vraie perspective, et par soulever le voile qui lui cachait la vie.

Mais ce fut ce qui le soutenait alors et ce qui l'exaltait, qui le perdit. Si Caroline, si Émile n'avaient pas tant cru en lui, il n'y eût peut-être pas cru du tout, et il eût accepté le monde selon le bon sens, au lieu d'entreprendre de le former selon sa folie. A force de se voir, de se parler, de

ne compter que les uns sur les autres, ils avaient fini par
se croire isolés au milieu de la société, et se croire isolé,
c'est l'être. A l'instigation de Jacques, le frère et la sœur
avaient fait mauvaise mine aux étudiants et aux gens de
l'hôtel, et toutes les relations étrangères avaient à peu près
cessé.

Alors les réunions du dimanche avaient pris un caractère d'exaltation maladive et de tendresse douloureuse :
on se plaignait de l'isolement, mais on s'en glorifiait.
« Nous sommes des martyrs, se disaient-ils tous les trois,
parce que nous ne voulons pas aplatir nos âmes, courber
nos volontés ; on nous raille, on nous insulte, on nous
persécute parce que nous désirons mieux et que nous
visons plus haut que les autres. » Au fond, personne ne
songeait à les railler ou à les persécuter, mais ils étaient
ulcérés de la mauvaise fortune, et, comme ils ne pouvaient
la prendre à partie directement, il fallait bon gré mal gré
que certains individus de leur connaissance fussent condamnés à la représenter et à payer pour elle.

Lancés dans cette direction, ils y allaient grand train,
ils ne pouvaient plus s'arrêter : pour Jacques, Caroline
était la plus chère et la plus sainte des victimes ; pour
Émile, Jacques était, selon son expression, « l'ange de
l'amitié. » On s'étourdissait ainsi, on se grisait de sourires, de larmes et de caresses.

Ce qui donnera bien une idée de leur élévation naïve,
de leur bonne foi, et en même temps de leur manque de
sens pratique, c'est que jamais Foulogne n'avait dit à
Jacques : « Aimes-tu ma sœur? » C'est que jamais Jacques n'avait dit à Foulogne : « Ta sœur sera ma femme ! »
Il y avait entre eux comme un pacte non avoué, comme
un sous-entendu de bon goût, comme un mystère de pudeur. Ils jouissaient si délicieusement de leur commerce,
ils étaient si fiers de ce qu'il avait d'exceptionnel, ils se
trouvaient si heureux de marcher sur la crête des monts

sans avoir le vertige, qu'il leur aurait semblé s'abaisser en acceptant les conventions humaines et les formules légales.

Cette quiétude dans son amour cessa, pour Jacques du moins, par l'annonce de l'arrivée de Farin.

Il vit Émile si heureux, Caroline si anxieuse et comptant les jours avec tant d'impatience, qu'il se sentit plus sérieusement menacé que par les étudiants.

La lutte ne s'engageait plus sur le même terrain : Farin était après lui le meilleur ami d'Émile; de plus, il avait aimé Caroline, et il avait été entre eux, autrefois, question de mariage. Ses lettres, assez rares, étaient très-affectueuses, très-tendres même ; il y exprimait, il est vrai, un vif désir de connaître Jacques et un ferme propos d'être son ami; mais que subsisterait-il de cette intention au contact quotidien et au choc des intérêts rivaux ?

Pendant les quelques jours qui précédèrent l'arrivée de Farin, Jacques fut très-agité, très-partagé. Déclarerait-il la guerre à son rival? ou bien s'en rapporterait-il à Caroline, sans l'influencer en rien, en la laissant dans toute la liberté de son cœur?

Avec ses hésitations craintives, son effroi des explications, sa timidité d'amant, sa jalousie boudeuse, avec aussi une certaine fierté d'amour-propre, ce fut à ce dernier parti qu'il s'arrêta, et pendant deux dimanches consécutifs il ne descendit point à Paris ; ceux qui ont connu l'amour et la jalousie comprendront ce qu'il dut souffrir.

Pendant ces deux dimanches, Caroline avait emporté Farin avec elle au Luxembourg, aux Tuileries, au Louvre, et lui avait montré de Paris tout ce qu'on en peut voir sans argent.

D'abord, elle avait été surprise de l'absence de Jacques, puis chagrinée, puis elle avait cru à un accès de dépit qui passerait vite; mais, quand elle le vit si obstiné, elle prit peur et s'affligea tout à fait; elle lui écrivit, et ce fut le pauvre Farin qui paya pour tous deux, pour ses propres inquiétudes à elle, et pour la jalousie de Jacques.

C'était un type que Farin : il était courtaud, noir et velu, voilà pour le physique; il était raisonneur et farouche puritain, voilà pour le moral. Il avait fabriqué pour sa bêtise un bouclier impénétrable. « Je n'ai pas d'esprit, moi, disait-il, mais j'ai du jugement. » Il affectait aussi la franchise, et, comme il était sournois ainsi que le sont la plupart des imbéciles qui se sentent vaguement quelque chose à cacher sans savoir quoi, il mettait beaucoup de brusquerie dans ses allures, et il entrait dans les appartements comme un grenadier qui va à l'assaut. Il buvait d'un trait, fumait avec profondeur, et restait quelquefois pendant deux ou trois heures, le pied appuyé sur le rebord de la fenêtre, ayant l'air de penser à quelque chose et ne pensant à rien. Après la franchise et le jugement, sa plus grande prétention était la bonté. C'était celle qui avait été la mieux acceptée par ses amis, et pour cela il n'avait eu qu'à leur répéter un certain nombre de fois : « Je suis bon, je ne peux pas voir souffrir; » dans le monde indifférent et affairé comme il est, on peut ainsi, sur sa propre parole et sans plus de preuves, se faire passer pour bon, loyal, sincère; seulement il est plus difficile de dire : « Je suis spirituel, » non parce que cela blesse la modestie, mais parce que l'esprit reluit et éclate de lui-même sans avoir besoin de s'affirmer.

Le profond jugement de Farin, aidé des bourrades d'Émile et des froideurs bien évidentes de Caroline, ne tarda pas à lui révéler que son amour était en péril, et qu'il avait dans Jacques un rival dangereux, un ennemi déclaré.

Lui si bon et si franc, il en fut abasourdi.

Un jour de septembre, par un chaud soleil de midi, rencontrant Jacques chez Foulogne, il s'approcha de lui d'un air sombre et décidé :

— Voulez-vous sortir avec moi ? demanda-t-il.

— Volontiers, répondit Jacques qui s'attendait à une explication décisive et qui se promettait de la rendre incisive.

Ils traversèrent le pont Royal.

Farin ne disait mot.

Arrivés au bout du pont, ils suivirent le quai qui longe les Tuileries ; les trottoirs brûlaient les pieds et la réverbération du mur éblouissait les yeux.

— Il fait trop chaud, se dit Jacques, ce sera pour les Champs-Élysées.

Ils traversèrent la place de la Concorde, suivirent tout le Cours-la-Reine, et s'engagèrent dans les rues de Chaillot.

Farin soufflait beaucoup, mais n'articulait pas une parole. Jacques attendait avec résignation.

Quand ils furent dans une espèce de ruelle écartée, Farin s'arrêta et regarda Jacques d'un air sinistre, puis il fouilla dans sa poche.

— Il cherche peut-être son couteau, se dit celui-ci.

Il cherchait sa pipe. Une seconde fouille amena du tabac, une troisième une allumette. Farin fit quelques pas du côté de la muraille avec la démarche d'un homme qui va mourir ou immoler son semblable, frotta son allumette contre le mur, et quand sa pipe lui parut dans un état satisfaisant, il redescendit lentement vers la Seine, suivi de Jacques, qui n'y comprenait rien.

Lorsqu'ils furent sur le quai, il faisait un soleil infernal ; Farin s'arrêta, frappa du pied avec impatience, et d'une voix étranglée par la colère ou par... la soif, il s'écria :

— Nous ne pouvons pourtant pas toujours marcher comme ça.

— C'est mon opinion, dit Jacques, réprimant à grand'peine une furieuse envie de rire.

— Entrons dans un bouchou, et buvons un litre ou

deux, par ce temps chaud les rafraîchissants sont mauvais.

Non-seulement ces litres il les but seul et rapidement, mais il les but avec une expression sublime. C'était un poëme. Telle verrée exprimait l'espérance déçue, telle autre la conscience indignée ; il y avait des gorgées qui ressemblaient à des sanglots.

Quand ils sortirent du bouchon, un incident imprévu se déclara : la douleur, le soleil et peut-être un peu aussi les litres avaient complétement grisé Farin. Il se pendit au bras de Jacques.

— J'ai très-mal à la tête, dit-il, est-ce que vous y avez mal aussi, vous?

— Non, mais marchons un peu, votre indisposition se dissipera.

— Je ne crois pas, murmura Farin, qui, vétéran de la bouteille, avait conscience de son état ; je n'ai pas envie de marcher, j'ai envie de m'asseoir.

— Nous ne pouvons pourtant pas rester sur le quai de Chaillot.

— Eh bien, écoutez, reprit Farin en regardant Jacques avec tendresse, malgré nos dissentiments, vous pouvez me rendre un grand service... Si vous alliez me chercher une voiture...

— A la place des Victoires? non, merci.

Mais l'idée de voiture était entrée dans l'esprit de Farin ; il en fit arrêter une qui passa, et dans laquelle il persista à faire monter Jacques.

Et il s'allongea sur les coussins en murmurant :

— Gredin de mal à la tête, va, j'étais si bien décidé.

Jacques revint tout seul à la rue de Verneuil, où il trouva Émile fort inquiet.

— Eh bien, s'écria celui-ci, que s'est-il passé? Farin est méchant quand il s'y met. Que te voulait-il? Que t'a-t-il dit? Que t'a-t-il fait?

— Il ne m'a pas dit grand'chose, mais ses procédés sont fort honnêtes, il m'a payé des litres et une voiture.

L'aventure fut connue de Caroline, et elle ne tourna pas à l'avantage de Farin ; car le dimanche qui était le quatrième de son séjour à Paris, Jacques, en arrivant chez ses amis, ne le trouva pas dans la chambre, non plus que Foulogne.

— Te voilà bien content, lui dit Caroline.

— Content de te trouver seule ?

— Et de ne pas trouver l'autre ; eh bien, sois rassuré et tranquille, il s'en va.

— Vraiment ?

— Tout ce qu'il y a de plus positif. Il paraît que sa promenade avec toi l'a suffisamment éclairé ; il retourne à Caen.

— Mais, dit Jacques, devenu sérieux, ce n'est là que la moitié de la question ; il s'en va, c'est bien, mais moi, que faut-il que je fasse ? es-tu décidée ?

Ils se regardèrent : elle souriante comme dans tous les moments décisifs de sa vie ; lui, inquiet, palpitant, agité des pressentiments les plus contraires.

Elle eut un geste d'une grâce parfaite, d'une simplicité adorable ; elle lui tendit la main, l'attira vers elle, et lui présentant son front :

— Mon Jacques, dit-elle, embrasse ta femme.

X

LA MISÈRE DORÉE

Les examens de l'*École des langues orientales vivantes* avaient lieu huit jours après.

— Voilà, se dit Jacques, les premiers craquements de l'édifice, le moment de l'éboulement n'est pas loin.

La veille de ce grand jour, il abandonna Montmartre, en envoyant à son cousin une lettre, non pour excuser, mais pour expliquer sa conduite, et il vint rejoindre ses amis qui avaient loué un petit appartement meublé rue de Provence.

Il ne devait plus les quitter.

— Qu'est-ce que vous allez faire, mes pauvres enfants, dit Caroline, lorsque le soir de l'arrivée de Jacques ils se trouvèrent réunis.

— Ce que nous pourrons, répondit Foulogne, mais que nous importe puisque nous serons libres.

Pourquoi Jacques et Foulogne, l'un avec la vivacité pénétrante de son esprit, l'autre avec un certain sens pratique des choses qui traversait ses accès d'enthousiasme, se jetèrent-ils follement dans cette existence sans issue qui pouvait aisément devenir sans dignité.

Bien des motifs se présentent à l'esprit : jeunesse, paresse, amour. Mais cette énumération serait incomplète, et cette analyse serait inexacte si je ne nommais tout d'abord ce qui les entraîna, ce qui longtemps les soutint, l'espérance.

Ce qu'à cette époque ils conçurent et nourrirent d'illusions est quelque chose d'inouï : ils crurent réellement et de bonne foi que le monde allait être à eux, qu'ils allaient y marcher en maîtres dans leur audace et dans leur liberté; et dès lors ils ne virent plus rien sous son aspect vrai; ils posèrent sur toutes les laideurs de la vie le voile éclatant de leurs illusions.

Ce sont là des gageures qu'à trente ans il serait imprudent de tenir et que très-assurément on perdrait. Il faut pour s'y risquer beaucoup d'inexpérience alliée à beaucoup de courage, ne pas se croire faibles, ne pas se croire seuls.

Ils se sentaient trois et leurs forces, surtout dans le commencement, furent décuplées par le contact journalier.

Lorsque le soir Émile et Jacques se trouvaient auprès de leur feu, — quand il y en avait, — après leurs misérables besognes de la journée, et leurs repas plus misérables encore, ils n'avaient ni la pensée, ni le loisir de s'attrister : l'un à l'autre et tour à tour ils se répétaient leurs chimères, ils se confiaient leurs espoirs, ils se soumettaient le modèle capricieux et changeant de leurs châteaux en Espagne.

Puis à onze heures ils devenaient silencieux et attentifs : un coup de marteau retentissait à la porte d'en bas, on entendait dans l'escalier un bruit de pas et le frou frou d'une robe, la clef de la chambre tournait comme d'elle-même sous une main amie, et Caroline entrait. Ce n'était qu'un instant, cette courte et chère entrevue était aussitôt finie que commencée, mais quel bien elle leur faisait à tous, comme elle les retrempait, comme leur foi mutuelle s'en trouvait redoublée. On ne se parlait guère, mais c'étaient des serrements de main, des rires joyeux sans cause, des regards qui démentaient cette gaieté en se voilant de larmes : c'était un mélange indicible d'allégresse et d'anxiété.

Quelles que fussent les paroles de Caroline, au fond elles voulaient dire ceci : « Mes pauvres enfants, que la journée a dû vous paraître longue ; quels déboires vous avez essuyés, quels affronts vous avez dévorés peut-être, et tout cela pour ne point vous éloigner de moi, pour m'apercevoir pendant cette minute fugitive ; qu'elle vous paye au moins vos souffrances, et puissiez-vous comprendre par le timbre de ma voix et par l'éclat de mes yeux la joie délicieuse et les déchirements suprêmes de mon cœur. »

Mais eux, l'amant et le frère, leurs paroles aussi en cachaient, en contenaient d'autres ; s'ils l'avaient osé, ou plutôt s'ils en avaient eu nettement conscience, ils lui auraient dit : « Sœur chérie, ange de bénédiction, lorsque tu entres dans cette chambre, avec toi y entrent pour nous la lumière et la vie, avec ton arrivée, la journée commence, avec ton départ, elle finit ; laisse tes mains dans les nôtres, réchauffe-toi, frileuse amie, à notre foyer modeste, et le plus longtemps que tu pourras, car lorsque tu seras partie, il fera sombre ici, il fera cruellement froid. »

Elle demeurait avec eux environ un quart d'heure, puis il fallait les quitter ; elle descendait rapidement avec Jacques, et, quand ils étaient tous les deux sur le trottoir de la rue de Provence, ils se regardaient avec des yeux pleins de larmes, et faisaient doucement quelques pas.

— En voilà donc, lui disait-il, pour jusqu'à demain soir.
— Tais-toi, malheureux, répondait-elle, ne gâte pas ta joie.

Et s'il essayait de répliquer, elle lui imposait silence en lui appliquant un doigt sur les lèvres ; elle le regardait encore avec tendresse, et lui prenant la main, elle disait :

— Courons.

Et ils allaient à toute vitesse, s'étourdissant à l'envi, jusqu'à ce que fatigués, épuisés, haletants, ils vinssent s'arrêter brusquement devant le magasin de Caroline.

Alors avant que Jacques fût remis de sa course violente, il sentait une chaude haleine lui passer sur les yeux, des lèvres brûlantes se poser sur son front, et il essayait encore de retenir Caroline qu'elle avait déjà frappé, et que de sa voix claire et jeune elle lui avait crié :

— Mon Jacques, à demain!

Il y avait aussi les dimanches, qui étaient de véritables fêtes. Jamais un si complet rayonnement de gaieté n'éclaira une chambre plus nue, des existences plus nécessiteuses. Il y avait dans ces trois âmes, à ce moment-là, un foyer de tendresse qui éclairait, qui réchauffait tout. C'est là ce qui distingue l'histoire de Jacques, telle qu'il me l'a racontée, de mille autres histoires à peu près pareilles ; c'est cette union bizarre, touchante souvent, grande quelquefois, cette confusion risible et sacrée d'amitié, d'amour et d'espérance. Ces trois cœurs exaltés et fiers volaient très-haut contre le vent, par-dessus les obstacles. Lorsque, du matin au soir, dans la vie, tout est difficulté, tout est combat, lorsque c'est la sécurité qui est l'exception, lorsque le repas quotidien est une victoire, oh! alors les choses les plus simples deviennent de ravissantes douceurs; dès qu'on a le nécessaire, on se croit des sybarites; dès qu'on a un peu de repos, un peu de bien-être, on craint de s'endormir en de molles délices.

Le monde entier, pour eux, tenait dans leur étroite chambre. Ils en étaient arrivés à cette familiarité complète qui supprime les explications et les commentaires; ce que l'un voulait, les autres le voulaient également: but et moyens, ils étaient parfaitement d'accord sur tout, mais cela ne les réconciliait pas avec le monde, et ne leur rouvrait pas la société que volontairement ils s'étaient fermée.

De ce côté-là l'abîme se creusait chaque jour davantage, leur isolement devenait un exil; ce qui était au début une résolution courageuse, mais folle, se transformait en une sorte de châtiment; ils avaient nié le réel, ils allaient en être accablés.

Comment vivaient Émile et Jacques? c'est ce que j'ai demandé plus tard et plus d'une fois à Jacques lui-même.

— Que veux-tu que je te dise? me répondait-il; demande à un homme qui est tombé à la mer et que les flots rapportent au rivage, comment il a fait et pourquoi il est sain et sauf lorsque cent fois il devrait s'être noyé. Quand je regarde ces années-là, maintenant que je sais mieux la vie, je me demande comment nous avons pu les traverser tous trois sans mourir ou sans nous corrompre. Émile donnait quelques répétitions quand il en trouvait, il était commis-voyageur pour des maisons qui vendaient des denrées impossibles. Nous avons fait des prospectus, travaillé à des biographies, à des dictionnaires, j'ai écrit dans des journaux de province des articles de critique. Caroline touchait cent francs tous les mois, et les apportait bravement à notre budget, dont ils ont souvent constitué l'élément le plus solide, et dont ils ont toujours été le pivot. Et puis il y a tout ce que j'ai oublié, tout ce qui ne semble rien et qui est beaucoup : un monsieur de votre pays qui vous rencontre et qui vous emmène au restaurant ; un ami de collège qui vous mène au café ; ceux qui s'intéressent à vous et qui vous prêtent dix francs ; ceux que vous importunez et qui vous prêtent quarante sous ; les camarades qui réalisent un gain inespéré, et qui vous convient à une noce ; mille bonnes chances qui passent, qu'on oublie, et qui, cependant, en s'ajoutant les unes aux autres, ont contribué à vous faire vivre.

Au fond, Émile et lui poursuivaient ardemment un but, entrer dans le journalisme ou plutôt dans un journal.

— La presse est une épée, disait Foulogne.

Il y avait cependant des jours où elle était un flambeau, d'autres où elle était un drapeau, et quelques-uns plus rares où elle était un autel dont l'écrivain était le sacrificateur.

— Regarde-moi ça, disait-il à Jacques, est-ce pâteux, est-ce incolore? Ont-ils assez peur? Ils trahissent notre cause. Ah! mon ami, le jeune journalisme aura-t-il son heure? Nous sommes pourtant une noble phalange, mais les vieux nous craignent trop pour nous employer.

Et le pauvre garçon retombait dans ses désirs impuissants, dans ses regrets stériles.

Il n'avait pas dans l'avenir de Jacques moins de confiance que dans le sien, quoiqu'il trouvât la littérature une chose frivole, et qu'il regrettât de ne pas lui voir employer son esprit dans la politique et dans le pamphlet.

— Regarde Hugo, disait-il, regarde Lamartine, ils ont commencé par la littérature, mais ils en sont venus maintenant à la politique. Commence tout de suite par où ils ont fini.

Puis continuant :

— Tu devrais faire du Paul-Louis, ça t'irait joliment ;

ou bien encore, — et il s'arrêtait, — du Joigneaux, mais c'est diablement difficile.

Le journal ne venait ni pour le rêveur politique, ni pour l'historien futur; mais, au moment où ils commençaient à se désespérer, il leur arriva une bonne fortune, et, dans leur destinée assez sombre, il y eut une éclaircie.

Depuis que Jacques, pris en flagrant délit de mensonge, s'était enfui de Montmartre, madame Chevalier avait absolument rompu avec lui. En voyant ce fils, pour lequel elle avait rêvé une carrière sûre et brillante dans l'Université, vivant d'une vie assez difficile à qualifier, avec un garçon qu'elle n'aurait pas hésité à appeler un farceur et une jeune fille dont elle aurait fait indifféremment une coureuse, une sauteuse ou une rien du tout, elle avait été prise d'une déception pleine de douleur et de colère. Jacques avait essayé de la toucher, mais inutilement, elle ne lui avait pas répondu. Cependant, insensiblement l'irritation s'était calmée, l'absence avait fait son œuvre, la blessure s'était cicatrisée, et Jacques, dans ses lettres, s'était montré si amoureux, si pressant, si adroit, il avait si opiniâtrement affirmé que de son mariage daterait pour lui une nouvelle période de travail et de succès, — qu'elle s'était sentie ébranlée et un peu attendrie, et sans se prononcer clairement elle avait consenti à entrer en discussion. Une lutte se livrait en elle : — quand elle pensait à ses anciens projets, elle voulait refuser, et sauver son fils du gouffre où il donnait tête baissée; — elle voulait, au contraire, consentir, quand elle se disait que ce fils n'était pas ce qu'elle avait espéré, digne des hauts emplois; quand elle se rappelait combien il était impropre aux affaires de la vie, faible, malhabile, embarrassé; quand elle pensait aux souffrances de l'isolement, plus cruelles encore pour lui que pour un autre. Cependant elle ne consentait pas et, quoiqu'elle fît tous ses efforts pour se persuader elle-même que, guidé par une femme, il serait moins malheureux que tout seul, et que, à tout prendre, dans sa position, il valait mieux qu'il choisît une jeune fille ayant éprouvé la vie, faite au travail et connaissant le malheur, qu'une enfant sans expérience, sans force et sans volonté, elle hésitait encore, reculait toujours et ne prononçait pas le oui si impatiemment attendu.

On en était là lorsqu'un soir Jacques reçut une lettre : elle était de madame Chevalier. Sans précautions oratoires, elle annonçait pour le surlendemain son arrivée à Paris.

A minuit, lorsque Caroline vint, selon sa coutume, et qu'on lui communiqua cette nouvelle, elle poussa des cris de surprise et d'effroi, et montra un effarement qui gagna bientôt les deux amis.

— Comment, leur dit-elle, vous êtes là tranquilles, et vous me contez cela comme une chose naturelle; mais avec quoi la recevrons-nous; vous n'avez pas un habit, et je n'ai plus une robe. Qu'est-ce que nous allons devenir?

— Il faudrait masquer la situation, dit Foulogne.

— Avec quoi?

— J'irai demain chez Loucheux, continua Émile, et en lui cédant nos derniers droits dans la succession de notre père, il nous donnera peut-être trois cents francs.

C'était une triste ressource, mais aussi la bataille qu'on allait livrer était décisive ; Caroline indiqua parfaitement la nuance.

— De la pauvreté, c'est bien, dit-elle, mais pas de gueuserie.

Madame Chevalier arriva comme elle l'avait annoncé, et les deux jours qu'elle passa à Paris, elle les consacra à étudier Foulogne et surtout Caroline.

Quand elle repartit pour Rouen, elle dit à son fils, qui attendait sa décision avec toute la fièvre de l'inquiétude et toute l'impatience de l'amour :

— Cette jeune fille est vraiment très-bien.

Mais, malgré les prières de Jacques, elle ne voulut point en dire davantage ce jour-là.

Cependant c'était déjà un grand point, et quand Jacques rentrant rapporta cette bonne parole, il y eut une explosion de joie.

— Allons, mon Jacques, dit Caroline en lui tendant la main, je serai ta femme, et bien décidément l'avenir est à nous!

La perspective parut moins sombre, et l'on se reprit à espérer de plus belle, en attendant le consentement formel et définitif de madame Chevalier.

Les circonstances se faisaient plus favorables : Caroline avait obtenu une augmentation d'appointements, et l'hiver, ce rude et cruel hiver dont ils avaient eu tant à souffrir, touchait à sa fin; il y avait déjà des journées sans pluie et sans brouillards, et l'on pouvait risquer une promenade au bois de Boulogne.

Les dimanches aussi étaient non pas plus gais, mais plus bruyants : Caroline, qui était très-liante, avait amené des camarades de magasin, et tous riaient, criaient, chantaient et dansaient. Lorsque cela était possible, on en gardait une ou deux des moins raisonnables à dîner.

La semaine était également moins triste : Émile et Jacques avaient inventé, ou plutôt conquis, le café du Coq-Gaulois, et ils avaient désormais un endroit où passer leurs soirées, et bonheur plus grand, où lire les journaux.

Jacques jouit moins qu'Émile de cette bonne aubaine, mais cependant il partagea aussi cette sorte d'engourdissement agréable que donne la vie de café.

Un dimanche que Caroline avait amené tout son monde avec elle et que la chambre était pleine de jeunes filles espiègles et rieuses, on entendit sonner à la porte. Jacques alla ouvrir, et un grand jeune homme très-bien mis, à la physionomie dédaigneuse et sensuelle, aux traits bien dessinés, mais fatigués, à la lèvre gouailleuse, aux allures d'homme d'esprit viveur, entra délibérément.

— On vous retrouve enfin, dit-il aux deux amis, ce n'est pas malheureux.

C'était Arthur Chaisemartin.

Il s'arrêta brusquement en apercevant deux jeunes filles.

— Ah! ah! fit-il, on est en bonne compagnie.

Au même instant, la porte du cabinet s'ouvrit, et Caroline sortit accompagnée encore d'une nouvelle jeune fille.

Chaisemartin se mit à rire; mais il s'inclina très-convenablement lorsque Émile, tenant Caroline par la main, lui dit:

— Je vous présente ma sœur.

— Ah ça! mais, mon cher Jacques, s'écria Arthur, vous m'aviez fait connaître monsieur, — il montra Émile, — et je vous en remercie; mais vous ne m'aviez pas parlé de mademoiselle et j'ai le droit de vous en vouloir.

Comment Chaisemartin tombait-il aussi inopinément rue de Provence, et se trouvait-il si vite en pleine familiarité avec les deux amis; c'est ce qui mérite quelques mots d'explication, car ce fait, en apparence insignifiant, eut pour le reste de la vie de Jacques de terribles conséquences.

XI

CHAISEMARTIN

Arthur Chaisemartin, notre ancien camarade de la pension Heudelay, appartenait, comme on l'a déjà dit, à une famille fort riche. Sa mère était la sécheresse et la dureté mêmes; c'était une personne froidement moqueuse, tout à l'intérêt et à l'orgueil, sans pitié, sans entrailles. Son père était un égoïste faible, bouffi de vanité, et qui, physiquement, ressemblait à ces magots chinois qu'on donne aux enfants pour jouer; pendant la révolution de 1848, il avait fait imprimer sur indienne un dessin de mouchoir contenant les portraits des représentants les plus avancés: il en avait, pour lui, tiré quelques exemplaires sur des foulards de soie, et, quand il entrait dans une maison où il savait trouver des républicains, il déployait son mouchoir avec affectation, disant à haute voix : « Je me mouche dans la Montagne. »

A la pension, on a vu Chaisemartin arrogant, prétentieux, insolent.

Quand il entra dans le monde ces qualités se développèrent et s'accrurent. Il vécut dans la jeune société rouennaise, mélange singulier, du moins à cette époque, de grossièreté et de culture, de littérature et de commerce. Il fréquenta les théâtres, connut des actrices et apprit avec elles à mépriser les femmes. Il lut les revues et les journaux de Paris, choisit les opinions qui, en toutes choses, prêtaient le plus au dédain, et s'appropria merveilleusement l'esprit du *Charivari* et du *Corsaire*.

Ses parents voulurent le placer dans une grande maison de Rouen pour apprendre le commerce. Il y resta juste assez pour plaire à la patronne, déplaire au mari et faire des dettes.

Quand il eut derrière lui un certain passif il partit pour Paris, où ses relations, son nom et les démarches de son père lui firent promptement trouver une belle place dans une des maisons les plus importantes du commerce des tissus.

Il n'interrompit pas pour cela ses flâneries littéraires. Il se lia avec quelques acteurs, eut des billets pour tous les théâtres, tutoya les cabotins et les cabotines, et prit le goût de l'imitation singeresse; il se dandina comme Numa, parla comme Arnal, gesticula comme Ravel; enfin, dans un souper où il y avait toute sorte de monde, des filles, des comédiens, des journalistes et même quelques hommes de la haute société, on le présenta au critique attitré d'une des grandes revues parisiennes. Ils causèrent beaucoup ensemble, se grisèrent de paroles et d'eau-de-vie, et lorsqu'ils se quittèrent, en trébuchant, ils se promirent de se retrouver.

Dès lors, en effet, ils devinrent inséparables; on les vit partout ensemble, au théâtre, au café, dans la rue : Chaisemartin se fit le familier, le compagnon, le caudataire du Critique ; ces deux natures négatives, privées jusqu'alors d'affections et qui n'en éprouvaient guère le besoin, s'attachèrent l'une à l'autre aussi fortement qu'elles en étaient capables.

Le Critique réunissait toutes les qualités qui pouvaient concourir à former l'idéal de Chaisemartin, s'il en avait un. C'était un homme d'un goût juste et ferme, mais étroit et dédaigneux ; il écrivait avec correction, et dans la disette universelle où se trouvait la France de nobles esprits capables d'inventer et de créer en critique, il devait régner et exercer une autorité presque sans contrôle. L'admiration, qui chez nous est souvent bonne fille, s'attachait, non à sa personne, mais à ses articles écrits d'un ton rogue, blessant même pour ceux qu'il louait et d'un orgueil outrecuidant. Sa sévérité lui avait valu une sorte de prestige : il n'avait pas son égal dans l'éreintement ; malheur aux architectes qui bâtissaient des clochers peu solides ou qui décoraient mesquinement des monuments publics ; malheur aux sculpteurs qui moulaient au lieu de modeler, ou qui montaient leur héros sur quelque cheval du Limousin ou du Mecklembourg ; malheur enfin aux peintres qui faisaient du métier au lieu de faire de l'art et qui ne mêlaient pas dans une proportion, connue de lui seul Critique, le réel avec l'idéal, l'exécution solide avec la conception élevée. Mais c'était aux littérateurs qu'il gardait ses semonces les plus vertes, ses épigrammes les plus mordantes ; il n'avait jamais cru au Romantisme, quoiqu'il l'eût vu naître ; il ne croyait pas davantage à l'École du bon sens ; il se moquait du Lyrisme et il avait le Réalisme en mépris : aussi tout écrivain qui débutait, était-il à l'instant classé dans son cerveau sous une de ces trois ou quatre rubriques ; et c'étaient alors des réprimandes sans fin, des conseils de retourner à l'école ; de lire Sophocle s'il s'adressait à un auteur dramatique, Aristophane si c'était à un vaudevilliste ; il allait même, lorsqu'il était en verve, jusqu'à lui conseiller l'étude des deux ou trois vers qui nous restent d'Eupolis et de Cratinus ; avec Phidias, il écrasait Pradier ; avec Shakspeare, Hugo ; avec Mozart ou Beethoven, Meyerbeer ou Rossini ; et, comme l'a dit un autre critique qui s'est cru son rival et n'a jamais été que son envieux,—il avait chez lui les plâtres des maîtres, mais pour les jeter à la tête de ceux qu'il n'aimait pas. C'étaient ces défauts chez cet homme qui charmaient Chaisemartin ; dès le collége, il avait dévoré les articles signés de ce nom, il s'en était approprié les plaisanteries et les avait employées pour faire pièce aux jeunes admirations qui se manifestaient autour de lui. Il en fut de même dans la vie privée ; la raillerie pédantesque du Critique confirma la gouaillerie et l'ignorant dédain du commis émancipé. Chaisemartin était fier de son grand homme, il le produisait, il le menait partout ; mais le grand homme avait bien aussi quelques obligations à son séide ; et du jour où il le connut il tourmenta moins le caissier de sa Revue, et il accorda une plus libre carrière à son indépendance d'humeur ; car, il faut le dire à sa louange, cet homme était pauvre ; lui, qui faisait trembler les artistes, qui gênait les académies, qui empêcha plus d'une fois les administrations de faire des sottises, il n'avait aucun grade, aucun titre, pas un bout de ruban ; il n'était d'aucune des classes de l'Institut, quoique toutes le craignissent, et il n'avait exactement pour vivre que sa plume. Il habitait seul et triste dans un méchant hôtel garni, livré au dénûment le plus absolu, travaillant quand le besoin le poussait, et se hâtant de dépenser son salaire qui, presque toujours, était à moitié mangé d'avance. Ce fut là sa grandeur, ce sera son honneur. Tout négatif qu'il était il a laissé sa trace dans notre littérature; il n'a suscité personne, il n'a rien inventé, mais il a empêché beaucoup de folies, arrêté plus d'une ambition soulevée par le seul caprice de la foule idiote, et bafoué plus d'une niaiserie prétentieuse, plus d'une vanité scandaleuse : pendant vingt ans, au milieu de ses épreuves personnelles, sans se laisser émouvoir un seul instant par la crainte, la camaraderie ou l'ambition, il a fait parler à la critique un langage précis, clair et mâle.

Au jour où Chaisemartin eut rencontré cet objet de fanatisme il se sentit complet : il avait un arsenal où prendre ses railleries, une autorité reconnue pour les appuyer.

Ce fut quelques mois après cette liaison qu'apercevant Jacques sur le boulevard Saint-Martin, il vint à lui, et, quoique la cordialité ne fût ni dans ses habitudes ni dans ses manières, il l'engagea à déjeuner avec lui et le Critique.

Les circonstances empêchèrent cette réunion. Plusieurs fois le hasard remit les deux anciens camarades en présence, et ce fut dans une de ces rencontres fortuites que Jacques présenta Foulogne à Chaisemartin. La connaissance fut rapidement faite, et un déjeuner, suivi bientôt de plusieurs autres, donna à Émile une haute idée de ce qu'il appelait l'urbanité bourgeoise.

— Quel malheur! disait-il un soir en rentrant un peu gris, qu'un garçon aussi aimable soit un réactionnaire enragé : ce sont des préjugés de famille; il est républicain par les sentiments, conservateur par l'éducation... Funeste malentendu!

Comme Jacques ne répondait pas, Foulogne, mêlant plusieurs ordres d'idées, continua :

— Il était fameux, le petit vin de Beaune. Je comprends qu'avec un pareil ordinaire on soit conservateur. Ah! qu'il est difficile d'allier des principes sévères avec une table trop bien servie?

Jacques n'avait pas été très-satisfait de l'influence que la splendeur de ces déjeuners avait exercée sur Foulogne; aussi, par une sorte de pressentiment et en même temps par une pudeur d'amant bien naturelle, l'avait-il prié de ne jamais parler de Caroline.

— Que ce libertin ne la voie pas, avait-il dit, qu'il ne sache même pas qu'elle existe.

— Comment, avait répondu Foulogne, tu ne veux pas que Caroline connaisse ces déjeuners; on n'en rencontre pourtant pas de pareils à la douzaine. Pauvre sœur! je m'étais réjoui de l'idée qu'elle goûterait du petit Beaune, mais enfin il en sera comme tu voudras; je ne dirai rien.

Et il tint parole; jamais, dans ses effusions les plus bavardes, il ne prononça le nom de sa sœur.

Le hasard avait créé ces réunions, le hasard les rompit; et Jacques, qui pendant tout le temps qu'elles avaient eu lieu avait été oppressé d'une inquiétude jalouse et secrète, respira plus librement. Aussi, lorsque le dimanche où Chaisemartin ouvrit si brusquement la porte, il le retrouva comme par fatalité sur son chemin, fut-il saisi d'un sentiment étrange et douloureux. Il eut une vision soudaine, prophétique de sa destinée. Comment? Pourquoi? Dans quel temps? Il n'aurait pu le dire; mais il sentit que le malheur était entré dans sa vie, et cette fois pour n'en plus sortir.

Caroline tendit la main à Arthur.

— Vous êtes l'ami de mon frère, monsieur, et celui de Jacques, cela suffit pour que vous soyez le mien.

Sur ce ton, qui supprimait toute cérémonie et qui supposait déjà une certaine familiarité acquise, la conversation s'engagea.

Vers cinq heures, les amies de Caroline prirent congé.

— Vous allez bientôt dîner? dit Arthur.

— Oui, répondit Émile avec mélancolie, à la gargote.

— Eh bien, alors, je vous demanderai la préférence

pour la mienne. Allons, Jacques, intercédez pour moi.

Jacques se pencha à l'oreille de Caroline; il était pâle et sa voix tremblait.

— Je te défends d'accepter.

Elle le regarda, se leva toute droite, puis se tournant vers Chaisemartin et d'une voix brève :

— Le temps de mettre mon chapeau, monsieur.

— Merci, Jacques, s'écria Arthur; si vous réussissez toujours aussi bien, je vous ferai mon diplomate ordinaire auprès de mademoiselle.

Jacques essaya de sourire et ne répondit pas ; il frémissait de colère.

On sortit.

Arthur donnait le bras à Caroline. A côté d'Émile marchait Jacques, silencieux, navré.

— Est-ce que ça te contrarie? lui demanda Foulogne.

— Pas du tout.

— Vraiment, il est très-convenable, ce garçon-là, et s'il pouvait rester toujours ainsi ce serait très-agréable, parce que, tu comprends, les dimanches on se verrait quelquefois, ça ferait une société.

— La mienne ne te suffit donc plus?

— Si, mon vieux camarade, mais ce n'est pas la même chose; tu es notre âme, il serait notre distraction.

Arrivés au restaurant, Arthur les fit attendre un peu; puis bientôt il les introduisit au premier dans un cabinet où il y avait des fleurs partout et une table richement servie.

Ce fut avec une peine cruelle que Jacques vit chez Caroline la joie que ce luxe relatif lui inspira.

Pendant tout le dîner elle eut des émerveillements sans nombre : elle s'extasia, elle fut aimable, attentive, presque caressante; Jacques, naturellement, fut boudeur, et tout le monde le railla, ce qui ne contribua point à l'égayer.

Au moment de se séparer, Foulogne, un peu lancé, dit à Arthur en lui serrant les mains :

— Ce n'est pas ça, vous ne pouvez pas toujours nous recevoir sans que nous vous fassions une politesse; si vous ne venez pas dîner un dimanche avec nous, je ne remets pas les pieds ici.

— Votre franchise me va au cœur, répondit Arthur, et si mademoiselle n'y voit pas d'inconvénient?

— Au contraire, j'y vois un plaisir.

— Eh bien! comptez sur moi, mes amis : je ne sais trop pour quel jour, car je vais voyager, mais un de ces quatre matins, vous me verrez tomber au milieu de vous et accepter gaiement votre hospitalité.

Lorsque Jacques et Caroline furent sur le boulevard, Émile, les voyant se parler avec animation, ne voulut pas les gêner; il se tint en arrière et s'arrangea pour ne rentrer qu'une demi-heure après eux.

— Qu'est-ce que tu avais donc? disait Caroline à Jacques, comme tu as été maussade!

— Fallait-il pas prendre l'air aimable pour encourager Chaisemartin à te faire la cour?

— Et où vas-tu chercher ça, mon pauvre enfant? Pourquoi ce monsieur, que je vois pour la première fois aujourd'hui, me ferait-il la cour? Il a été poli, voilà tout; tu as bien tort de t'inquiéter pour si peu. Si tu prends ainsi la mouche avec tous ceux que nous rencontrerons, tu ferais bien mieux de ne pas te marier, et même de ne pas aimer.

— C'est toi qui m'en donnes le conseil?

— C'est dans ton intérêt.

— Je te remercie : veux-tu que je t'en donne un aussi dans ton intérêt?

— Et lequel?

— Je suis pauvre et ce monsieur est riche : tu aimes la richesse...

Elle fit un geste.

— Ne t'en défends pas, je l'ai vu dans tes yeux. Tu as joui tout autant du beau linge, des verres de cristal, des couteaux en vermeil, de l'argenterie, des fleurs, que des mets et des vins que l'on nous a servis. Après une année de misère, tu as eu un quart d'heure de bien-être, de luxe, de fortune, et quand tu pourrais éterniser ce quart d'heure, quand tu n'as qu'à faire quelques grimaces et quelques avances, tu hésiterais : allons donc! Dans ton intérêt, ma chère, épouse Chaisemartin.

Ils étaient arrivés devant le magasin de Caroline. Depuis quelques minutes elle ne parlait plus. A la lumière d'un bec de gaz il la regarda : elle pleurait.

— Ah! Jacques, vous êtes cruel. Je ne veux pas vous quitter sur de si mauvaises paroles; marchons jusqu'à la rue de Provence.

Ils étaient l'un et l'autre bien embarrassés de reprendre cette terrible conversation. Jacques était honteux, Caroline désespérée. Ils allèrent jusqu'à la maison.

— Viendras-tu dimanche? demanda Jacques sèchement.

— Ah! ne nous séparons pas ainsi, répondit-elle en lui prenant les mains, j'étouffe.

Quand ils furent dans la chambre, Jacques alluma une bougie; Caroline s'était assise, et, la tête dans ses mains, les bras accoudés sur la table, elle pleurait.

— Quel motif t'ai-je donné, dit-elle, pour être si amer, si impitoyable? Est-ce que jamais, avec toi ou devant toi, avec les autres, j'ai fait la coquette? Est-ce que j'ai jamais demandé les plaisirs que nous n'avions pas? Ai-je regretté le spectacle ou les promenades à la campagne? Tu manges le pain de la pauvreté; mais, auprès de toi et sans mauvaise humeur, je le mange aussi, moi, et à belles dents. Les honteux calculs que tu me prêtes, si j'étais femme à les faire, crois-tu que je ne les aurais pas déjà faits; et si j'étais femme à me vendre, crois-tu que j'attendrais pour cela le temps où je serai laide et vieille? Ah! le malheureux! — continua-t-elle en se parlant à elle-même et en s'échauffant de sa propre exaltation, — ah! le fou! ah! le méchant! Que lui ai-je fait pour qu'il m'écrase ainsi le cœur, pour qu'il me barbouille ainsi le visage avec de la fange?... Je l'ai aimé comme une mère, comme une sœur, comme une fiancée!... Mais c'est à toi, s'écria-t-elle en le regardant en face, — c'est à toi-même que tu manques de respect en m'insultant! Si Émile savait ce que tu viens de me dire, il te haïrait autant qu'il t'aime!... Tiens, — fit-elle en remettant son chapeau, — je m'en vais, je ne veux plus te voir, je t'exècre!...

Et comme elle devina qu'il voulait l'accompagner :

— Laisse-moi, — continua-t-elle avec un regard étincelant de colère, — je ne veux pas de ta compagnie, je n'ai pas besoin de ton assistance; va-t'en, mais va-t'en donc!

Jacques avait écouté et suivi cette imprécation avec une stupeur profonde; mais, à cette dernière parole, il crut que, s'il ne tentait un suprême effort, il allait peut-être pour toujours perdre celle qu'il aimait.

Il se jeta aux genoux de Caroline, et crispant ses mains autour de sa robe :

— Pourquoi m'accabler ainsi? J'ai eu peur de te perdre, j'ai eu comme un pressentiment, je suis devenu fou. Ah! je ne t'en demande pas pardon. J'ai été coupable, c'est vrai, mais je me sens à chaque minute disposé à l'être plus encore. Quand je pense à cette affreuse soirée que nous venons de passer, que je te vois près de cet homme, que je songe à ce que cette rencontre fortuite et passagère m'a fait souffrir, je ne me sens pas le courage d'arracher la colère de mon cœur. Caroline, si tu n'es que juste avec moi, je suis perdu dans ton affection; ce n'est donc pas de la justice qu'il me faut, c'est de l'indulgence, de la pitié.

— Mais, malheureux enfant, — reprit Caroline désarmée et touchée, — que demandes-tu de moi?

— Que tu ne le revoies jamais.

— Et comment?

— Le dimanche qu'il viendra, aussitôt après que nous aurons dîné, dis que tu as un travail pressé et retourne à ton magasin. Si tu fais cela deux ou trois fois, il ne reviendra pas.

— Eh bien! je te le promets, quoique ce soit bien insensé; mais pour notre première entrevue au bord des prés Louvigny, pour nos joyeux déjeuners de la rue de Verneuil, pour nos bons dimanches de misère et d'amour, pauvre et cher Jacques, je te le promets. Allons, ne crains plus rien, donne-moi ta main, et crois-moi quand je te dis : je serai ta femme. — Mais c'est égal, vois-tu, ne me fais plus de ces horribles scènes, nous nous y perdrions tous les deux. Depuis un an notre affection était si tranquille et si pleine; ah! pourquoi l'as-tu troublée? Il y avait sur notre amour une première fleur; ah! mon pauvre Jacques, j'ai peur de ne pas la retrouver demain.

XII

LES BOIS DE CRILLON

Il est dangereux de trop creuser certaines situations : c'est s'exposer à voir l'analyse prendre corps et devenir une réalité; ce qu'on avait prévu arrive, ce qu'on avait indiqué s'effectue.

La clairvoyance de Jacques, dans cette circonstance de sa vie, tenait autant à son inquiétude qu'à sa finesse. Il avait d'ordinaire beaucoup de tact pour reconnaître d'où le danger devait venir et par quelle tempête son bonheur pouvait être menacé; de sorte que s'il venait à s'ouvrir à une personne avec laquelle il fût en rapport, par ses reproches et par ses hypothèses, il lui traçait presque un plan de conduite; et ce à quoi on n'eût jamais pensé sans ses observations, ce qu'on eût rejeté avec horreur, pouvait peu à peu prendre place dans l'esprit, et, harcelé par ses soupçons, on pouvait arriver à se dire : « Ce qu'il prédit là est assez vilain, mais ce n'est pas fou. »

Non, à coup sûr, la première pensée de Caroline en voyant Chaisemartin et pendant le dîner n'avait point été l'intérêt; non, elle n'avait point dit en elle-même : « Ce jeune homme est riche, je le préfère à l'autre; » seulement elle avait joui instinctivement de ce moment de bien-être, et elle avait été charmée par les séductions du luxe.

Mais lorsqu'elle fut seule, pendant les longues heures de travail au magasin, les paroles que Jacques avait si brutalement lancées lui revinrent à l'esprit. Elle y pensa, elle les pesa, et si Chaisemartin ne lui parut pas alors plus aimable, ni Jacques moins digne d'amour, cependant pour la première fois elle se formula clairement à elle-même cette vérité, qu'ils étaient pauvres, et que la pauvreté avait tué plus d'un bonheur, glacé plus d'un amour.

Jusque-là, en son illusion touchante, elle avait vécu dans la misère sans en avoir bien conscience; sur les difficultés et les laideurs réelles elle avait répandu sa gaieté, sa grâce, son affection, et tout lui était apparu voilé et embelli d'espoir; mais la dernière scène qu'elle venait d'avoir lui montra la misère désagréable et odieuse, le présent triste et incertain, l'avenir sombre et plein de dangers. Non, assurément, elle n'en aima pas moins Jacques, elle continua à se vouloir bien marier avec lui, mais elle n'accepta plus avec autant d'insouciance la perspective d'un mariage nécessiteux et famélique.

Dès lors, et malgré son application à cacher sa préoccupation intérieure, elle ne put se défendre de parler quelquefois à Jacques de cet avenir qui l'effrayait, et de l'engager à chercher un métier moins aléatoire et moins fantastique que celui qu'il exerçait ; elle parla aussi très-vivement dans ce sens à son frère.

Celui-ci se contenta de répondre avec calme :

— Tâche de rendre la société juste, et toutes les poitrines auront de l'air ; qu'y a-t-il de plus beau que la gloire, de plus grand que l'indépendance ?

Pour toute réponse, Jacques lui dit :

— Veux-tu que je fasse les premières démarches auprès de Chaisemartin ?

Elle se tint pour blessée et garda le silence, mais intérieurement elle revint sur ce sujet, elle l'examina sous toutes ses faces, et sa gaieté si folle et si entraînante en souffrit vivement ; on la vit souvent triste et préoccupée, et les petites querelles qu'elle eut avec Jacques ne se terminèrent ni aussi promptement ni aussi facilement qu'autrefois.

Cependant, à cette époque déjà troublée, ils eurent encore quelques beaux jours et des moments de douceur ineffable.

On était en plein été. Ils firent, les dimanches, de longues promenades au parc de Saint-Cloud, à Fontenay-aux-Roses, à l'île Saint-Denis, à Saint-Ouen, à Meudon.

Plus libres, plus familiers qu'ils ne l'avaient jamais été, ils marchèrent dans les bois en se tenant par la main, ils jouirent délicieusement de la pureté du ciel, de l'ombrage des arbres, de la fraîcheur des eaux, de la solitude et du mystère.

Jamais ils ne se parlèrent avec autant d'effusion ; on aurait dit qu'ils avaient besoin de se rassurer contre quelque ennemi secret et de se confier tout ce qu'ils ressentaient de tendresse l'un pour l'autre. Ils furent ingénieux à se faire mille joies réciproques, à se ménager de douces surprises, à prolonger, à suspendre la vie pour la mieux goûter. On aurait cru que leurs lèvres, touchant déjà le fond de la coupe, s'y collaient avec obstination et ne voulaient plus s'en détacher, qu'ils se délectaient aux dernières saveurs, qu'ils respiraient les derniers parfums, et que tous deux, dans leurs années printanières, au milieu du plus riant et du plus doux des étés, ils touchaient déjà à l'automne de leur bonheur.

Cela fut bien sensible pour eux dans un petit voyage qu'ils firent à quelques lieues de Paris, au Breuil, village de la Brie, où les attirait l'invitation d'une des compagnes de Caroline, qui venait de s'y marier.

Jacques n'était point invité, on avait seulement prié mademoiselle Boulogne et son frère. Comme Jacques se désespérait :

— Rassure-toi, lui dit-elle, j'ai une combinaison.
— Laquelle?
— Émile ne viendra pas ; tu le remplaceras.
— Mais pour qui me feras-tu passer?
— Pour mon fiancé, et on te recevra bien, je te le jure.

Jacques était trop heureux pour discuter ce moyen et la question de convenance. Ils n'avaient jamais voyagé ensemble ; quel bonheur!

Quand ils se sentirent emportés par le chemin de fer qui les conduisit jusqu'à Lagny, surtout quand une voiture qui faisait la correspondance pour Rozoy, le Breuil et le château de Lagrange, les eut repris à Villeneuve-le-Comte, et que pendant trois heures ils roulèrent en pleine forêt, ils crurent que leur cœur allait éclater.

L'enchantement dura pendant les cinq ou six jours qu'ils passèrent au Breuil.

Jacques, présenté avec une hardiesse naïve, fut traité avec une simplicité cordiale. Il prit ses repas chez leurs hôtes et logea à l'hôtel ; il fut de tous les divertissements, de toutes les promenades, mais il ne voyait que Caroline et elle ne voyait que lui.

Le matin qui précéda leur retour à Paris, Jacques entendit vers cinq heures frapper à sa porte :
— C'est moi, cria la voix joyeuse de Caroline; il fait un temps admirable, on ne déjeune qu'à huit heures, nous avons trois heures à nous, habille-toi vite et viens courir la campagne. Je vais t'attendre en bas.

Ils montèrent gaiement la côte qui s'en va vers Paris.

A droite il y avait des plaines : les plaines plates et crayeuses de la Brie, dont çà et là quelques bouquets d'arbres interrompent à peine l'uniformité.

En face la grande route, toute blanche de poussière, s'étendait indéfiniment et se coupait au sommet avec l'horizon.

Derrière eux ils laissaient le village endormi, son église du moyen âge sans ornementation, mais intéressante par le manteau de lierre qui, l'enveloppant jusqu'au sommet, adoucissait l'aspect triste et grave de sa vétusté, et çà et là pêle-mêle ses maisons qui, baignées dans l'air du matin, paraissaient si fraîches, si coquettes, et si neuves, qu'on croyait les voir pour la première fois.

Lorsqu'ils furent au haut de la côte, après une petite plaine, à deux portées de fusil de la route, ils virent un rideau de bois que le brouillard teintait de bleu par places, et dont partout il tempérait le vert clair : ce fut par là que, sans s'être consultés, ils prirent leur course.

Quand ils furent entrés sous les arbres, ils n'éprouvèrent pas ce saisissement grave que presque toujours donnent les forêts. Les bois dans lesquels ils se trouvaient étaient de moyenne futaie, ils étaient bien entretenus, et paraissaient être l'accompagnement et la continuation d'un parc seigneurial : les sentiers étaient très-larges, sans ronces, sans ornières, tapissés d'un gazon souvent coupé, et de chaque côté les branches montaient épaisses et feuillues, taillées comme une charmille : c'étaient évidemment de petites routes ouvertes pour être parcourues par de belles dames en calèche, avec d'élégants cavaliers caracolant autour des voitures. L'impression, qu'en se prolongeant dans leur encadrement vert, produisaient ces sentiers, était douce, fraîche, matinale : les pieds y marchaient sans fatigue, et les yeux s'y reposaient avec plaisir sur les feuilles qui se mariaient harmonieusement à la lumière du matin dans des demi-teintes légèrement grises : on ne pouvait pas n'y point être heureux ; mais les conversations graves, les confidences douloureuses, les inquiétudes poignantes n'eussent pas été à leur place dans cette gracieuse nature.

Aussi Caroline et Jacques ne pensèrent-ils qu'à marcher devant eux, se pressant tendrement l'un contre l'autre, respirant à pleine poitrine, regardant les yeux grands ouverts, oubliant tout, s'oubliant eux-mêmes.

De place en place, dans les allées qu'ils suivaient, il y avait des demi-cercles avec des bancs de gazon. Lorsqu'elle se sentit un peu fatiguée, ils s'assirent sur un de ces bancs, en un endroit qui faisait éminence, et d'où l'on voyait sans être vu. Leurs regards couraient sur un espace dégagé, où l'année précédente il y avait eu une coupe : les cépées commençaient à repousser et à s'élever au-dessus des broussailles, des herbes et des fleurs ; à la lisière ils apercevaient ou croyaient apercevoir les toits d'un village frappés par le soleil levant. De temps en temps un geai ou une pie, flânant sur une branche, les apercevaient, et brusquement effrayés, s'enfuyant à tire d'ailes, ils jetaient leurs cris d'alarme que répétait l'écho ; dans la profondeur sombre et fraîche des taillis, les merles et les fauvettes chantaient ; et sous les mousses, sous les herbes que le soleil commençait à échauffer et sécher, c'étaient de joyeux bourdonnements d'insectes.

— Ah ! que c'est joli ! quelle belle matinée ! Comme je me sens heureuse ! l'esprit léger, le cœur tranquille. Ah ! si nous pouvions mourir en ce moment.

— Non, mais vivre ici et ne plus revoir Paris.

— Tais-toi, interrompit Caroline en lui mettant la main

sur les lèvres, pourquoi parler de Paris? ces beaux arbres nous en voudront.

En ce moment un paysan, la faux sur l'épaule, passa devant eux, et affectueusement il les salua.

— Comment appelez-vous ces bois? demanda Jacques.
— Les bois de Crillon.

Il avait fait quelques pas au devant du paysan; il revint près de Caroline.

Elle était toute pensive et ne disait plus rien.

— Qu'as-tu donc? demanda Jacques; t'ennuies-tu déjà?
— Non; mais j'ai une prière à t'adresser. Écoute-moi, Jacques, et ne me refuse pas. La vie, nous n'en sommes pas maîtres, elle peut nous tromper et nous trahir; notre cœur aussi peut avoir ses égarements et ses défaillances; mais il y a des heures qu'on n'a pas le droit d'oublier, qui sont uniques dans leur charme comme d'autres dans leur horreur : tu as du génie, toi, mon Jacques,—et, lui écartant les cheveux, elle regarda son front,—eh bien, quand même je t'aurais abandonnée, quand même tu ne m'aimerais plus, promets-moi de jeter dans un livre (tu t'y prendras comme tu pourras) ces seuls mots : « les Bois de Crillon; » et dans mon souvenir j'embrasserai ta chère tête, comme en ce moment je l'embrasse.

— Vous arrivez bien, mes enfants, leur dit Foulogne, — quand, de retour à Paris, ils entrèrent dans la chambre de la rue de Provence, — vous allez me donner un coup de main.

— Et pourquoi faire?
— Pour déménager.
— On nous signifie donc congé?
— J'ai eu une discussion politique avec le propriétaire; je l'ai collé sur la question de la Plata, et il nous renvoie.

Jacques fut attristé. Il avait souffert dans cette chambre, mais aussi il y avait été si heureux, que la pensée de la quitter lui fut cruelle. On chercha et on trouva un nouveau logement rue de Buffault, au cinquième, avec une superbe terrasse, comme disait le concierge.

Toutefois, avant d'entrer dans cet appartement, Jacques vit reparaître son ennemi, et surgir encore le danger qu'il redoutait tant.

Le lendemain même de son retour, il travaillait, lorsque Émile entra brusquement.

— Laisse tout cela et descends vite, lui dit-il.

— Pourquoi donc?

— Chaisemartin est en bas avec le Critique. Je les ai rencontrés ce matin dans un café, et depuis nous sommes en voiture, c'est un quatre places, mais nous n'y serons pas trop à notre aise, car le Critique est gros. Prends ton chapeau; nous allons au Moulin de la Galette, à Montmartre.

Jacques arriva tout ému à la portière de la voiture.

Chaisemartin, plus railleur que jamais, dit au Critique :

— Je vous présente une jeune gloire de la littérature à venir, un jeune homme de beaucoup d'esprit, qui a peut-être plus besoin de leçons qu'il ne croit, mais qui recevra les vôtres avec déférence.

Le Critique, qui avait la figure très-empourprée, et qui, le menton appuyé sur sa canne, paraissait dormir, ouvrit les yeux, regarda dans le vague, puis les referma aussitôt.

— Il est un peu fatigué, dit Chaisemartin, qui malgré son aplomb rougissait sensiblement, il travaille beaucoup depuis quelques jours.

On s'attabla au Moulin de la Galette, mais au bout de quelques minutes et probablement à cause de la chaleur, Foulogne et le Critique, d'un commun accord, se renversèrent sur le dossier de leur chaise et ronflèrent formidablement.

— Laissons-les dormir, dit Arthur à Jacques, et allons faire un tour sur les buttes, je voudrais causer quelques instants avec vous.

— Mais, fit Jacques en montrant le Critique et Émile...
— Oh! soyez sans crainte, ils en ont pour longtemps, et quand nous reviendrons, ils dormiront encore : je les accompagne depuis ce matin, je sais ce qu'ils ont bu, c'est moi qui ai payé partout, ils en ont pour deux heures au moins ; je connais mon Critique.

Jacques aimait généralement assez peu les conversations de Chaisemartin; cependant, cette fois, il ne se fit point prier. Étonné de cette proposition, intrigué de cette insistance, il se leva; et moitié soucieux, moitié curieux, il le suivit.

Tout en cheminant et en regardant Paris, Chaisemartin commença l'entretien.

— Voyons, mon cher Jacques, dites-moi donc au juste ce que c'est que cette jeune fille avec laquelle nous avons dîné. Lui êtes-vous... beaucoup, ou ne lui êtes-vous rien?

— Elle est ma fiancée.

— Très-joli; vous avez bien dit ça : « Elle est ma fiancée! » Eh bien, ma parole d'honneur, je croyais qu'il n'y avait plus de fiancée qu'au théâtre; nous avons la *Fiancée* d'Auber, la *Fiancée de Lammermoor*, et puis *Zampa*, ou la *Fiancée de marbre;* nous aurons la *Fiancée de M. Jacques,* ça fera quatre. Très-joli.

— Mais enfin de quelle expression voulez-vous que je me serve?

— Si elle ne vous est rien, dites : « mademoiselle, » si elle vous est tout, dites : « ma maîtresse; » mais, bonté divine, — c'était un juron du Critique qu'Arthur lui prenait quand il dormait, — ne dites plus : « ma fiancée; » cette demoiselle n'est pas plus votre fiancée qu'un avoué est un procureur, ou un notaire un tabellion. Laissez-là cette couleur troubadour et parlons sérieusement, n'est-ce pas?

— Je parle très-sérieusement, et si le mot est un peu bizarre, c'est que notre situation l'est aussi. Nous nous aimons, nous devons nous marier, ma mère y consent, des obstacles purement matériels s'y opposent seuls.

— Autrement dit, vous êtes sans le sou ; et vous vivez comme ça, faisant du sentiment, regardant la lune, soupirant des élégies comme deux chastes âmes qui sont désespérées d'avoir un corps? Cherchez d'autres à qui le faire croire ; mais je vous avoue que, si cela était vrai, j'aurais d'elle et de vous une triste opinion. Comment, vous avez vingt ans tous les deux, elle est jolie, vous êtes laid, mais d'une laideur intelligente, elle vous croit du talent, vous lui croyez de la vertu ; en mitonnant tout cela ça fait une espèce d'amour, et vous n'en seriez qu'à vous serrer la main, les yeux dans les yeux, en écoutant votre âme. Ah! mais non, non : vous êtes trop fort pour moi, mon garçon ; et, si vous n'êtes pas un être plus primitif qu'un chêne druidique, vous êtes diablement corrompu.

— Ainsi, vous croyez que je mens?

— Ma foi, mon cher, je ne voudrais pas vous fâcher, mais, je vous le répète, si vous dites vrai, tant pis pour vous.

— Vous croyez aussi, sans doute, que je ne l'épouserai pas?

— Ah! là-dessus, dispensez-moi de me prononcer : moi, je n'ai jamais eu de fiancée, et je ne sais pas comment on agit avec elles; seulement, comme vous ne roulez sur l'or ni l'un, ni l'autre, vous ferez, en vous mariant, une chose insensée. Au bout d'un an, elle en aura assez de vous, et vous plantera là ; ce n'est pas poétique, mais c'est véridique. Ce serait aussi sage de se jeter à la rivière sans savoir nager ; cependant, comme c'est une chose très-extravagante, elle pourrait bien se faire.

— Ah! ça, mon cher, qu'avez vous donc? que voulez-vous et pourquoi me parlez-vous ainsi?

— Pas pour vous dégoûter de cette demoiselle, croyez-le bien. Je ne l'ai vue qu'une fois et ne la reverrai peut-être pas; elle est assez gentille, son frère est un bon garçon; je m'intéresse à eux, à vous, sans m'y intéresser précisément; et je ne serais pas venu exprès de la rue Vendôme à Montmartre pour vous dire ça; mais un hasard nous rapproche, nos compagnons dorment comme des bûches, il faut bien passer le temps, vous me parlez, je vous réponds; je vous vois prêt à sauter dans un trou, je vous retiens par le pan de votre habit; s'il me restait dans la main, il ne faudrait pas m'en vouloir.

— Je crois que vous voyez la vie trop en noir, mon cher Arthur; nous sommes courageux, Caroline et moi, nous travaillerons, nous lutterons contre la fortune et nous la vaincrons, je l'espère.

— Ceci est du mélodrame, mon bon, et vous êtes véritablement trop littéraire; mais ici nous changeons de littérature, après l'Opéra, l'Ambigu : je vois ça d'ici avec des décors, ça sera superbe : votre femme honnête, vous, honnête aussi, et extrêmement pané, un enfant dans un berceau, et pas d'autres accessoires pour simuler la misère, ce qui réjouit la direction; puis un monsieur bien mis, un peu canaille, moi, si vous voulez, s'introduit par la porte ou la fenêtre, pendant que vous faites des démarches pour obtenir la quatre-vingt-troisième place qu'on vous promet depuis deux mois; la jeune femme repousse le séducteur; vous rentrez en annonçant que vous venez d'être nommé concierge; le monsieur se sauve, l'enfant crie, vous le prenez dans vos bras, sa mère vous le dispute, vous vous embrassez tous, — tableau, — au bruit des applaudissements. Je connais cette histoire, et le bon c'est que vous n'y croyez pas plus que moi; au fond, vous savez très-bien qu'avec deux misères on ne fait pas ce que les vaudevillistes appellent une honnête aisance, et qu'au lieu de mettre le pot au feu tous les jours, on met tout simplement sa chemise au Mont-de-Piété, quand toutefois on a une chemise.

— Et mon travail? interrompit Jacques en regardant Arthur avec une noble fierté.

Mais celui-ci prit une figure étonnée, digne d'un des comiques du Palais-Royal.

— Quelle profession exercez-vous donc?

— Eh parbleu! vous le savez bien, j'écris.

— Dans votre chambre, oui, mais dans quel journal, s'il vous plaît? Grâce au désœuvrement dans lequel je passe ma vie, quand je ne suis pas au Champ-de-Mars à voir défiler les régiments, je suis au café, et comme on ne peut pas toujours boire, parce que ça fait mal, je me forme le cœur et l'esprit en lisant toutes les feuilles de chou parisiennes. C'est peut-être défaut d'attention de ma part, mais je n'ai jamais vu votre nom ni dans la *Revue des Deux-Mondes*, ni dans les *Débats*, ni même dans le *Moniteur de l'Épicerie*. Si je me suis trompé, rectifiez, je vous prie, mes idées. Je n'ai rien lu de vous, mais j'aurais un vif plaisir à faire connaissance avec votre prose... imprimée, s'entend.

— Vous vous amusez gratuitement, et vous savez aussi bien que moi qu'on n'entre pas facilement dans un journal; mais, malgré vos railleries, je sais que j'ai du mérite, et il faudra bien que je perce.

— Décidément, vous êtes colossal; mais si vous n'êtes pas plus original dans ce que vous écrirez que dans votre conversation, vous n'aurez pas de succès. Voilà une heure, — il regarda à sa montre, — non, trois quarts d'heure, mais ça ne fait rien, que vous défilez devant moi toutes les balivernes qui ont bercé mon enfance: vous avez une fiancée; vous vivez dans une mansarde; vous avez du mérite; vous percerez; qu'est-ce que vous percerez? vos bottes, si vous en avez, et voilà tout. Tenez, ma parole d'honneur, si je vous laissais encore parler, vous me diriez, d'un air tragique, comme ça, — et il se décomposa la figure: — « Eh bien! si je ne réussis pas, je me tuerai. »

Vous croyez qu'on se tue parce qu'on n'a pas de quoi vivre? Moins on a de quoi vivre, plus on s'accroche à la vie. Si vous ne réussissez pas, — et vous ne réussirez pas, parce que, quand vous auriez du talent, ce que j'ignore, il faut au moins un intrigant pour vous lancer, et qu'il n'y a pas en vous matière à une opération, — si vous ne réussissez pas, vous ne vous plongerez aucun poignard dans le sein, mais vous plongerez une main très-indiscrète dans la poche de vos amis; comme par une fatalité, vous arriverez toujours chez eux au moment où l'on mettra la soupe sur la table; vous roulerez toujours dans votre tête un livre gigantesque, et vous appartiendrez en première ligne à la rédaction d'une foule de journaux qui n'auront d'autre tort que de ne pas exister. Vous arriverez comme ça assez avant dans la vie, en donnant pas mal d'entorses à votre conscience, et en faisant des trous à la lune pendant que votre femme raccommodera ceux de votre pantalon; et puis un jour vous disparaîtrez, on ne saura pas ce que vous êtes devenu, vous ne le saurez pas vous-même, tant vous différerez du jeune homme intelligent qui se tient roide et colère devant moi; vous végéterez, vous vous éteindrez dans quelque servitude infâme, heureux si elle n'est pas crapuleuse. Ah! vous croyez, — s'écria-t-il en montrant Paris, — que c'est en faisant du sentiment avec les petites modistes, et en se berçant de chimères, qu'on arrive à monter le cerveau et à gonfler le cœur de tous les gens qui habitent dans ces maisons-là : si vous n'êtes pas un homme vraiment extraordinaire, vous croyez qu'ils vont quitter leurs occupations pour s'intéresser à vous, et vous regarder passer. Certainement, par le temps qui court, un monsieur qui a une fiancée et qui se figure que le mérite perce, est un monsieur précieux et rare, mais ça ne suffit pas. Tenez, continua-t-il, en désignant du doigt le Moulin de la Galette, — ce gros homme qui dort là, et qui vous a paru vulgaire sans doute, savez-vous ce qu'il a subi de douleurs, remué d'idées, traversé d'abîmes pour écrire sur son front : « Je suis le Critique ; » vous sentez-vous les reins assez forts pour faire comme lui ? Non, n'est-ce pas ? eh bien ! alors, redescendons et buvons d'autant.

XIII

LES ROUERIES DE L'EXPÉRIENCE

Le soir du jour où cette conversation eut lieu, on retourna au café du Coq-Gaulois ; le lendemain Chaisemartin et le Critique y revinrent ; puis ce fut une habitude et personne n'y fit plus attention.

Personne, excepté Jacques cependant. Ainsi sa prévoyance, ses plaintes, ses menaces avaient été inutiles ; le destin était plus fort que lui, la liaison avec Chaisemartin était accomplie, et il lui fallait engager une lutte dans laquelle il se sentait vaincu d'avance.

Que faire en effet ? quel parti prendre ?

Chercher querelle à Chaisemartin ? mais celui-ci n'en offrait jamais l'occasion. Malgré son audace naturelle, malgré son insolence affectée, il savait très-habilement s'arrêter à la limite où la plaisanterie devient insulte, et si parfois il allait trop loin, il le sentait aussitôt, revenait sur ses pas, invoquait en riant les droits de la camaraderie, s'excusait effrontément, se moquait de lui-même, et rendait toute discussion insoutenable, toute rupture impossible.

Le mettre franchement à la porte, mais c'était blesser Foulogne, qui ne comprendrait pas qu'on doutât de sa sœur.

Prier Caroline de le congédier elle-même, assurément c'était là le moyen le plus direct, mais c'était aussi le plus dangereux. Les premiers mots qu'ils avaient échangés au sujet de Chaisemartin étaient si promptement devenus amers, incisifs, cruels; l'entretien avait si rapidement tourné à la querelle, que Jacques n'osait le recommencer sans avoir au moins des motifs précis, des griefs évidents qui mettraient le bon droit de son côté, et non de simples inductions, de vagues craintes qui permettraient des détours et des faux-fuyants à une conscience déjà coupable, — de justes reproches à une conscience maladroitement outragée. Au reste, devant la nécessité d'une explication immédiate, il reculait hésitant. Il commençait à connaître Caroline et savait qu'au premier signe trahissant un soupçon elle s'emporterait et voudrait rompre; il se connaissait lui-même et savait aussi qu'il ne garderait ni son sang-froid, ni sa raison, qu'il perdrait peut-être toute mesure, et qu'alors des paroles seraient lancées qui feraient un mal irréparable et créeraient une situation plus difficile et plus fausse encore que celle qu'ils traversaient en ce moment. Et puis le temps n'était plus où, habile et fier, il allait bravement et sûrement au devant du danger; maintenant, rendu lâche par la grandeur même de son amour, il avait toutes les timidités d'un amant de vingt ans, et à cette seule pensée : « Si j'allais la fâcher, si j'allais la perdre, » il se sentait sans force, sans volonté, sans espoir. Ah! s'il eût pu seulement dire : « Entre Chaisemartin et moi, choisis, » cela lui eût donné courage; mais Chaisemartin s'était-il jamais prononcé, et lui-même Jacques, sans le consentement exprès de sa mère, pouvait-il se prononcer formellement? Des espérances, des promesses, des serments, c'était là seulement ce qu'il pouvait opposer à son rival.

Il fallait donc lutter, et lutter furtivement contre un homme riche, expérimenté, maître de son esprit et de son cœur, quand on était soi-même pauvre, sans expérience, sans confiance, aveuglé par l'amour et la jalousie.

Il fallait attendre sans même savoir jusqu'où, et pendant ce temps, Caroline, atteinte déjà peut-être en son honnêteté juvénile, était libre de froidement raisonner et d'envisager l'avenir en ne le regardant qu'à travers les tristesses du présent; elle pouvait, sous cette trompeuse influence, comparer les deux rivaux, les juger eux et leur fortune, et, en se laissant refroidir par les laideurs de la misère et les trop justes craintes de l'incertain, se laisser corrompre par les séductions de la richesse et les trop attrayantes illusions de la sécurité.

Cependant, comme si ce n'eût point été assez de ces réunions qui, en resserrant l'intimité d'Arthur et d'Émile, effrayaient Jacques si justement, il se présenta bientôt un incident qui la rendit encore plus vive et plus complète, et qui chaque jour amena Chaisemartin rue de Buffault.

Dans un moment de caprice et d'humeur, Caroline quitta son magasin et resta chez elle à travailler : tout le monde voulut lui tenir compagnie, et chaque soir vit réunis Émile, Caroline, Jacques, le Critique quelquefois, Chaisemartin toujours.

Pour Jacques, chacune de ces soirées fut un cruel supplice : pour lui, elles s'écoulaient avec une mortelle pesanteur, tantôt coupées par des silences significatifs, tantôt traversées et envenimées par les plaisanteries de Chaisemartin ou par quelque épigramme du Critique, qui tous deux, par instinct, l'avaient choisi comme une cible où décocher leurs malices.

Caroline, généreusement, essaya d'abord de le défendre, de se mettre entre lui et ses persécuteurs; mais Chaisemartin était si drôle, le Critique touchait si juste dans ses observations, qu'il fallait rire et passer de leur côté.

Alors commença dans le cœur de la jeune fille un désenchantement plus cruel que celui de l'amour, et qui, d'ailleurs, lorsqu'il aurait atteint cette dernière limite, devait emporter l'amour avec lui.

Jusque-là, d'une bonne foi robuste, d'une confiance entière, elle avait cru au génie de Jacques; elle n'avait mis, au point de vue de l'intelligence, aucun homme, aucun nom, si célèbre qu'il fût, en comparaison avec son amant; elle pensait, elle disait sans forfanterie et sans hésitation, que le jour où il serait donné à Jacques de se produire, il étonnerait le monde; qu'il y avait en lui des trésors d'esprit et de science depuis longtemps accumulés, et que lorsque tout cela déborderait, les plus matois ouvriraient les yeux et les plus fiers baisseraient pavillon. L'inaction de Jacques, qu'elle attribuait à la fatalité des circonstances, ne l'avait nullement ébranlée.

Mais lorsqu'elle le vit chaque soir en butte aux railleries d'un homme qui était célèbre, et dont lui-même il lui avait appris à connaître le nom et à respecter l'autorité, le doute commença à se glisser dans son esprit, et elle se demanda si elle ne s'était point trompée, si elle n'avait pas pris un écolier pour un maître, le bavardage pour l'éloquence, la facilité pour le talent, un enfant pour un homme.

Elle chercha au milieu de ses incertitudes à s'appuyer sur son frère, dans lequel elle avait toujours trouvé le plus fanatique admirateur de Jacques; mais Émile, lui aussi, avait subi la même mauvaise influence, et quoique moins troublé, parce qu'il réfléchissait moins, il se sentait assez disposé à faire des restrictions et des réserves, auxquelles il n'eût point songé quinze jours auparavant.

Ne recevant aucun aide, aucune lumière de ce côté, elle retomba lourdement sur elle-même, se demandant avec anxiété comment elle déroberait le mot de l'énigme.

Elle était d'autant plus embarrassée qu'en cette matière elle n'osait s'en rapporter à son sentiment personnel, très-net et très-franc, qui l'eût guidée à coup sûr. A n'écouter que son instinct, il lui semblait que Jacques était supérieur à Arthur et quelquefois au Critique lui-même; elle lui trouvait tout ce qui manquait chez eux, et tout ce qu'elle aimait, la générosité, l'élévation, la poésie; mais elle était si bien habituée à entendre le Critique parler des vraies règles de l'art, des lois de la raison, des secrets de la science, qu'elle se croyait naïvement incapable de rien décider à cause de son ignorance, et qu'elle s'accoutumait à regarder la littérature comme une chose exceptionnelle, compliquée, extraordinaire, comme l'algèbre, le sanscrit ou la philosophie. Or, il n'y avait pas à dire, un docteur en cette science avait tâté le pouls à l'esprit de Jacques, et il l'avait condamné. Ainsi Jacques n'était ni un génie, ni un aigle, il était tout simplement un des plus humbles et des plus mesquins parmi les deux ou trois mille petits jeunes gens qui, sur le pavé de Paris, traînent la savate littéraire.

Elle souffrit beaucoup dans sa vanité, mais cependant elle ne cessa point pour cela d'aimer Jacques. Certes, elle eût préféré être fière de lui; mais en pensant qu'il n'était qu'un déshérité, elle se sentit prise à son égard d'une tendresse maternelle, et elle se dit : « Ne laissons point paraître la lumière qui s'est faite en moi, et entretenons-le dans son illusion, dans sa vanité littéraire. »

Mais la réflexion, en lui présentant les choses sous un autre aspect, venait corrompre cette joie. En réalité c'était non-seulement le grand avenir qui se fermait devant eux, la belle carrière du succès, de la gloire et de la fortune; mais c'était le petit avenir, le pain du ménage, la sécurité, l'honnêteté. Si Jacques n'était qu'un mauvais littérateur, incapable cependant de faire autre chose que de la littérature, comme cela se voit trop souvent, que deviendrait-elle? que deviendraient-ils tous deux?

Un soir que son frère et Jacques étaient à dîner dans le quartier Latin, et que le Critique était retenu chez lui par un accès de goutte, Chaisemartin, en arrivant à l'heure ordinaire, la trouva seule, plongée plus que jamais dans ses tristes réflexions.

Après les premières réflexions et les informations prises sur l'heure probable à laquelle rentreraient les deux amis Émile et Jacques, Chaisemartin regarda Caroline assez longtemps, et d'une voix presque rude :

— Vous êtes bien pâle aujourd'hui; vous aurez encore travaillé trop tard la nuit dernière.

— Malheureusement non, répondit-elle, je n'ai pas assez de travail pour cela, et s'il ne m'en vient pas ces jours-ci, je ne sais trop comment nous ferons.

Il se leva et se promena dans la chambre, comme un homme de mauvaise humeur.

— Il est inconcevable, s'écria-t-il en frappant du pied, qu'avec deux hommes jeunes et forts auprès de vous, vous en soyez réduite à des extrémités pareilles.

Il fit le tour de la chambre, s'arrêta devant Caroline pendant quelques minutes, la regarda travailler sans rien dire, puis reprenant l'entretien du ton de quelqu'un qui veut échapper à son embarras à force de brusquerie :

— Si la position d'un homme de mon âge envers une jeune fille... une jeune femme... — je ne sais comment vous appeler, — n'était pas parfaitement ridicule, je pourrais, lorsque j'accroche quelques sous à un usurier ou à mon père, ce qui m'est tout un, les partager amicalement avec vous et Émile. Mais que diable, je n'ai le droit de rien offrir à la fiancée de M. Jacques, moi, et il aurait, lui, parfaitement le droit de vous faire une scène, et à moi de me faire la mine. Mais laissons ce sujet désagréable.

Caroline répondit qu'elle le remerciait, mais qu'il se méprenait assurément sur le caractère de Jacques. Il n'était pas assez mal élevé pour refuser un service si obligeamment offert.

Quand elle eut fini, il s'assit tout d'un coup, et la regardant fixement :

— Ce que c'est que les situations fausses; si Jacques acceptait un service de moi à vous, je le mépriserais et vous ne l'estimeriez guère. Personne autre que lui ou votre frère n'a le droit en ce moment de venir à votre aide. Comme ils n'ont l'air de se presser ni l'un ni l'autre, vous pourriez bien mourir de faim à côté d'amis dévoués, qui ne demanderaient qu'à vous être utiles. Mais il y a les convenances, — il se mit à rire, — belles convenances, avouez-le, caronfin, supposez, qu'au lieu d'être amoureux comme je le suis d'une autre femme, je sois amoureux de vous, que je vous fasse une déclaration, que je me jette à vos genoux ; voyons, auriez-vous le droit de vous fâcher ? Êtes-vous une femme mariée? êtes-vous madame Jacques? Ah ! alors je me trouve en présence de quelque chose de réel, il y a le code, la société, le devoir. — Êtes-vous sa maîtresse? Très-bien ; il y a la passion qui vous garde mieux que tous les magistrats et tous les gendarmes du monde : dans les deux cas, vous n'avez qu'à me mettre à la porte et moi je n'ai qu'à prendre mon chapeau et à descendre vos sept étages. Mais vous n'êtes ni amante, ni épouse; vous êtes quelque chose de fabuleux, de fantastique, d'insensé; vous êtes une fiancée... Comprenez-vous ce qu'il y a d'équivoque, et en même temps de séduisant pour certains hommes, dans votre position. Tenez, je suis peut-être un personnage fort matériel, mais je ne comprends pas que ce Jacques, qui vit depuis si longtemps auprès de vous, ne vous ait pas épousée, ou que, dans un moment de transport et d'égarement, il n'ait pas fait de vous sa maîtresse.

Toute rouge de honte et de colère, elle se leva avec un geste de dégoût.

— Oh! le mot n'est pas beau, je le sais, j'en conviens... Mais, que voulez-vous, je ne suis pas un poëte, moi; je ne sais pas mettre de belles étiquettes aux vilaines choses; et si je vivais maritalement avec une femme, quand ce serait Jeanne d'Arc en personne, je ne l'appellerais pas une fiancée...

Caroline garda le silence et ne leva point les yeux; visiblement elle était blessée : il comprit qu'il était allé trop loin.

— Hé mon Dieu! ce n'est pas vous que j'accuse; je sais que vous êtes pure et blanche comme le lis; ce n'est ni Jacques ni votre frère, ils n'ont péché que par excès de naïveté. Quand vous aurez un peu vécu, vous saurez qu'il n'y a que les honnêtes gens pour se fourrer héroïquement dans des bourbiers, et y rester le plus vertueusement du monde : ils ont des motifs, des explications, des raisons à eux qui feraient rire un diable, et qui font damner un homme de sens. Jacques vous respecte; il sait que s'il vous avait proposé d'être sa maîtresse il aurait pu y avoir rupture entre vous; alors comme il vous aime et que s'il ne vous épouse pas c'est parce qu'il est sans un sou, ne pouvant pas vous avoir et ne voulant pas vous perdre, il a inventé ce que j'appelle « le truc fiancée; » c'est une hypothèque qu'il a mise sur vous. Ce garçon qui n'est pas bête se dit en lui-même : De deux choses l'une, ou il m'arrivera de l'argent et je l'épouserai, ou par la force des choses et compromise aux yeux du monde par une vie en commun, ennuyée d'avoir tous les déboires qu'aurait une vraie maîtresse, à quelque dimanche soir elle jettera son bonnet par-dessus les moulins et voudra connaître les avantages et les plaisirs de sa situation. Au fond, vous comprenez bien que tout ça m'est parfaitement égal; ce ne sont pas mes affaires; vous allez me détester pour ma franchise, et vous redirez tout à Jacques qui me détestera encore bien plus; mais, en vérité, je ne veux pas voir une belle fille comme vous, — car vous êtes belle, — gâter et perdre sa vie à plaisir. Retenez bien ceci : vous êtes une épouse peu probable, et vous n'êtes qu'une maîtresse en expectative. M. Jacques est comme le hibou qui avait coupé les pattes aux souris; il vous élève et vous engraisse; je n'aime pas ça.

Foudroyée par ce langage cruel, dans lequel il y avait tant de vrai, et où ce qu'il y avait de faux et de perfide disparaissait sous le tranchant de la forme, Caroline fondit en larmes:

— Oh! de grâce, monsieur, lui dit-elle, ne parlez plus, taisez-vous.

Il se tut en effet pendant quelques secondes, puis quand il vit que le plus fort de la douleur était passé, il recommença:

— Que voulez-vous, je suis un libertin, moi, Jacques n'aura pas manqué de vous le dire; je n'ai ni velours, ni fleurs, ni charme dans les paroles. Ma mère m'a été marâtre; au collége, j'ai vécu avec d'assez mauvais gredins qui me battaient quand ils étaient les plus forts, et qui léchaient mes bottes quand ils étaient les plus faibles; pour m'attendrir le cœur, on m'a, plus tard, mis dans le commerce; c'était un moyen, mais il n'était pas bon; je me suis ennuyé, et, quoiqu'on ne me laissât guère d'argent, me sachant riche, j'ai fait des sottises. Comme dans la haute société on n'a pas encore tout à fait pris l'habitude de boire du punch, de fumer des cigares et de dire des ordures, j'ai fréquenté des cabotins qui, en province, représentent tous les beaux arts, et j'ai soupiré pour des cabotines. Les uns m'ont exploité et ennuyé, les autres m'ont grugé et fatigué; tous se sont moqués de moi. Je vous avoue que cela ne m'a pas prédisposé à une poésie folle. De désespoir, je m'étais rabattu sur les plaisirs de la table, comme on dit. Mais en cela, comme dans le reste, j'ai abusé, je me suis détruit l'estomac, ce qui fait que je suis très-sobre. Il me reste donc beaucoup de dettes, seize heures à dépenser par jour, l'horreur du travail, une certaine estime pour l'eau-de-vie, et le sentiment que ce que je fais et ce que je dis est plat, vilain, ignoble, indigne de moi et des autres.

— Vous vous calomniez, monsieur Arthur; vous êtes bon, généreux : je vous ai vu pleurer au théâtre; je vous ai vu faire l'aumône ; je vous ai vu indigné contre l'injustice.

— Oui, c'est possible, je ne dis pas non ; j'ai des jours où je suis moins méchant, moins aigri, ou plutôt, ajouta-t-il en riant, — moins gris. C'est quand je me suis levé le matin avec cette idée aussi stupide que fixe, que je pourrais refaire ma vie, avoir un bon et solide établissement bourgeois, m'entourer d'honnêtes gens, regarder en face des visages qui ne seraient ni grimés ni fardés, laisser là cette ironie qui me pèse et me fatigue autant qu'elle irrite les autres, et me payer enfin les sentiments naturels dont ma jeunesse a été privée et dont je me prive moi-même en ce moment.

— Mais ne m'avez-vous pas dit que vous aimiez une personne.

— Oui, et ce n'est pas ce qu'il y a de mieux dans mon affaire : d'abord, parce que la personne en question est une femme mariée, et puis ensuite, parce qu'elle demeure à Lyon et que nous sommes obligés de remplacer les entrevues par huit pages d'une prose hebdomadaire. Cet amour est donc à la fois une faute et un ennui de plus dans ma vie. Non, ce qu'il m'aurait fallu pour me tirer de ce bourbier, — autant que dans mon désordre d'idées et de vie je peux savoir ce qu'il me faudrait, — ç'aurait été, ou ce serait quelqu'un de jeune, d'intelligent, d'honnête et surtout d'indulgent, quelqu'un qui serait assez fort pour museler mes vices, assez bon pour avoir pitié, et qui avec mes débris recréerait un homme ; une sœur de charité qui n'aurait ni peur ni dégoût d'un être qui a roulé avec toutes les courtisanes de Paris. Ah ! ça ne serait pas une petite cure, et la femme qui accomplirait en moi cette transformation pourrait se vanter d'avoir fait un fameux miracle. Mais qui diable se souciera d'une pareille tâche ? On me laissera retourner à mon vomissement, et j'y crèverai comme un chien que je suis.

Il regarda Caroline : elle était pensive ; il jugea que pour ce soir-là il en avait dit assez.

— Allons, fit-il en regardant à sa montre, il est onze heures, et nos amis n'ont pas l'air de se presser de rentrer. Comme vous n'êtes pas ma fiancée, je ne veux pas rester trop tard avec vous, ça serait parfaitement innocent, mais ça aurait l'air décolleté.

Caroline se leva, balbutia quelques paroles confuses et, marchant comme une personne qui rêve, le reconduisit la bougie à la main.

A la porte du corridor, il lui prit la main gauche et lui dit d'un ton paterne :

— Oubliez, je vous prie, toutes les sottises que je viens de débiter ; il n'y a pas, dans tout cela, un grain de bon sens. Jacques est un honnête garçon qui tiendra sa promesse, je n'en doute pas. Je n'ai voulu vous faire peur que pour que vous le talonniez un peu, afin d'abréger une situation qui devient vraiment intolérable. — Ah! ah! vous me trouvez bien prude, — fit-il en rencontrant le regard surpris qu'elle attachait sur lui, — il vous semble, n'est-ce pas, qu'un libertin comme moi n'a guère le droit de chapitrer une honnête fille comme vous, une créature séraphique comme M. Jacques ; mais ce dont vous ne vous doutez pas, ma chère enfant, c'est que ma chasteté me vient de mon libertinage ; c'est que nous sommes friands de pudeur comme le gourmet l'est d'une viande simplement apprêtée ; c'est qu'on nous a servi le plaisir sous tant de formes ignobles ou hypocrites, que nous en avons la nausée. Je suis bien délabré, bien entamé au moral et au physique, et cependant, si j'avais une sœur, je voudrais qu'elle vécût enveloppée jusqu'à son mariage dans sa robe de première communion, parce qu'alors je serais sûr qu'il n'y aurait pas une tache sur sa robe de noce : nous avons le flair de ces choses-là, nous autres, tandis que les honnêtes gens qui vivent dans les mansardes, au milieu des chats, des chiens, des puces, fenêtres et portes fermées, ne devinent rien, ne sentent rien avec leurs nez vertueux.

Et sur cette boutade, il descendit rapidement l'escalier.

Les jours qui suivirent cet entretien furent cruels pour Caroline; elle ne comprenait plus rien de ce qui se passait en elle; il y avait des jours où elle méprisait Jacques, et où elle se surprenait à plaindre Arthur, à partager ses souffrances, à se dire que ce serait une noble tâche que de le régénérer; puis elle écartait cette pensée avec horreur, elle rougissait d'avoir été infidèle, même en pensée, à son amour, et elle accablait de ses caresses Jacques, plus inquiet que touché, et qui se demandait anxieusement d'où pouvait venir cette mobilité d'humeur.

Ce désordre moral, ces agitations intérieures réagissaient sur sa santé; souvent elle se plaignait de n'avoir pas dormi; elle mangeait à peine; elle avait un malaise général, des lassitudes, des frissons irréguliers, une grande sensibilité au froid; elle fut deux jours sans sortir, accusant une effroyable courbature, des maux de tête extrêmement violents; enfin, un soir qu'elle était allée travailler dans un magasin qui l'employait ordinairement à domicile, Jacques, en venant la chercher, la trouva assise à moitié évanouie sur un banc du boulevard : ses dents claquaient; elle se plaignait de douleurs terribles dans la poitrine et dans la tête; elle avait mal au cœur et ses jambes ne pouvaient plus la porter. Il eut toutes les peines du monde à la ramener rue de Buffault, et elle se mit au lit immédiatement.

Pour lui, il courut trouver Foulogne, qui était au café du Coq-Gaulois, en train de jouer à l'écarté plusieurs consommations successivement accumulées sur sa tête.

— Qu'est-ce que tu veux? demanda-t-il en voyant Jacques.

— A vous de donner.

— Viens tout de suite, j'ai à te parler.

— A l'instant. — J'en demande ; vous refusez ; très-bien ! Je joue atout.

— Mais je ne puis attendre, Émile?

— Rien qu'une seconde. — Vous jouez ; je marque le roi. Ah ! sacrebleu, vous avez la dame.

— Tu ne veux pas venir?

— Je n'ai plus qu'un point, tu vas voir. — J'en demande. Vous refusez encore, c'est parfait. Atout, atout, atout ; je fais la vole : un point de plus qu'il ne me faut. Vous endossez la consommation, mon cher.

— Est-ce que vous ne me donnez pas ma revanche? demanda le joueur épouvanté de se trouver à la tête de douze demi-tasses et quinze canettes.

— Ah ! par exemple, non, s'écria Jacques.

— Mais, enfin, qu'est-ce qu'il y a donc? demanda Émile indécis.

— Caroline est malade, très-malade ; viens avec moi chercher un médecin.

— Animal, va! il fallait me le dire tout de suite. Que le diable emporte les cartes !

Ils sortirent en courant. On leur indiqua un médecin rue Lamartine ; ils eurent la chance de le rencontrer chez lui et le ramenèrent avec eux.

Il considéra longtemps et attentivement la malade et lui dit doucement :

— Ce n'est rien, mademoiselle, avec un peu de repos et quelques tasses de tilleul, vous en serez quitte dans trois ou quatre jours.

Mais aux deux jeunes gens qui le reconduisirent jusqu'à la porte :

— Messieurs, prenez vos précautions, ceci est très-grave. Mademoiselle est?...

— Ma sœur, dit Émile.

— Eh bien, monsieur, je reviendrai demain matin, à

sept heures, voir comment elle aura passé la nuit. Veillez auprès d'elle; je crains qu'elle n'ait une fièvre typhoïde.

XIV

LES AFFRES DE LA SÉPARATION

C'était bien la fièvre typhoïde. Elle ne fut pas violente, mais elle fut très-longue, et à deux ou trois reprises la convalescence s'interrompit, le mal sembla prêt à renaître.

Pendant les vingt premiers jours, Émile et Jacques veillèrent alternativement et veillèrent seuls auprès de la malade; personne n'entra dans sa chambre.

Mais lorsque le plus grand danger fut passé, lorsque le délire eut cessé et que la malade sortant de son assoupissement, commença à répondre plus longuement et plus promptement aux questions qui lui étaient adressées, Chaisemartin, qui était venu tous les jours pour savoir de ses nouvelles, fut introduit auprès d'elle. Il y resta une heure, revint le lendemain dans la soirée, puis il amena le Critique, et à mesure que reparut la santé, les séances autour du lit se prolongèrent.

Pendant cette maladie, et surtout pendant cette convalescence, deux faits se produisirent qui affligèrent Jacques profondément.

D'abord, ce qui arrive très-souvent dans ces sortes de maladies arriva pour Caroline : son caractère parut complétement modifié et pour ainsi dire transposé. Ce qu'elle aimait avant, elle le prit en grippe, ce qui lui déplaisait lui parut charmant : elle fut affectueuse mais froide avec Jacques, pleine d'expansion avec Chaisemartin, de câlineries avec le Critique.

Le second fait fut la triste nécessité où l'on se trouva de recourir à la bourse de Chaisemartin.

— Vraiment, dit Émile à Jacques, un jour qu'ils étaient à bout d'expédients, je trouve que tu portes trop loin la délicatesse : Arthur est un noble cœur, ce n'est pas nous abaisser que puiser à sa bourse. Nous avons de l'avenir, que diable ! et ce ne sera pas de l'argent de perdu.

Jacques avait toujours fièrement repoussé ce moyen qu'Émile, plusieurs fois déjà, avait mis en avant ; il voulut encore résister.

— Mon cher, répondit Foulogne, si tu n'oses pas t'adresser à lui, je m'y adresserai moi, quoiqu'il soit plus ton ami que le mien et en outre ton camarade ; mais il s'agit de Caroline.

— C'est bien, dit Jacques, je lui parlerai ce soir.

Et la rage dans le cœur, la honte au front, Jacques alla implorer la générosité de Chaisemartin ; celui-ci ne se fit pas prier, et sans que rien en lui trahît la raillerie ou la protection, il offrit plus qu'on ne lui demandait.

Ainsi l'obligation morale s'ajouta à la dette pécuniaire : on ne lui dut pas seulement telle ou telle somme, on lui dut la vie d'une chère et inestimable créature ; il passa ainsi à la fois à l'état de créancier et au grade de bienfaiteur.

Lorsque le mieux prenant définitivement le dessus et s'affermissant chaque jour, il fut question de lever la malade et de la faire sortir, il se trouva qu'elle était grandie et maigrie, et que ses robes ne lui allaient plus.

Le lendemain de cette découverte on apporta de la part de Chaisemartin une pièce de soie marron très-simple d'aspect, mais cependant très-riche.

— Permettez-moi, lui dit-il le soir lorsqu'elle voulut refuser ce cadeau, de vous offrir la robe avec laquelle vous ferez votre première sortie et recommencerez une existence qui, je l'espère, sera complétement nouvelle.

On était alors au mois d'octobre, et le temps était doux : cette heureuse circonstance avait hâté le rétablissement de Caroline, et la voyant assez forte, le médecin lui avait conseillé quelques promenades en voiture au bois de Vincennes et au bois de Boulogne. Ah! comme Jacques eût voulu les faire avec elle seule ces promenades, la tenir doucement appuyée dans ses bras, la tête sur son épaule? Quelle récompense pour ses fatigues! quelle espérance pour ses désirs! Mais le pauvre garçon était dans un dénûment tel, que ce bonheur lui était cruellement interdit. Elle eût voulut prendre un omnibus qu'il n'eût pas même pu satisfaire cette fantaisie ; la bourse seule de Chaisemartin lui était ouverte.

Un dimanche Émile était sorti. On sonne, Jacques va ouvrir : c'était Chaisemartin.

— Caroline est-elle ici?

Il ne disait plus *mademoiselle*.

— Oui.

— Nous venons la chercher: le Critique m'attend en bas dans la voiture.

Il va au fond du couloir et, sans attendre la réponse de Jacques, il frappe à la porte de Caroline.

— Qui est là?

— C'est moi, Chaisemartin, n'ayez pas peur : nous venons vous prendre pour essayer vos forces et étrenner votre robe.

Elle fut promptement habillée quoique bien faible encore ; mais la perspective d'aller au Bois, et d'y aller en voiture, l'avait excitée.

Elle descendit appuyée sur le bras d'Arthur.

Jacques, auquel on n'avait rien dit, les suivait silencieusement et d'instinct.

Lorsqu'ils furent arrivés en bas, Caroline monta la première, et Arthur se retournant vers Jacques :

— Sacrebleu! mon pauvre garçon, comme c'est contrariant, nous n'avons que trois places. A tantôt.

— A tantôt, Jacques, dit Caroline d'une voix gaie, en lui faisant signe de la main.

8

— Allons, continua le Critique, ne perdons pas le temps en vains discours, et levons les glaces, crainte des courants d'air.

— Cocher, au pavillon de Madrid, dans le bois de Boulogne.

Jacques resta immobile, il ne pouvait croire que ce qui se passait devant ses yeux fût une chose réelle : l'écroulement se faisait complet, intense, affreux, sans que rien l'eût annoncé, présagé. C'était fini, ils étaient partis ensemble, lui persifleur, elle souriante. On le comptait pour rien, lui Jacques, qui depuis deux ans lui avait donné sa vie, lui qui l'avait si tendrement soignée, lui qui l'adorait si ardemment : on ne savait s'il était absent ou présent; on le laissait là, sûr de le retrouver au retour. Il n'avait plus à choisir qu'entre une colère qui pouvait lui faire tout perdre, et une complaisance honteuse qui probablement ne lui ferait rien gagner.

Découragé, abruti, ne sachant plus ce qu'il faisait, il remonta l'escalier, et rentra dans l'appartement.

Mais lorsque, dans la chambre de Caroline, il vit les divers objets de sa toilette épars çà et là sur les chaises, il en reçut exactement la même impression que s'il fût entré dans la chambre d'une morte, — d'elle, sa bien-aimée, morte à jamais...

— Oh! oui, se dit-il, je ne me trompe pas, elle est morte, pour moi du moins ; — et il prenait dans ses mains et il embrassait avec transport les vêtements dont elle venait de se dépouiller. — Pauvre chère robe, elle t'a quittée aussi, toi qu'elle portait si gaiement dans nos promenades; toi que la première fois elle fut si heureuse de mettre; elle vint à moi ce jour-là, me consulta, me dit : « Mon Jacques, ai-je bien choisi? Suis-je à ton goût? Est-ce gentil? » Elle t'a rejetée avec dédain, elle a revêtu son insolente robe de soie, et avec elle une nouvelle âme impitoyablement froide.

Il s'assit sur le lit et, les larmes aux yeux, il contempla la place où si longtemps il avait anxieusement regardé, pendant les cruelles veilles de la nuit, cette tête chérie, pâle alors, livide, décolorée.

— Si elle était morte là, dit-il, de sa cruelle maladie, je ne serais pas plus malheureux que maintenant; je la pleurerais avec reconnaissance, avec l'espoir de la retrouver ailleurs, tandis que je la pleure avec honte, avec rage, sans même espérer la retrouver ici-bas. Et tout cela est arrivé d'un coup, en une minute, cela n'était pas il y a une heure. Elle était là, parlant de son ton de voix habituel, me regardant de son même regard, m'appelant son Jacques, et il est venu, il est entré par là. Il regarda le parquet comme si les pas de son rival y eussent laissé des traces. — Elle l'a suivi; oui, oui, je ne suis pas fou, ils sont sortis tous les deux.

Il alla à la porte restée ouverte, regarda dans l'escalier et écouta quelques secondes.

— Partie! partie! s'écria-t-il en éclatant en sanglots; ils sont partis!

Alors il se mit à marcher dans la chambre, croyant toujours la trouver dans la pièce où il n'était pas, toujours foudroyé de ne la point rencontrer, jusqu'à ce que, hébété, endolori, n'y voyant plus, n'en pouvant plus, il se jeta comme une masse sur le tapis de la chambre de Caroline.

Mais cette masse avait conscience; sans trop se préciser son malheur, elle se savait atrocement malheureuse; l'esprit qui se sentait submergé par l'immensité de la douleur, se débattait par instinct de conservation, et bientôt ce corps gisant à terre redevint un homme : Jacques essuya ses larmes, fit effort pour réfléchir, se leva, équilibra ses jambes, affermit son âme.

— Puisqu'elle est morte, dit-il, je mourrai aussi; mais auparavant, sans être vu d'elle, je veux la revoir. Je vais aller aux Champs-Élysées, dans cette confusion de voitures, et au milieu de ces imbéciles qui croient participer au luxe en le voyant passer ; elle ne me reconnaîtra pas : j'emporterai dans mes yeux l'empreinte de son doux visage ; quand il fera nuit, j'irai au bord de la Seine, je me placerai sur la crête du talus, je me donnerai un coup de couteau, et ce sera fini.

Il partit.

Ses yeux plongeaient avidement dans les voitures qui redescendaient vers Paris, mais dans aucune il ne vit Caroline. Il se souvint du pavillon de Madrid et se dirigea de ce côté.

Il alla jusqu'à la porte Maillot et ne vit personne. Il redescendit en explorant toujours les voitures. Arrivé à Passy, il se retourna et rentra dans le bois : il avait perdu tout espoir de la rencontrer, et il marchait emporté seulement par la sauvage satisfaction de se sentir libre, d'aller d'un pas rapide, devant soi, sans s'arrêter, coupant l'air qui, en se rafraîchissant déjà, lui faisait du bien. Il était en plein sous le bois, ne faisant plus même attention aux voitures qui le croisaient ou le dépassaient, quand derrière lui il s'entendit appeler par une voix stridente et moqueuse, — celle de Chaisemartin.

— Je vous dis que c'est lui, criait la voix ; il n'y a que lui au monde pour marcher d'un air aussi tragique.

En entendant cette voix, Jacques s'était retourné et presque immédiatement il avait été rejoint par la voiture d'où elle partait.

— Cocher, arrêtez, cria Chaisemartin qui ouvrit la portière, et se penchant vers Jacques encore tout interdit, continua avec un effarement grotesque :

— Comment, c'est vous, Werther de la mansarde, Réné de l'écritoire? Bon Dieu, quelle mine! Est-ce que vous allez vous tuer? Qu'on le fouille, il doit être bourré de pistolets ; tâtez dans les goussets de son gilet, il y a peut-être du poison en poudre.

Jacques était resté quelques instants immobile, regardant sans bien voir, écoutant sans bien comprendre, tout engourdi qu'il était encore dans sa poignante méditation. Mais, à ce dernier mot, un frisson de colère secoua sa torpeur; il regarda Chaisemartin en face et franchit les quelques pas qui le séparaient de la voiture.

Et pendant ce temps, comme s'il ne s'apercevait de rien, Chaisemartin continuait joyeusement :

— Allons, montez, jeune homme triste et lugubre; vous en êtes venu à vos fins, qui étaient de vous empiler contre nos personnes sacrées. Vous auriez mieux fait de le dire quand nous sommes partis, vous vous seriez moins crotté.

Jacques était arrivé depuis deux ou trois secondes contre la voiture, et, pâle, livide, effrayant, il dévorait Arthur des yeux.

Il y eut un moment de silence que l'attitude de Jacques rendit terrible.

Aussi Caroline, comme si elle eût pressenti ce qui allait arriver, se pencha vers la portière en écartant Chaisemartin et tendant la main à Jacques.

— Allons, dit-elle d'une voix douce, montez avec nous.

Il la regarda et il lui sembla lire, dans ces yeux qu'il croyait ne plus revoir, de la tendresse, de la prière et même de l'amour. Il fit quelques pas en arrière comme pour s'enfuir, puis, ayant encore rencontré les yeux suppliants de Caroline, il s'arrêta de nouveau.

— Eh bien! montez donc, fit à son tour le Critique, d'un ton presque affectueux.

Une minute de plus, et il allait être ridicule ou fou de fureur, il le comprit.

— Oui, se dit-il, souffrons jusqu'à la fin, et voyons si elle me laissera insulter, et jusqu'où.

Il monta, et, sans dire un seul mot, il se blottit dans un coin, ayant en face de lui Caroline qui ne le quittait pas du regard.

Il resta ainsi en apparence insensible, mais après la crise dont il venait de traverser le paroxysme, il avait les traits bouleversés, les yeux boursouflés et rouges.

— Je vous prends à témoin qu'il a pleuré, dit Arthur, continuant ses railleries, qu'il lui semblait impossible d'interrompre sans paraître avoir peur. Ah! que c'est beau! Hé bien, Critique, vous le voyez, il y a encore dans notre France chérie des jeunes gens qui pleurent.... parce qu'ils ne vont pas en voiture avec les grandes personnes. Savez-vous pourquoi Jacques se mariera, s'il renonce un jour à l'état sacro-saint de fiancé, qu'il affectionne particulièrement, ce sera pour aller en voiture de chez lui à la mairie, de la mairie à l'église, et de l'église chez lui. Vingt ans de sa vie pour deux heures de voiture!

— Mon royaume pour un cheval! dit le Critique; c'est Shakspearien.

— Oui, le cheval de sa voiture, continua Chaise-martin.

Caroline ne put s'empêcher de sourire; elle n'avait plus le courage de sa compassion : Jacques une fois encore était sacrifié.

Jusqu'à la place de la Concorde, ce fut sur le pauvre garçon une pluie de quolibets, une grêle de drôleries. En passant en face de la Madeleine, Arthur comme subitement inspiré se frappa le front :

— N'avez-vous pas remarqué, s'écria-t-il, que Jacques devient effrayamment maigre.

— Il y a, dit le Critique, un degré de maigreur qui est scandaleux.

— Je crois que Jacques mange trop peu, ou qu'emporté par ses hautes idées, il mange mal, et digère plus mal encore, d'où cette maigreur scandaleuse, comme dit le Critique, et qui fait l'objet de ma sollicitude : c'est pourquoi je vous invite tous, à l'intention de Jacques, à un festin de première classe chez Bonnefoi. On y enseignera à ce jeune homme l'art de se consoler..... d'une promenade manquée par la nourriture et la boisson.

— Je crains, dit Caroline qui sentit tout ce qu'il y avait d'atrocement cruel dans cette invitation, qu'Émile en rentrant ne soit surpris de ne pas nous voir; et d'ailleurs pour moi-même je suis encore bien faible.

— Prétexte frivole! dit Chaisemartin. Émile n'est jamais surpris, il ira dîner au Coq-Gaulois, sans s'inquiéter de nous. Quant à vous, Altesse, on vous mettra dans du coton; vous n'aurez ni trop chaud ni trop froid; on reprendra une voiture pour s'en aller, ce qui fera grand plaisir à Jacques, et comme il paraît ignorer ce que c'est qu'un dîner, il pourra au moins, une fois dans sa vie, s'édifier à ce sujet. Si vous avez quelque amitié pour lui, ne le privez pas de ces deux bonheurs.

Jacques souffrait horriblement, et cependant il se laissa faire : la rage, la fatigue, l'apathie, la pusillanimité, le prétexte qu'il se donnait de voir jusqu'où iraient les insultes d'Arthur sans blesser Caroline, s'emparaient de lui tour à tour; mais surtout, ce qui le domina et le dompta irrésistiblement, ce fut la lâche pensée de ne pas se séparer de Caroline une seconde fois, ce fut l'horrible crainte que peut-être il ne la verrait bientôt plus.

Il savait tout ce qu'il allait endurer pendant ce dîner, et cependant il y alla, et jusqu'au bout il accepta son supplice; il ne cherchait plus d'excuse à sa lâcheté, il se savait lâche, et il n'en souffrait pas : devant son amour menacé, tout disparaissait, son caractère, sa dignité, son honneur!

Lorsque vers dix heures on rentra rue de Buffault, il avait passé par des sensations si extrêmes, si intenses, qu'il se croyait incapable d'éprouver aucune surprise, et néanmoins il fut bien étonné, ainsi que ses compagnons, en voyant Foulogne leur présenter une longue créature qui tenait le milieu entre l'homme et le peuplier.

Chaisemartin, qui était habituellement insolent, et qui

l'était infiniment après dîner, toisa ce roseau humain, et dit à Émile :

— Ah ça, mon cher, où avez-vous donc pêché ce nouveau commensal ?

— C'est mon cousin, le brigadier Ledanois, répondit Foulogne.

— Depuis quand le connaissez-vous ?

— Depuis tantôt.

— Et comment, s'il vous plaît ?

— Je n'en sais trop rien moi-même.

Émile alors s'engagea dans de longues explications.

Comme il rentrait une heure après le départ de Jacques, le concierge l'avait appelé :

— Monsieur Foulogne, il y a là, dans ma loge, un de vos parents qui vous attend.

Émile regarda le parent, le parent regarda Émile, ils ne s'étaient jamais vus, ils ne se ressemblaient pas, ils ne se connaissaient pas. Le parent était très-long et revêtu d'une souquenille verte qu'il appelait un twine, et qui, quoique longue, paraissait courte à cause de l'infinité des jambes ; il avait une espèce de sombrero gris que les ans et les voyages avaient déformé ; mais ce qui frappa le plus Émile, ce furent d'ignobles savates éculées et vertes comme le twine, dans lesquelles nageaient les pieds de son cousin.

— D'où venez-vous donc ? s'écria-t-il.

— De Rome, mon cousin.

Instinctivement Émile regarda les savates.

— Ah ! dit doucement le brigadier, en coulant modestement ses yeux jusqu'à l'extrémité de son individu, c'est une longue histoire.

— Allons, montons chez moi et asseyons-nous.

Comme, vers six heures, le nouveau parent, qui parlait depuis trois heures, n'en était qu'à établir sa filiation avec les Foulogne par les femmes...

— Votre histoire m'intéresse, interrompit Émile, mais

il y a longtemps que vous parlez, vous devez avoir soif, venez dîner.

— Est-ce loin? demanda le brigadier en regardant ses savates.

Émile comprit.

— Je vous offrirais volontiers des souliers, dit-il, mais en été je n'en ai d'habitude qu'une paire.

— Cependant...

— Soyez sans crainte, c'est tout près d'ici, dans un établissement où mes opinions et mon caractère m'ont acquis quelque estime; je dirai que vous êtes blessé.

Lorsque Émile eut raconté cette histoire assez singulière, Chaisemartin, cessant de rire et devenant assez brusque :

— J'espère, dit-il, que vous n'allez pas prendre ce lézard là en pension : il me paraît un animal à sang froid, mais il y a assez d'hommes ici; si on y introduit un brigadier, ce sera une caserne, ou tout au moins un poste.

— Soyez tranquille, demain il partira; seulement pour ce soir on va lui faire un lit par terre, il doit être fatigué.

— Je crois bien, dit le Critique, s'il est venu à pied de Rome.

— C'est dans cet itinéraire mémorable, ajouta Arthur, que ses bottes, par un phénomène connu en physique sous le nom d'usure, se sont transformées en savates.

Et ils s'en allèrent en riant.

— Caroline, j'ai à te parler, dit Jacques au moment où elle entrait dans sa chambre.

— Est-ce que tu vas me faire une scène, ami? Dépêche-toi alors, j'ai bien sommeil.

— Je n'ai pas de scène à te faire; je veux seulement te poser deux questions : Quel jour veux-tu que je m'en aille? Et à quand ta noce avec Chaisemartin?

Elle lui répondit d'un ton très-doux, mais très-ferme, en regardant la pointe de ses pieds :

— Je te croyais assez puni de ta sotte jalousie par les railleries de ces messieurs; il paraît que je me suis trompée. Eh bien, mon cher, je suis malade, je suis faible, je ne puis pas vivre au milieu des bouderies et des violences; si tu n'es pas disposé à changer, dis-le-moi, je préviendrai Émile, je le prierai de faire respecter sa sœur. A force de douter de mon amour, tu finis par m'en faire douter moi-même. Je t'épouserai parce que tu as ma parole et que je suis une femme d'honneur, mais prends garde que je ne fasse par devoir ce que j'aurais fait par passion.

Elle parlait ainsi tenant la porte entre-bâillée d'une main et de l'autre se soutenant au châssis; mais alors elle se redressa, et fixant sur Jacques des yeux sévères depuis la première fois qu'ils se connaissaient :

— Tu es bien mal avisé de toucher, fût-ce du bout du doigt, à notre situation réciproque; tu nous as mis dans une impasse, tu as fait de moi une créature sans nom, sans avenir, une espèce de fille que tu décores d'un nom pompeux; tu dis toujours que tu veux m'épouser, que tu crains de me perdre; hé bien, fais comme moi, travaille. Le jour, — je ne dis pas où tu gagneras de l'argent, — mais le jour où tu m'apporteras la preuve que tu as un état, quelque chose de fixe, de solide, de sérieux, ce jour-là je mettrai avec joie ma main dans la tienne, parce que je ne serai plus cette fiancée dont le monde ricane, mais ta femme légitime que tu pourras faire respecter.

En disant cela, elle fit un pas en arrière, et sans un mot, sans un geste d'adieu, avant que Jacques, abasourdi, eût trouvé une parole, elle poussa la porte, et, rapidement, elle tourna la clef dans la serrure.

XV

LES PAROLES DU SPHINX

La nuit fut, pour Jacques, terrible à passer.

Ainsi, Caroline l'avait laissé insulter sans le défendre, elle l'avait vu souffrir sans le consoler, et même, au lieu de se disculper, au lieu d'avouer sa faute, elle l'avait encore aggravée, et la dernière pierre, la plus lourde, la plus écrasante, c'était elle qui, comme coup de grâce, l'avait lancée.

Ainsi, elle ne l'aimait plus; c'était bien fini; et déjà, sans doute, elle aimait Arthur; car, sans ce nouvel amour, est-ce qu'elle eût pu se montrer si dure et si impitoyable, elle d'ordinaire si tendre et si généreuse?

Ainsi, il avait brisé les espérances de sa mère, abandonné sa famille, compromis son avenir; il s'était jeté dans une vie d'aventures et de honteux expédients, il avait abaissé son caractère, fait de sa dignité litière à sa passion; lui autrefois si fièrement chatouilleux, il avait supporté les railleries du Critique et de Chaisemartin, et s'humiliant avec une gaieté forcée devant eux, il avait chaque soir étouffé de honte devant lui-même, — pour se voir maintenant délaissé, trahi, bafoué.

Ah! pendant qu'il en était temps encore, avant que l'habitude de la lâcheté volontaire ne l'eût rendu lâche tout à fait, il fallait s'arracher à cette vie de souffrance et de tromperie, il fallait rompre, il fallait fuir.

Et dans son étroite chambre, agitant ces pensées, il marchait fiévreusement: ce retour sur ce qu'il avait enduré l'indignait contre Caroline, et l'indignait encore plus contre lui-même.

Oui, oui, il fallait rompre, il voulait rompre. Longtemps il se répéta ces paroles, comme pour s'habituer un peu à la terrible idée qu'elles exprimaient; puis, après bien des hésitations, bien des larmes, bien des colères, se croyant solidement affermi dans sa résolution, il voulut tout de suite prévenir Caroline, et il se mit à sa table pour lui écrire.

Toutes ses humiliations, tous ses sacrifices, il les rappela avec une douloureuse complaisance; mais, en évoquant ainsi le passé dans ce qu'il avait de poignant, il l'évoquait aussi dans ce qu'il avait d'enchanteur : joies et souffrances se présentaient en même temps et luttaient ensemble. Contre les irrésistibles frissonnements des heureux souvenirs, que pouvaient les blessures cicatrisées des tristes heures? Alors, les larmes lui montaient aux yeux; il s'arrêtait le cœur gonflé, il revivait dans les jours écoulés; elle était souriante, affectueuse, pleine de tendresse et d'amour; il la revoyait dans leurs soirées au coin du feu, dans leurs promenades à Fontenay, dans leur paradis des bois de Crillon. Où retrouverait-il jamais une femme qui eût une telle grâce et une telle beauté? Où retrouverait-il jamais des promenades qui eussent un pareil charme, une pareille poésie? Contre cette magie vertigineuse cependant, il tâchait de réagir; dans tous ses souvenirs, il s'efforçait de faire un choix partial, cherchant les mauvais, repoussant les bons; mais, plus d'une fois le courage lui manqua, les hésitations lui revinrent, bien souvent il s'interrompit; pendant de longues heures, il resta la tête plongée entre ses mains, partagé entre la colère et l'amour, et il n'avait point encore fini sa lettre quand les bruits de la rue lui annoncèrent que le jour allait bientôt paraître.

Mais le matin a des faiblesses et des défaillances qui lui sont propres, et il apporte avec lui de vagues tristesses, mêlées à de vivaces espérances, qui ébranlent toujours et modifient souvent les déterminations du soir ou de la nuit. Jacques était à bout de force, frissonnant de fièvre, anéanti de désespoir, et les choses matérielles en même temps commençaient, sans qu'il pût trop savoir pourquoi, à lui paraître plus inquiétantes, plus lugubres : l'aube qui, triste et grise, blanchissait la fenêtre, la lampe qui, épuisée d'huile, donnait une lumière jaune et fumeuse, le froid qui devenait humide et pénétrant ; ces influences sur lui s'abattirent lourdement. Il se sentit plus indécis, plus effrayé, plus malheureux encore. Il touchait au moment de l'exécution ; il allait partir, il ne la verrait plus ; tout serait fini. A la place de sa résolution, il ne trouvait plus en lui que d'étouffantes angoisses.

Pour s'exciter, il relut sa lettre. Elle ne l'affermit point ; elle l'affaiblit et l'attendrit encore plus. Elle lui sembla injuste. Il avait été aveugle ; non Caroline n'était pas, ne pouvait pas être aussi coupable. Cette lettre était stupide et lâchement cruelle. Et, avec la même ardeur qu'il avait mise à entasser les griefs, il tâcha de grouper et de lier des excuses concluantes : excuses pour ce qu'avait fait Caroline, excuses pour ce qu'il se sentait prêt à faire lui-même. Elle était malade, il avait été un fou de ne pas le comprendre ; il serait maintenant au moins un maladroit de vouloir rompre. Chaisemartin, seul, avait tout fait, fallait-il lui céder la place ? Pourquoi ne pas aller jusqu'à la fin ? Elle avait parlé d'un état, pourquoi n'en pas essayer ? N'était-ce pas une preuve d'amour que cette tentative ? Que demander de plus que cette affectueuse prévision de l'avenir ?

Ainsi lancé dans cet ordre d'idées, il en vint à trouver la conduite de Caroline presque naturelle, à l'innocenter, en rejetant sa dureté sur la maladie. Il brûla sa lettre qui, maintenant, lui faisait horreur, et ne songea plus qu'à réaliser le moyen qu'elle lui avait indiqué. Mais là, précisément, était la difficulté ; que faire ? Il n'était bon qu'à être homme de lettres, il le sentait, il le voyait.

Cependant, à force de chercher dans les métiers qui touchaient le plus près à la littérature, il en vint à penser à la typographie.

Il n'avait jamais vu l'intérieur d'une imprimerie et son excessive maladresse eût dû le détourner de concevoir un pareil dessein; mais, en ce moment, il ne raisonnait pas; on lui avait indiqué une issue et il s'y engageait follement, sans savoir quel serait le résultat de sa témérité.

En traversant le passage du Caire, sur la devanture de presque toutes les boutiques, il avait lu le mot *Imprimerie*, et il en avait conclu que le quartier général de la typographie était situé là; il y alla donc tout d'abord. Avant d'entrer, il regarda par les vitres; l'aspect des presses lithographiques, la force qui lui parut nécessaire pour mettre ces machines en mouvement, la rude physionomie des ouvriers l'effrayèrent tellement qu'il n'osa point s'y risquer.

Il alla dans la rue Saint-Denis, la traversa, et au-dessus d'une porte cintrée assez basse qui ouvrait sur une allée ou une rue, il lut ces mots : *Cour des Bleus;* machinalement il entra.

C'était une agglomération de maisons, au milieu desquelles circulaient plutôt des ruelles que des rues; ces étroites voies étaient encombrées ou de meubles hors de service ou d'ustensiles de ménage qu'on n'avait pu mettre ailleurs, ou d'objets qui frappaient les yeux de Jacques pour la première fois et qui, par leur étrangeté, leur noirceur et leur odeur d'encre lui parurent devoir relever de la typographie. Dans la maison qui avait la devanture la plus encombrée il entra, et par un escalier roide et droit comme une échelle, il monta au premier étage. Il se trouva face à face avec un bonhomme sec, grand et râpé qui avait plutôt l'air d'un usurier que d'un imprimeur.

— Vous êtes imprimeur, monsieur ? demanda Jacques.

— Certainement, répondit le grand bonhomme choqué de la question.

— Eh bien! monsieur, je voudrais l'être aussi.

Le grand homme parut assez surpris d'une demande aussi saugrenue.

— Vous voulez acheter un brevet, dit-il ?

— Non, monsieur, je suis plus modeste, je voudrais être ouvrier.

Le grand homme eut l'air de se dire : « Qu'est-ce que ça me fait, » et il commenta aussitôt cet air :

— On n'est pas ouvrier sans être apprenti ; avez-vous travaillé quelque part, savez-vous quelque chose du métier ?

— Non, je voulais vous demander si d'abord c'était bien difficile, et ensuite si vous pourriez m'employer parmi vos ouvriers.

— Je n'ai pas d'ouvriers et ne fais pas travailler ; j'ai des rapports avec les imprimeries, mais je n'imprime pas. Quant à vous expliquer le métier, je n'ai pas le temps ; c'est trop long ; mais je vous conseille de ne pas aller dans beaucoup d'établissements vous proposer comme vous venez de le faire, vous auriez peu de chances d'être accepté.

Jacques s'en retourna, fort désappointé, rue de Buffault.

— Il paraît, se disait-il en marchant, qu'on n'entre pas facilement dans la typographie. Ne pas me présenter ainsi ; comment diable veut-il que je me présente ? Je ne peux pourtant pas dire que je sais parfaitement le métier, quand je ne me doute même pas comment ça se fait.

A mesure qu'il approchait de la maison la honte le serrait à la gorge ; rentrer sans résultat, sans espérance, c'était mal débuter.

Il était arrivé jusqu'à sa porte, lorsqu'en levant les yeux il remarqua qu'une des boutiques d'à côté était précisément occupée par une imprimerie.

— J'ai peut-être été chercher bien loin ce que j'avais sous la main, se dit-il.

Et sans se donner le temps de la réflexion il entra.

Une petite femme grassouillette, à l'œil vif et provoquant, marchant en développant sa poitrine, qui tremblait dans son corsage bien serré, vint au devant de lui avec un air souriant.

— Que désire monsieur? Nous faisons les morts en deux heures et les mariages aussi.

— C'est en effet pour mon mariage que je viens, pensa Jacques, mais il ne se fera pas en deux heures.

Quoique cela lui coûtât beaucoup, il renouvela exactement, dans les mêmes termes, l'aveu qu'il avait fait au grand bonhomme de la Cour des Bleus.

La petite femme l'écouta attentivement, en le regardant avec douceur et intérêt, et quand il eut fini :

— Pauvre jeune monsieur, dit-elle, je comprends, vous voudriez être compositeur?

— Je crois? répondit Jacques ; enfin, dit-il, en ouvrant un livre qui était là, et en essayant de se faire comprendre comme un Anglais perdu dans les rues de Paris ; je voudrais être de ceux qui font ça, — il montra la page, de ceux qui mettent ça sur le papier.

— Pauvre monsieur, il n'en sait pas le premier mot ; je vous emploierais avec plaisir, — continua-t-elle en lui lançant de ses petits yeux humides et noirs un regard ému, — mais nous n'avons pas de compositeurs, nous autres.

— Oh! je ne tiens pas à être compositeur ; si vous voulez m'employer à autre chose...

— Je le voudrais, interrompit le regard de la petite femme.

— Ça m'est bien égal, continua Jacques, pourvu que je sois dans l'imprimerie.

— Vous êtes bien faible pour être pressier.

— Mais je ne tiens pas à être pressier.

— Tenez, fit-elle avec douceur, si mon mari était là, il

vous expliquerait ça plus en détail; mais nous sommes lithographes et c'est dans la typographie que vous voulez entrer.

— Décidément, se dit Jacques en sortant, je n'ai pas de bonheur; je ne me doutais pas ce matin qu'il y avait des imprimeurs qui n'imprimaient pas, et d'autres qui ne prenaient pas d'ouvriers; enfin, à la grâce de Dieu, j'irai demain dans ce que cette brave petite femme appelle une typographie.

Il était si honteux que, n'osant rentrer et affronter le regard de Caroline, il se réfugia au *Coq-Gaulois*, où il conta tous ses chagrins à la maîtresse de la maison.

— Écoutez-moi, lui dit-elle, et ne vous désespérez pas; vous savez bien ce libraire qui vient tous les soirs avec son associé, ce libraire qui a un si grand nez et qui est si insolent avec tout le monde et si plat avec le *Critique*, eh bien, il fait imprimer, il doit avoir des relations dans ce monde-là, je lui parlerai de vous.

En effet, lorsque les deux associés entrèrent, elle alla les trouver, et, quand ils furent bien disposés, elle fit signe à Jacques de venir les rejoindre.

— Vous savez qu'on ne gagne rien, lui dit le libraire, qu'on fait au moins deux ans d'apprentissage, qu'on se tient debout toute la journée, et que l'odeur du caractère rend souvent malade.

— Pour mon premier état, pensa Jacques, j'ai diablement mal choisi.

Mais son parti était pris d'aller jusqu'au bout.

— Je le sais, dit-il, comme aurait pu le faire un vétéran de chez Didot ou de chez Claye.

— Eh bien, trouvez-vous ici demain à huit heures, je vous conduirai à notre imprimerie, s'il y a un coin de libre on vous le donnera; je ne vous réponds pas que vous serez très-bien; c'est un établissement où il y a des canards, il faut marcher promptement.

Ces singuliers mots : canards, lithographie, typographie dansaient dans la tête de Jacques ; mais l'épouvante que lui inspirait cette nouvelle sphère où il allait entrer était dominée par la joie de pouvoir dire à Caroline :

— Je travaillerai demain.

Lorsqu'il rentra, Émile, Caroline et Chaisemartin étaient autour du feu ; il se mit à chantonner en allant et venant superbement.

— Jacques chante, dit Arthur ; hélas ! est-ce le chant du cygne ?

— Non, répondit-il en souriant tristement, c'est le chant du travailleur : j'entre demain dans une imprimerie.

— Vraiment ! dit Caroline en le regardant avec tendresse.

— Alors, demain sera une grande journée pour tout le monde, continua Chaisemartin, car tout le monde entre quelque part : Émile fait un voyage pour notre maison ; Caroline rentre dans un magasin, d'où cependant elle reviendra le soir ; et j'espère que nous finirons par faire entrer le brigadier dans des souliers pour qu'il s'en aille... Tiens, où est-il donc passé ?

— Il se repose.

— Et ses savates aussi, chanta Arthur sur l'air de Malborough... En voilà qui feraient pâlir le Juif-Errant. Mais est-ce qu'il n'a fait que ça toute la journée, votre lézard ?

— Ah ! pour ça, non, dit Caroline ; cette bonne soupe aux choux, c'est lui qui l'a cuisinée.

— Nous en ferons notre chef, s'écria Chaisemartin, demain je lui apporterai un bonnet de coton. Eh bien ! Jacques, continua-t-il, en se tournant vers celui-ci —voilà un gredin ou un niais, qui n'est ici que depuis hier, et il a inventé, pour se rendre utile, une chose à laquelle vous n'avez jamais songé. Ah ! si vous aviez su faire la soupe aux choux, mon cher ! mais trop de littérature, voilà le mal.

Les jours suivants la maison fut bien triste : tout le monde, sauf Émile, qui était en voyage, ne se retrouvait que le soir : Jacques était à son imprimerie où il apprenait sa casse; Caroline était à son magasin; Chaisemartin et le Critique étaient au café; le brigadier seul, « pris par les pattes, » comme disait Arthur, restait toute la journée, accoudé au balcon, perdu dans des méditations sans fin.

Quand on lui demandait pourquoi il ne cherchait pas à se placer, il se contentait de répondre modestement :

— Oh! un homme en savates n'inspirerait pas de confiance.

Ces savates étaient devenues un texte de plaisanteries habituelles : c'était la seule gaieté de cette maison désolée où fermentaient sourdement tant de passions contraires; c'était en quelque sorte le terrain neutre sur lequel chacun se donnait rendez-vous.

On s'était habitué à cet esclave vert, qui parlait doucement, qui glissait sur le parquet sans faire le moindre bruit; il obéissait au Critique, allait lui chercher tous les soirs sa demi-bouteille d'eau-de-vie cachetée, ses *prençados* ou ses *regalias*, et, comme disait Arthur, il rapportait la monnaie; il obéissait à celui-ci devant lequel, d'ailleurs, il tremblait; il était doux et complaisant avec Jacques et d'une docilité fanatique avec Caroline.

Quand le cercle était formé le soir, toutes les chaises étant souvent occupées, il se posait sur un tabouret, et il trouvait encore moyen d'être trop long; il s'enfonçait dans l'ombre, fumait modestement les cigares qu'on lui donnait pour sa commission; puis, à un certain moment, il se sentait pris d'un sommeil invincible; on le voyait glisser le long des murs, et le Critique disait :

— Il est dix heures, les lézards rentrent.

Mais qui peut sonder le cœur des hommes? Sous cette humble souquenille battait une âme ardente, et comme le disait Chaisemartin :

Pour traîner la savate on n'en est pas moins homme.

Ledanois était épris d'un amour très-violent pour Caroline. Il ne lui en avait jamais rien dit, et il est probable qu'on n'en aurait jamais rien su, si un soir que pour une bévue elle l'avait un peu grondé, Jacques en rentrant n'avait entendu partir des sanglots de la pièce qui donnait sur la rue. Il y entra par une porte en même temps que Caroline y entrait par l'autre.

C'était le brigadier qui faisait ce bruit; appuyé sur la table du secrétaire, assis de travers sur une chaise, la tête dans ses mains, les jambes allongées, il sanglotait lamentablement, et ses jambes avaient des convulsions grotesques.

— Regarde-le, dit Jacques à Caroline, comme il pleure avec ses jambes.

— Qu'avez-vous, mon pauvre garçon? demanda Caroline.

Il la regarda hébété, ne répondit pas, se leva brusquement et s'enfuit dans la cuisine.

— Suis-le, dit-elle à Jacques, et tâche de le calmer.

Ledanois s'était mis la tête dans le fourneau, où il hurlait en faisant voler un tourbillon de cendres.

— Ah! que je l'aime! ah! que je l'aime! criait-il.

— Mais qu'est-ce que vous avez? demandait Jacques; qu'est-ce que vous aimez?

— Elle, ma cousine.

— Quelle cousine?

— Mademoiselle Foulogne.

— Lui aussi! fit Jacques; le malheureux! il ne manquait plus que ça.

Et moitié colère, moitié riant, il alla se coucher, laissant le brigadier, qui beugla encore une heure :

— Ah! que je l'aime! ah! que je l'aime!

Lorsque Jacques raconta les amours du brigadier, ce fut un rire général; seul, Chaisemartin ne rit point.

— Tant que cet animal n'a tenu que de la place, dit-il,

on a pu le tolérer; il devient nuisible, il faut s'en défaire; on lui donnera des bottes.

Le lendemain, ces bottes arrivèrent, mais ce fut sous une forme tout à fait imprévue.

Un des anciens amis de Foulogne, un des fameux étudiants, Pyrou, qui était retourné en province, écrivit qu'il viendrait passer deux ou trois jours à Paris, pour subir un dernier examen, et qu'il comptait déjeuner rue de Buffault.

Quoique Émile fût en voyage, on se prépara à recevoir dignement Pyrou, et tout le monde se réunit pour son arrivée.

Au jour dit, il fit son entrée tout flambant neuf, non en costume de voyage, mais en toilette de visite; il avait surtout des bottes vernies admirablement luisantes.

En les voyant ces bottes merveilleuses, le pauvre brigadier poussa un soupir d'envie; mais bientôt il ressentit une joie naïve lorsqu'il entendit Pyrou se plaindre, gémir de la gêne que lui causaient ces bottes, gesticuler en grimaçant, puis finalement s'écrier d'une voix piteuse:

— Est-ce que vous n'auriez pas des savates ici? Je suis bien honteux, mais vraiment...

— Nous en avons de fameuses, dit Chaisemartin, elles viennent de Rome.

Puis, se levant, il alla dans la cuisine.

— Ledanois, dit-il, vous allez donner vos savates à ce monsieur.

— Et moi, je ne peux pas marcher complétement nu-pieds, cependant.

— Je le sais, quoiqu'un homme qui est venu de Rome avec des savates trouées ne doive pas être bien difficile. Mais j'ai une proposition à vous faire. Vous devez comprendre, brigadier, que nous en avons tous assez de vous ici; vous nous avez toujours promis que si par fraude, dol ou crime, vous vous procuriez des bottes, vous fileriez promptement. Eh bien! voici des bottes qui arrivent de Caen à votre intention; elles sont un peu petites, c'est vrai, mais en revanche, elles sont vernies. Nous allons garder ce monsieur deux heures dans vos savates; vous, entrez dans ses bottes, faites vos courses, et bonne chance!

Le déjeuner fut très-gai, on le fit durer le plus longtemps qu'il fut possible, et chacun, prévenu par Chaisemartin, apporta son contingent de plaisanteries : le Critique entama des dissertations à perte de vue et fut religieusement écouté par Pyrou, qui ne comprenait pas, mais qui admirait le grand homme; Jacques raconta toutes les anecdotes qu'il savait, et Arthur fit les calembours les plus monstrueux. Cependant les deux heures s'écoulèrent et le brigadier ne revint pas.

Pyrou commença à parler des visites qu'il avait à faire, et il annonça en même temps son intention d'offrir le café.

— Pourquoi sortir? dit Chaisemartin en saisissant au vol cette proposition; si vous m'en croyez, nous ferons venir le café ici.

Le café monta. Quand il fut épuisé, le Critique, qui avait quelques louis dans sa poche, fit venir deux demi-bouteilles cachetées.

Pyrou but et fuma; puis lorsqu'il eut entendu une longue comparaison que fit le Critique entre Ponsard et Casimir Delavigne, et qu'il termina en les déclarant tous les deux idiots, il se sentit la tête lourde, et demanda à se mettre un quart d'heure sur un canapé.

— Oui, dormez, lui dit-on en chœur, ça vous fera du bien.

Il dormit jusqu'à six heures, et, lorsqu'il se réveilla, le brigadier n'était pas revenu.

— Le misérable se sera enfui dans les bottes, disait Arthur.

— Non, répondait le Critique, le misérable était habitué

aux savates, il en aura racheté avec le produit des bottes, et il sera retourné à Rome.

— Nous ne pouvons pourtant pas toujours garder Pyrou.

— Pourquoi pas? il a l'air bonasse; il mettra les savates, et on pourra peut-être lui apprendre à faire la soupe aux choux.

— Il n'aura jamais le prestige du brigadier.

— Pourquoi donc?

— Il n'a pas le twine.

On mit la table; Pyrou voulait partir; mais cette vue le dompta. On traîna la soirée aussi longtemps que l'on put. Enfin, vers onze heures, on entendit sonner.

Chaisemartin alla ouvrir. C'était le brigadier; mais dans quel état, bon Dieu! Il était ruisselant de sueur et se soutenait avec peine sur ses pieds. Il se laissa tomber sur une chaise dans la cuisine et se mit à geindre.

— Où souffrez-vous?

Avec ses mains il indiqua les bottes. Chaisemartin se baissa pour les examiner : sur plusieurs points, elles paraissaient s'être ouvertes.

— Mais, malheureux, on vous a confié ce meuble tout neuf, et vous le rendez délabré. Allons, défaites vite ces bottes.

Le brigadier poussa un soupir et hocha la tête.

— Est-ce qu'il ne veut pas les rendre? demanda Jacques en survenant.

Le brigadier, sans répondre, tendit ses longues jambes à ses interrogateurs.

— C'est clair, dit Arthur, il nous offre de le déchausser; c'est humiliant. Vous ne pouvez donc pas les ôter vous-même?

— Non, il me semble qu'elles sont collées à mes pieds.

— Allons, Jacques, résignons-nous à ce métier de décrotteur.

Ce fut alors un mélange d'efforts, de soupirs, de jurons, de larmes.

— Elles viendront.

— Elles ne viendront pas, ou les jambes viendront avec.

A chaque nouvelle secousse le brigadier poussait des ah! là, là, qui retentissaient jusque dans la salle à manger.

Le Critique comprit la nécessité de couvrir ces cris, et il objurgua vivement l'infortuné Pyrou sur ses tendances romantiques; mais celui-ci n'écoutait pas; il prêtait l'oreille aux clameurs qui venaient de la cuisine.

— Je crois, dit-il, qu'on se bat là-bas.

— Non, ce n'est rien, ce sont ces messieurs qui font du thé.

Enfin, Chaisemartin et Jacques rentrèrent. On aurait juré, en effet, qu'il y avait eu bataille : ils avaient des taches de boue jusqu'au collet de leur habit.

— Est-ce fait, mes enfants? demanda le Critique.

— Oui, mais quel travail!

On eut donc la douce satisfaction, à minuit, lorsque Pyrou déclara qu'il allait se retirer, de pouvoir lui offrir ses bottes.

Il était, par bonheur, dans une situation à ne pas s'apercevoir du désastre.

Quand il fut parti :

— Et le brigadier? demanda le Critique.

— Il a les pieds enflés, comme feu Œdipe.

— J'ai peur qu'il ne puisse plus remettre même ses savates.

Deux ou trois jours après cette scène, il les remit cependant, et disparut. Il entra comme lecteur chez une vieille dame, à Montreuil-aux-Pêches.

La maison se dépeuplait rapidement; Jacques sentit que, s'il ne prenait une résolution énergique, il serait peut-être bientôt forcé d'imiter le pauvre brigadier.

Caroline, depuis ces derniers temps, cachait à peine sa

froideur et son éloignement pour lui ; elle n'avait d'attentions, de soins, de prévenances que pour Chaisemartin.

Elle ne lui avait su aucun gré de la docilité avec laquelle il avait obéi à ses vouloirs, et du sacrifice qu'il lui avait fait en surmontant assez sa timidité, pour vivre au milieu d'un monde qui n'était pas le sien, et où il paraissait aussi étrange qu'il s'y trouvait lui-même étranger.

Il était bien évident qu'à dix, vingt, trente reprises, Arthur était revenu sur les données de son premier entretien ; que peu à peu il s'était présenté comme un remplaçant possible, dans le cas où Jacques serait repoussé ; et qu'après avoir beaucoup parlé de la dame de Lyon, il n'en avait plus dit un mot, et avait paru l'abandonner.

En même temps qu'il avait avancé ainsi dans le cœur de Caroline, ses manières envers Jacques étaient devenues de plus en plus arrogantes et agressives : c'était entre eux à chaque instant des mots à double entente, des réparties pleines d'aigreur, des allusions envenimées.

Jacques avait essayé plusieurs fois d'avoir une explication décisive avec Caroline, mais toujours elle s'était contentée de lui répondre :

— Ce que j'ai promis, par honneur je le tiendrai ; mais n'y revenons plus.

— Ce n'est pas par honneur, c'est par amour qu'il faut le tenir.

— Ah ! l'amour entre nous, maintenant...

Et elle levait les yeux au ciel en s'en allant, et il ne pouvait lui arracher une parole de plus.

Après avoir eu ainsi avec elle plusieurs commencements d'explication qui n'aboutirent point, il se dit que puisque Chaisemartin était le maître de la situation, et qu'il en était la première cause, c'était à lui qu'il fallait s'adresser.

Il avait bien des fois pensé à une solution pratique et simple qui consistait à lui donner un soufflet et à se battre eu duel avec lui ; mais il savait que Chaisemartin, trop habile pour accepter un duel qui dans tous les cas lui ferait perdre Caroline, changerait la lutte en un pugilat brutal : ce qui serait une scène déplorable de plus, et non un dénoûment.

Ce qui l'irritait surtout c'était le silence que Chaisemartin gardait sur ses intentions, tout en ne les manifestant que trop par ses actes. Il eût voulu lui voir poser franchement sa rivalité, avoir un terrain déterminé où le combattre, et sortir ainsi avec honneur de cette inextricable complication. Mais Arthur ne donnait pas si facilement prise sur lui : s'il parlait à Caroline de ses projets d'avenir lorsqu'il était seul avec elle, il n'affichait jamais, même dans l'intimité la plus étroite, la moindre prétention à son amour et à sa main. Si Jacques témoignait trop d'impatience, ou laissait échapper quelque parole blessante, il se mettait à rire, s'étonnait, et ne comprenait rien à ses bouderies et à ses querelles. D'ailleurs ils étaient rarement seuls ensemble.

Mais un jour ou deux après le départ du brigadier, Arthur étant venu chercher des lettres de Foulogne, rencontra Jacques.

— Est-ce que vous êtes pressé en ce moment? demanda Jacques.

— Non, pourquoi?

— Parce que je désirerais vous dire quelques mots.

Arthur le regarda en face.

— Très-bien ; nous allons causer, n'est-ce pas? eh bien, cause-moi, comme dit Sainville, je suis résigné.

— Je n'en ai pas très-long à vous dire ; je veux seulement vous demander, si le jour de votre mariage avec Caroline, vous aurez le courage de me prévenir.

— Je vous préviendrai, jeune homme irascible, je serais désolé de vous faire un chagrin inutile : mais dans quel coin de votre caboche prenez-vous mon mariage avec cette demoiselle? Est-ce que vous n'êtes plus fiancés?

— Croyez-vous que je ne voie ni vos empressements auprès de Caroline, ni vos continuels à-parté, ni sa froideur pour moi, ni sa préférence pour vous. Je sais où tout cela doit vous conduire l'un et l'autre, et me conduire aussi. Je ne suis pas votre dupe ; et, avant de me retirer comme il convient à ma dignité, je veux vous reprocher ce qu'il y a d'indigne et de déloyal dans votre conduite.

— Pas de gros mots, n'est-ce pas? Craignez seulement qu'à force de parler de ce mariage extravagant, vous n'en donniez l'idée à des gens qui n'y pensaient guère. Sans votre jalousie, je n'aurais peut-être jamais fait attention à mademoiselle Foulogne, et elle de son côté ne se douterait pas que j'existe. Vous avez si bien aboyé au loup, que le loup est sorti du bois et qu'il est venu ; je ne vous conseille pas de continuer votre vacarme.

— En effet, vous ne devez éprouver aucun plaisir à me voir, quoique un peu tard, défendre mon bonheur menacé.

— Mais qu'est-ce qui vous prend? qu'est-ce qui en veut à votre bonheur. Voyons, vous espérez me fâcher, vous n'y réussirez pas. Au lieu de nous regarder comme deux chiens, tâchons de parler comme des hommes. Vous essayez de me mettre hors des gonds, pour savoir au juste si j'aime Caroline, si je veux l'épouser, et si vous devez m'étrangler tout de suite ou dans huit jours. Mais vous n'êtes pas encore assez fort pour me confesser. Tout ce que je veux vous dire, c'est que, si vous continuez à être ce que vous vous montrez depuis trois mois, et que votre fiancée se défiance, si elle jette les yeux sur moi pour vous remplacer, quoique je sente vivement combien je suis loin de vous, je ne me sauverai pas, et ne dirai pas non. Maintenant, supposez que cet événement fâcheux arrive, vous ne vous tuerez pas ; vous avez déjà essayé, et je me suis donné le plaisir, ce jour-là, de vous faire dîner chez Bonnefoi, parce que j'aime à me moquer des gens qui n'exécutent pas leurs projets. Que ferez-vous donc ? Vous vous traînerez aux genoux de Caroline ; vous ferez mille lâchetés ; elle commencera par avoir de la compassion, mais comme elle n'a plus d'amour, elle finira par avoir du dégoût. Un beau jour, quand je dis beau ce n'est pas pour vous, — elle vous mettra la porte sur le nez, ou bien elle déménagera sans laisser son adresse ; et, en entrant au café pour noyer vos chagrins dans un petit verre, vous lirez à la troisième page d'un journal quelconque : « Publication de mariage entre M. Chaise-» martin — moi ou un autre, comme vous voudrez — » et mademoiselle Caroline Foulogne ; » et vous direz d'une voix vibrante : « Garçon, un autre journal ! »

Et il se mit à rire d'un méchant rire.

— Où voulez-vous en venir ? dit Jacques qui suait de colère sous cette parole acérée.

— A ceci : je ne sais pas si Caroline est gagnée pour moi, et ce n'est pas là la question, mais il est à peu près évident qu'elle est perdue pour vous. Au lieu de m'obstiner dans une fidélité aussi acariâtre qu'humiliante, à votre place, moi, je ferais une retraite honorable ; je ne vivrais pas indivis avec des gens qui ne se soucient plus de moi ; je ne leur donnerais plus de mes nouvelles, et je ne demanderais plus des leurs.

— Je comprends qu'une rupture venant de moi vous servirait merveilleusement ; mais savez-vous...

— Oui, je sais... je sais ce que vous allez me dire, et comme ça n'est pas amusant, je m'en vais vous le dire moi-même. Vous vouliez me déclarer que Caroline est votre premier amour, qu'elle sera le dernier ; que vous avez mis votre vie en elle, et que tant qu'elle ne vous chassera pas vous ne vous en irez point. A quoi je réponds que ce sont des enfantillages, et que si vous vivez âge d'homme — ce dont je doute, — vous aurez une douzaine d'amours, et vous oublieriez si parfaitement votre premier, que si, dans quatre ou cinq ans, je vous invite à dîner chez moi, vous me demanderez avec votre air myope, vous savez : « — Quelle est donc cette dame, là-bas ? — Laquelle ? celle qui a des rubans roses ? — Non, l'autre ? — C'est ma femme, parbleu, c'est Caroline ! — Tiens ! c'est étonnant, je ne la reconnaissais pas. » — C'est ainsi, mon cher, que se terminent invariablement les premières amours ; d'ailleurs, une jeune fille n'est pas votre fait.

— Je ne vous demande pas de conseils.

— Oui, mais moi je vous en donne. Je vous ai beaucoup observé, non parce que je m'intéresse à vous, mais parce que ça m'amusait ; vous êtes nerveux, délicat, ombrageux, prompt aux larmes comme au rire, en un mot, vous avez le cœur tendre ; ça, c'est une affaire de fibre. Si vous ne mourez pas avant trente ans, vous vous ratatinerez, vous deviendrez sec comme parchemin, et vous aurez le cœur dur comme pierre ; mais ceci est un détail. J'en reviens à ma thèse et je dis : vous avez vingt-trois ans, il vous faut une femme entre trente et trente-cinq, qui vous appelle son enfant et qui vous donne de temps en temps une tape sur la joue : elle vous apprendra à marcher droit, à ne pas rire comme une crécelle, à ne pas vous tortiller la barbe quand on vous regarde, à vous asseoir, à entrer, à sortir, à saluer sans renverser les chaises et autres menues grâces que vous ne possédez pas ; et vous lui témoignerez une reconnaissance... quotidienne, ce qui durera jusqu'à l'apparition de sa vingtième ride ; ça se fait et ça se voit tous les jours dans le monde. Si vous le désirez j'ai votre affaire : une bonne et gentille petite femme de vingt-huit à trente-cinq ans, bien en chair et fraîche en couleurs ; la maison est bonne, on y mange très-bien ; la dame, il est vrai, appartient à l'espèce *belle âme* et ne parle que d'idéal, de poésie, de vertu, de lune, d'étoiles et le reste ; mais c'est une chance pour qu'elle ne vous compromette jamais, et de plus ça prête à la phrase, ce qui est très-utile pour les soirées d'hiver; d'ailleurs elle se rattrape largement dans le particulier, et je crois qu'avec tout ça vous pourrez mijoter un joli petit amour de deuxième classe. Ajoutez qu'elle a trois filles, des anges, et je ne vois pas pourquoi, si vous vous conduisez bien, si vous avez assez d'esprit, sans en avoir trop cependant, si vous êtes discret et surtout empressé, vous n'épouseriez pas la dernière. Essayez, et je suis sûr que dans un an ou deux vous me remercierez, et qu'elle me remerciera aussi, tandis que moi, sacripant, je dirai comme le père Voltaire :

J'ai fait un peu de bien, c'est mon meilleur ouvrage.

— Assez, interrompit Jacques, assez ou je quitte la place.
— Nous nous fâchons. Ah! que c'est mal. Mais je vous ai parlé comme un père, moi; j'ai fait comme le pélican blanc, je me suis ouvert les entrailles, je vous ai offert d'anciennes patronnes que j'avais sur la planche, et tu te fâches, jeune ingrat! — Sérieusement, que voulez-vous de moi?
— La morale de votre conversation...
— En deux mots la voici : faites-vous chiffonnier ou diplomate, aimez ou n'aimez pas d'honorables vieilles femmes, ça m'est bien égal, et vous êtes parfaitement libre; mais, dans l'intérêt de tout le monde, et surtout dans le vôtre, monsieur Jacques, renoncez à Caroline.

Il sortit.

XVI

LE CALVAIRE

— C'est la guerre, se dit Jacques lorsqu'il se trouva seul, ou plutôt c'est la défaite. Par bonheur Émile arrive dans trois jours ; j'irai l'attendre au chemin de fer, je lui exposerai la situation telle qu'elle est, et je le prierai de mettre Caroline en demeure de se prononcer définitivement.

Foulogne fut un peu surpris de trouver Jacques à la gare.
— Est-ce qu'il y a du nouveau? demanda-t-il.
Jacques lui raconta tout sans passer un mot, un fait, un geste.

Foulogne fut épouvanté. Il avait vécu depuis longtemps dans une heureuse insouciance, sans se demander ce qui se passait, sans s'inquiéter de ce qui se passerait. Il n'avait deviné aucune des douleurs au milieu desquelles il vivait, il n'avait pressenti aucune des tempêtes qui grondaient autour de lui, non qu'il fût méchant ou égoïste, mais comme, depuis qu'il avait renoncé à la politique, il n'avait que des passions faciles à satisfaire, il n'avait eu aucun intérêt à exercer sa sagacité, il était resté très-peu pénétrant, fermement persuadé que tous étaient aussi contents, aussi heureux que lui.

— Tu t'exagères peut-être les choses, dit-il à Jacques; Caroline est avec Arthur comme on est avec un bon garçon, mais c'est toi qu'elle aime d'amour. Pourtant il ne faudrait pas se fâcher avec Arthur, nous lui devons pas mal d'argent, et tu sais aussi bien que moi que si Caroline est encore en vie, c'est grâce à lui. Ah! tout ça est bien embrouillé et bien malheureux.

— Mais, enfin, tu me promets de parler à Caroline ce soir?

— Ah! ce soir, permets un peu. Il est dix heures; il faut absolument que je passe au Coq-Gaulois. Je ne rentrerai pas avant minuit; Caroline sera couchée. Je n'irai pas la réveiller pour lui conter des choses désagréables. Mais demain matin nous aurons une explication.

— Ah! se dit tristement Jacques, pour lui aussi je ne suis plus tout ; le Coq-Gaulois vient avant moi.

Le lendemain, dès le matin, Émile entra dans la chambre de sa sœur.

Jacques, attendant le résultat avec une cruelle anxiété, se tint debout auprès de la fenêtre, regardant dans la rue.

Émile resta deux heures dans la chambre de Caroline : deux heures mortelles pour Jacques, pendant lesquelles il passa par toutes les alternatives du désespoir et de l'espérance ; deux heures pendant lesquelles il souffrit plus qu'il n'avait encore jamais souffert ; car toute sa vie d'amour lui défilait devant les yeux avec une intensité de joie et de douleur d'autant plus fiévreuse, d'autant plus poignante, que le but était maintenant plus incertain, le résultat plus douteux qu'ils ne l'avaient jamais été.

Quand Émile ressortit, il était très-pâle ; il prit son chapeau et le brossa d'un air embarrassé.

— Tu sors ? fit Jacques stupéfait.

— Oui, je vais faire une course, je rentrerai tout de suite. Caroline est un peu malade, elle est sur son lit et désire se reposer.

— Oui, mais ?...

Émile avait habilement gagné la porte, et il courait déjà dans l'escalier.

Jacques s'élança après lui, l'appela à plusieurs reprises, mais ce fut en vain, Émile ne remonta pas, et même ne répondit pas.

Toute la journée Caroline et Jacques restèrent l'une dans sa chambre, l'autre dans la salle à manger, sans donner signe de vie, sans remuer, comme s'ils étaient morts tous deux.

Et de fait, ils traversaient l'un et l'autre une cruelle agonie : ils sentaient qu'entre eux l'irréparable s'était abattu, qu'au-dessus de tant de journées tristes et sombres planerait cette journée plus funeste à elle seule que toutes les autres. Ils restaient là, elle sur son lit, inquiète, irrésolue, pleurant ; lui, sur sa chaise, auprès de la fenêtre, un livre devant les yeux, mais ne lisant pas, regardant machinalement tomber la pluie grise, fine, continue, une vraie pluie de décembre, et attendant, sachant qu'on allait venir lui porter le dernier coup, prêtant l'oreille, sentant son cœur battre au moindre pas, effrayé de la longueur du temps, et à certains moments se disant qu'il était bien court.

Foulogne ne rentra que vers cinq heures; il n'était pas seul, Chaisemartin l'accompagnait. Celui-ci avait pris une physionomie de circonstance : l'air froid, rogue et gourmé.

Ils causèrent pendant une heure à peu près de choses qu'ils tâchèrent de faire indifférentes; puis Caroline, qui n'avait pas paru de la journée, vint annoncer que le dîner était servi.

Pendant ce repas, qui fut très-court, on parla à peine; chacun, concentré au dedans de soi, réfléchissait au langage qu'il allait tenir, à la ligne de conduite qu'il allait adopter; on savait que l'heure décisive et solennelle était arrivée.

Foulogne fit un grand feu devant lequel on se rangea. Le silence devint morne, glacial. Au bout d'une heure, Caroline se leva, alla à la porte-fenêtre donnant sur le balcon, et, écartant les rideaux, elle regarda le ciel.

— Tiens, fit-elle, on dirait que la pluie a cessé, je vois deux ou trois étoiles.

Elle ouvrit alors la porte et sortit sur le balcon.

Les trois hommes respirèrent et se sentirent plus à leur aise.

— Est-ce que tu n'as rien à me dire, Émile? demanda enfin Jacques pris d'un courage désespéré.

Chaisemartin vint au secours de Foulogne.

— Et vous, Jacques, est-ce que vous n'avez rien à dire à Caroline? Croyez-vous qu'elle soit sur le balcon pour son plaisir? Si quelqu'un peut vous apprendre du nouveau ici, c'est elle seule.

Jacques rougit de cette leçon si cruellement appliquée, et se levant :

— Vous avez parfaitement raison, dit-il ; il faut que cette odieuse comédie finisse, et le plus tôt sera le mieux.

Et il alla rejoindre Caroline sur le balcon.

— Te voilà, mon Jacques, lui dit-elle ; pauvre enfant, comme tu souffres. Ah ! je suis bien chagrine, va, de te voir souffrir ainsi ; si je pouvais te bercer sur mon cœur pour endormir ta tristesse !

Elle l'entoura de ses bras, l'attira contre elle ; puis, lui mettant la main sur le front :

— Comme ta tête est brûlante ! Ne sois pas malade au moins, je ne m'en consolerais jamais. C'est que vois-tu, Jacques, tu seras toujours mon frère bien-aimé ; nuit et jour ta pensée me sera sans cesse présente ; mais, hélas ! vivre ensemble c'eût été trop de bonheur, nous n'en étions pas dignes. Il y a une fatalité sur moi, je porte malheur à ceux que j'aime ; je t'aurais fait du mal en te voulant faire du bien : oui, tout serait mieux finissant de la sorte, si tu ne souffrais pas trop.

— De quoi parles-tu ? fit Jacques, je ne te comprends pas. C'est donc bien vrai, c'est fini. Et tu en es déjà à faire l'oraison funèbre de notre amour. Oh ! c'est horrible ! — Tu es muette maintenant, tu me regardes, tu pleures. — Mais, que veux-tu que je fasse ?

— Calme-toi, Jacques, je serai ton amie dans le malheur ; nous ne cesserons pas brusquement de nous voir. Et plus tard, quand ta plaie sera cicatrisée, nous pourrons nous retrouver, et nous entretenir même de ce moment si douloureux.

— Tu es déjà dans l'avenir. Ainsi, c'est mon congé. Tu ne romps même pas, tu me chasses.

— Allons, décidément, fit-elle avec humeur, tu as un mauvais caractère ; je te parle doucement, tu t'irrites ; prends-le comme tu voudras.

Et lui tournant le dos, elle se mit à regarder dans la rue.

Lorsqu'il rentra dans la chambre, il était pâle comme la mort.

— Il paraît qu'il ne fait pas bon sur le balcon, dit Chaisemartin; cependant, en littérature, le balcon est propice aux amoureux; nous avons le balcon de *Roméo et Juliette*, celui de..... plusieurs autres enfin. Parbleu, fit-il en se levant et en jetant au feu son cigare à moitié fumé, il faut que je voie si j'aurais aussi mon balcon de la Bérésina.

Quand à son tour il arriva sur le balcon, Caroline était tellement absorbée, qu'il eut besoin de lui mettre la main sur l'épaule.

— C'est vous, Arthur, fit-elle en tressaillant.

— Parbleu oui, c'est moi; les poëtes s'en vont, les calicots viennent.

— Pouvez-vous avoir le cœur de plaisanter en ce moment?

— Ma foi, mademoiselle, le plus dur de nous deux, ce n'est pas moi. Je ne vous demande pas ce que vous avez dit à ce pauvre garçon, mais ça ne devait pas être consolant, car il est rentré avec une figure de déterré; cependant ce n'était assurément pas assez positif, car il s'est rassis sur la chaise plus solidement que jamais.

— Ah! vous êtes impitoyable.

— Mais, ce n'est pas moi, c'est vous. Moi je lui aurais dit : va-t-en; c'est cruel, mais c'est court, tandis qu'avec votre bonté vous lui prolongez à plaisir la douleur. Dieu me garde des âmes bonnes et sensibles.

— Ah! malheureux Jacques, s'écria-t-elle en fondant en larmes, je n'aurai jamais le courage de le traiter ainsi.

— Après ça, si vous l'aimez, je ne vous en empêche pas; rappelez-le; jetez-moi tous les deux sur ce monsieur qui passe là dans la rue; accomplissez tranquillement ce fait-

Paris, vous direz que j'avais bu trop d'eau-de-vie et que j'ai fait la culbute en voulant courir sur les toits. Ah! n'ayez pas peur, vous ne serez pas inquiétés, on vous croira, et ce n'est toujours pas ma famille qui vous demandera des explications : « Il n'était pas fumiste, gémira ma mère ; fallait pas qu'il aille sur les toits. » Jacques fera une pièce de vers intitulée : *le Méchant*, où je tomberai pendant sept strophes, autant que d'étages. Épousez-le, votre poëte, ayez beaucoup d'enfants, mais, sacrebleu, que ça finisse tout de suite.

Elle ne répondit pas. Il frappa du pied. Il avait bu toute la soirée à petits coups, mais dans un grand verre.

— Voyons, voulez-vous que je l'empoigne par les reins, et que je lance dans l'escalier? Voulez-vous que je m'en aille?

Il fit un mouvement vers le salon.

— Arthur ! s'écria-t-elle d'un ton de reproche et en lui tendant la main.

En ce moment la pluie recommença.

— Ce balcon devient malsain, dit-il.

— Eh bien ! reprit-elle, attendez encore deux minutes ici, vous me rejoindrez dans la chambre d'Émile, et là je vous dirai ma résolution dernière.

En traversant le salon pour aller retrouver Caroline, Chaisemartin tira sa montre.

— Il est onze heures, dit-il, sans s'adresser directement à personne, mais en regardant Jacques, — il partira encore ce soir trois omnibus de la place Cadet.

Quand il eut refermé la porte, Jacques, un instant stupéfait, fut repris d'une colère folle; il s'élança sur ses pas, et il arriva presque en même temps que lui dans la chambre d'Émile.

— Qu'est-ce que vous venez faire ici? lui dit Arthur, vous voyez bien que mademoiselle désire rester seule avec moi.

— Que mademoiselle me le dise elle-même.

Caroline les regarda tous deux avec égarement, puis, mettant sa main dans celle d'Arthur :

— Pardonne-moi, mon Jacques, mais je l'aime.

Après ce qui venait de se passer, après ce que Caroline lui avait déjà dit sur le balcon, Jacques aurait dû recevoir cet aveu sinon sans colère, au moins sans surprise; il le reçut avec stupeur. Durant quelques secondes, il resta immobile, hagard, comme s'il ne comprenait pas bien, puis le sang lui monta à la gorge, ses yeux se gonflèrent de larmes, et il sentit que la douleur allait être plus puissante que la rage, que, devant son rival, il allait pleurer. Par un dernier effort de volonté, il refoula ses pleurs, et, relevant les yeux, il regarda Caroline et Arthur. Ils étaient restés la main dans la main, lui railleur et triomphant, elle confuse et tremblante.

Pour Jacques, de pâle qu'il était quand il avait posé sa question, il était devenu livide. Qu'allait-il se passer?

Foulogne, qui était venu jusqu'à la porte de la chambre, d'où il avait tout entendu, comprit que le moment était décisif.

D'un bond, il courut à Jacques, le prit dans ses bras, et, avant que celui-ci pût se défendre et même savoir ce qu'on lui voulait, il l'entraîna dans le salon, et là, s'adossant contre la porte qui ouvrait sur la chambre :

— Allons, Jacques, lui dit-il, sois calme, mon ami, je t'en supplie.

Mais Jacques ne répondit pas : hébété, abasourdi, il marchait en tournoyant dans le salon, s'arrêtait brusquement, et se remettait en marche comme s'il eût été frappé de folie.

Ils demeurèrent ainsi silencieux assez longtemps, puis Émile, qui ne savait comment sortir de cette horrible situation, ni surtout comment dire à Jacques : « Il faut t'en aller, » tira un crayon de sa poche, chercha un carré de papier dans son porte-feuille et se mit à écrire tout en murmurant : « Pauvre garçon, il n'y a pas d'autre service à lui rendre. » Quand il eut fini, il plia en deux ce carré de papier et le tendit à Jacques.

Celui-ci le prit machinalement, interrogea Foulogne des yeux, puis, d'une voix presque inintelligible :

— Eh bien quoi ? dit-il.

— Dame ! tu comprends, mon pauvre Jacques, tu ne peux pas rester ici.

— Ah ! oui, c'est juste... Sois tranquille, va, je n'en avais pas envie.

Et prenant son chapeau il se dirigea vers la porte, mais presque aussitôt revenant sur ses pas, et d'un air qu'il tâchait de rendre calme.

— Dans deux ou trois jours je te ferai savoir où je serai : tu viendras me voir, n'est-ce pas ?

— Ah ! mon ami, s'écria Foulogne, c'est entre nous à la vie et à la mort.

Ils s'embrassèrent, et les yeux troublés, la tête perdue, le corps tremblant, Jacques descendit. Au bas de l'escalier il se souvint du papier que Foulogne lui avait remis, et à la lueur de la lanterne du concierge, il lut :

« Hôtel du Rhône, rue Dauphine ; je te le recommande, on y mange très-bien ; c'est celui de Roblot. »

Muni de ce seul viatique, sans asile, sans ressources, sans amis, sans amour, Jacques se lança, à minuit moins un quart, dans les rues de Paris.

Il marcha longtemps droit devant lui dans la boue épaisse, coudoyant les passants, évitant à peine les voitures, laissant souvent le trottoir encombré pour prendre le milieu de la chaussée ; tout cela toujours sous une pluie battante, une pluie fine, menue, imperceptible. Il était transi jusqu'aux os. Il avait perdu conscience de lui-même.

Quand il ne vit plus de boutiques ouvertes, que les rues se dépeuplèrent, devinrent silencieuses, il se dit machinalement : je vais rentrer, puis surgit cette réflexion désespérante :

« Où rentrer, je n'ai plus de maison. »

Alors il se souvint de l'hôtel du Rhône. Mais quand il arriva rue Dauphine, il était une heure du matin : seul, sans bagages, sans argent, mal mis, sale comme un chien, Jacques n'osa réveiller le maître de l'hôtel, qui, assurément, n'aurait pas voulu le recevoir à cette heure et dans cet état.

Il pensa alors qu'un de ses camarades, Boudignot, que justement il avait rencontré peu de jours auparavant, et dont la profession était de déployer en paroles toutes les vertus chrétiennes, lui avait dit :

— Si tu as jamais des jours d'épreuve, viens te réfugier dans mon modeste asile où expirent les bruits du monde.

Ce modeste asile était situé rue des Postes ; c'était bien loin, mais Jacques n'avait pas l'embarras du choix, il y alla.

La maison où Boudignot occupait un appartement était un grand hôtel meublé, tenu par une vieille fille dévote, qui était heureuse et fière d'abriter chez elle, moyennant pécune, une nichée de futurs saints et de futurs martyrs. On s'y couchait entre huit et neuf heures : les plus mondains n'avaient jamais dépassé neuf heures et demie.

Lorsqu'à une heure trois quarts du matin on entendit résonner la sonnette de la porte, il se passa dans l'esprit de l'hôtesse quelque chose d'extraordinaire ; elle crut que c'était au moins le nonce apostolique.

Au bout de dix minutes, un domestique vint ouvrir.

— Que demandez-vous, monsieur ? dit-il à Jacques.

— M. Boudignot est-il chez lui ?

— Comment, c'est pour me demander ça que vous sonnez à une heure pareille ?

— J'ai absolument besoin de le voir.

— Alors, entrez ; car, par ce temps affreux, il y aurait péché à laisser un païen dehors.

— D'où viens-tu, bon Dieu? et pourquoi viens-tu ? s'écria Boudignot en apercevant Jacques.

Jacques exposa sa situation, et termina en disant que, n'ayant pas d'asile, il venait en chercher un.

— Mais je ne veux te gêner en rien, se hâta-t-il d'ajouter; je dormirai dans un fauteuil; si tu as un livre à me prêter, je passerai la nuit à lire.

— Il y en a d'excellents ici, répondit Boudignot, faits pour calmer une âme malade. Si tu veux prendre sur cette tablette ce volume relié en noir, c'est le *Voyage en Tartarie*, de l'abbé Huc ; je crois qu'il conviendra à ton état; tu y trouveras une saine distraction, et, si ton esprit te le permet, d'utiles renseignements.

Jacques ne répondit pas : la conscience de son malheur lui revenait vive et distincte, et, affaissé dans un fauteuil, il sanglotait irrésistiblement.

— Ne pleure pas si haut, je t'en prie, lui dit Boudignot, ça éveillerait les personnes d'à côté, et on ferait des commentaires à n'en plus finir; c'est déjà bien assez que je te reçoive dans ma chambre à cette heure de la nuit. Tâche de prendre le dessus. Quand tu m'as parlé de ton amour, la dernière fois que nous nous sommes rencontrés, je n'ai pas voulu jeter une ombre dans ta joie ; mais j'aurais pu te prédire mot pour mot ce qui vient de t'arriver : toutes les affections humaines se ressemblent, vois-tu, charmantes au début, affreuses à la fin, toutes elles laissent dans la bouche un goût de cendres, comme dit le Psalmiste. Du moment que tu ne t'étais pas marié avec cette personne dès le premier jour, cet état mixte, cette vie à trois que je ne veux pas qualifier, devait aboutir tôt ou tard à la confusion et au désordre. J'aurais voulu que tu entendisses sur ce sujet, qui est précisément le tien, la dernière conférence du père Labutte dans une de nos réunions de Saint-Vincent-de-Paul. Dieu humilie la superbe de ceux qui cherchent un bonheur purement humain; et celui qui met sa joie dans la créature, au lieu de la mettre dans le Créateur, en est toujours cruellement puni. Sans doute, tu souffres, mais la douleur c'est une langue de feu qui purifie. Tu es comme saint Paul avant l'éclair du chemin de Damas. Que d'âmes, ajouta-t-il en levant les yeux au ciel, — que d'âmes soûlées des jouissances terrestres ont été ramenées à Dieu par des déceptions pareilles à la tienne. Tiens, c'est justement par un événement de même nature que le père Labutte, dont je te parlais tout à l'heure, a été conduit au pied des autels : il aimait la fille d'un fermier de Duclair, — car ce digne homme est fils de paysan; les deux familles consentaient au mariage, les jeunes époux allaient recevoir la bénédiction nuptiale, lorsque, par un caprice inexplicable, disons mieux, par un décret du ciel, cette jeune fille épousa un caporal en congé dans le pays. Le jeune Labutte offrit au Seigneur son amour dédaigné, et il me disait encore, il y a quinze jours : « Je ne pense plus du tout à cette femme.»

— Quel âge a-t-il? demanda machinalement Jacques, qui n'avait guère écouté cette pieuse homélie.

— Il a eu soixante-neuf ans à Noël ; et tu peux voir par son exemple, que la passion n'est qu'un vain mot, et que l'homme vraiment homme peut toujours en triompher avec le secours du ciel; du reste, si tu le veux, je te le ferai connaître; il te contera lui-même son histoire, il la dit volontiers, c'est ce qu'il appelle « se donner la discipline avec le souvenir. »

Jacques n'était, certes, pas en train de rire, mais ce mot lui fit relever la tête, et il regarda Boudignot, pour voir s'il parlait sérieusement.

— Eh bien ! à quoi te décides-tu? demanda celui-ci sèchement, choqué qu'il était du peu d'impression produit par cette anecdote édifiante; — te couches-tu, ou veux-tu lire ?

— Je te remercie, je vais essayer de lire.

— Tu ferais peut-être mieux de t'allonger sur le canapé, parce que si tu t'endormais en lisant, quoique l'abbé Huc soit très-intéressant, tu pourrais mettre le feu, un malheur est si vite arrivé.

— C'est bien, alors je vais m'allonger.

— Comme tu voudras, mon ami, comme tu voudras, avec moi, on est libre. Bonsoir.

Et il s'enfonça dans son oreiller, puis bientôt se retournant :

— C'est égal, tu m'as fait une belle peur en frappant à ma porte ; j'ai cru que notre saint-père le pape était mort. Heureusement, je me trompais ; quel bonheur, mon Dieu !

Le lendemain, dès le matin, Jacques, qui ne voulait pas importuner davantage l'excellent Boudignot, alla à l'hôtel du Rhône et y retint une chambre. Un camarade d'Émile, qui logeait au premier, répondit pour lui.

Quand il se trouva seul dans cette chambre sale, nue, sentant la pipe, boueuse comme une rue, et où avaient passé trente générations d'étudiants ; quand il lui fut bien démontré que la journée entière s'écoulerait sans qu'il vît ou qu'il entendît Caroline, il se sentit pris d'un immense ennui, d'une lassitude absolue, d'un écœurement affreux.

Il sortit pour sortir, pour marcher, et au bout d'une demi-heure, il se trouva rue de Buffault.

Que ceux qui, pour avoir conduit de jeunes fleuristes le dimanche à Meudon et les avoir abandonnées le lundi matin sans souffrir, disent naïvement connaître l'amour ; que ceux qui ont toute leur vie vécu calmes et heureux auprès d'une tranquille épouse ; que ceux qui ont quitté la femme qui leur inspirait le crime ; que ceux qui n'ont jamais commis ni admis les lâchetés de la passion ; que les animaux à sang froid qui soutiennent, avec l'opiniâtreté de la bêtise, que toujours la tête domine le cœur, que toujours la volonté dompte le désir, la dignité la faiblesse, l'hypocrisie la vérité, que ceux-là méprisent Jacques et le condamnent impitoyablement : ceux qui ont vraiment aimé, qui ont vraiment souffert, qui ont vingt ans, ou qui les ayant eus s'en souviennent encore, ceux-là le plaindront, et peut-être même, dans leur indulgente expérience, ils lui pardonneront.

C'était une sorte d'habitude, c'était un instinct irrésistible qui avait amené Jacques devant la porte de Caroline : ce fut la réflexion qui le fit s'y arrêter.

— Comme cette terrible scène d'hier a dû la secouer, se dit-il ; elle est peut-être au lit, elle a la fièvre ; si j'allais demander à Émile comment elle va !

Il monta.

Arrivé devant la porte, il fit deux ou trois pas pour redescendre, mais il n'en eut pas le courage.

— C'est toujours Émile qui vient ouvrir, se dit-il pour se justifier.

Il sonna.

Ce fut Caroline qui parut.

— Pourquoi n'es-tu pas venu ce matin, lui dit-elle sans se troubler ; je t'avais fait une bonne tasse de café au lait.

— Et c'est Arthur qui l'a mangée? dit-il malgré lui.

Caroline garda un sérieux imperturbable.

— Non, dit-elle, je te l'ai conservée ; elle est là. Je vais rallumer un peu de feu ; tu dois avoir faim ?

— J'ai froid.

— Entre, entre donc, et viens près du feu. Je suis seule ; ils sont partis.

— Quoi faire ?

— Je ne sais pas... acheter des meubles, je crois.

Ils entrèrent dans le salon.

— Regarde ce que j'étais en train de faire, dit-elle.

Sur le secrétaire ouvert, toutes les lettres de Jacques étaient éparpillées déployées.

— Je relisais tes lettres, mon pauvre chéri. Ah! c'est bien triste, va. Comme elles sont belles, comme elles sont éloquentes! Ah! tu m'as aimée comme il faut, toi. Sais-tu que tu as du génie et de l'esprit bien plus qu'Arthur. Tiens, — fit-elle en ouvrant un des cahiers où Jacques inscrivait ses notes, — cette nuit, quand tu as été parti, j'ai ouvert ce cahier, j'ai lu toutes tes notes, et voici ce que j'ai écris dessous ; viens, mon Jacques, viens voir.

Au milieu de la page blanche se détachaient ces mots :

Amitié toujours.

CAROLINE FOULOGNE.

Ils causèrent ainsi pendant un quart d'heure. Jacques était trop dompté, trop maté déjà par l'infortune, il était trop heureux de cette fugitive entrevue et de la compassion angélique de Caroline, pour récriminer ou se rebeller. Il écoutait cette voix chérie, il regardait cette tête bien aimée, et dans l'ivresse de l'heure présente disparaissait le passé, s'adoucissait l'avenir.

Tout à coup Caroline se leva :

— Et ton café que j'oubliais, mon pauvre enfant.

Elle alla dans la cuisine et apporta une tasse pleine.

La corruption fut complète : le cœur gonflé de Jacques avait déjà été amolli par ces tendres paroles, son pauvre corps transi réchauffé par ce feu joyeux ; son estomac affamé fut séduit par le parfum du lait et du café.

— Attends, fit Caroline, — et allant chercher une petite tasse qu'elle mit devant elle, elle y versa quelques gouttes de lait, — attends, mon enfant, nous allons faire la dînette tous les deux.

Jacques portait la première cuillerée à sa bouche, lorsqu'un terrible coup de sonnette se fit entendre.

— Ce sont ces messieurs, dit Caroline en se levant brusquement, cache-toi vite là.

Des pas retentirent dans le corridor.

Presque aussitôt, elle vint le déprisonner.

— C'est la couturière, lui dit-elle à voix basse, je l'ai fait entrer là dans la salle, il ne faut pas qu'elle te voie; ces gens-là sont si commères : sauve-toi vite, et tâche de venir demain à la même heure.

Jacques, plein de rage et de honte, rougissant de lui-même, maudissant sa lâcheté, haïssant son amour, mais ne pouvant s'arracher du cœur un reste de fol espoir, revint ainsi pendant un mois.

Pendant trente jours il gravit cet escalier et sonna cette sonnette; mais il ne fut pas toujours reçu : tantôt Foulogne venait ouvrir, et, au lieu de laisser entrer Jacques, il l'emmenait avec lui.

D'autres fois, et le plus souvent, il n'y avait personne; ils étaient tous partis.

Un dimanche qu'il était venu quatre fois sans la rencontrer, il la trouva enfin qui rentrait seule.

— Ces messieurs sont derrière moi, dit-elle, que me veux-tu?

— J'ai besoin de te parler.

— Eh bien, trouve-toi demain, à huit heures du matin, sur le trottoir à droite, dans le passage Saulnier.

Tous deux furent exacts au rendez-vous.

— Je suis bien malheureuse, va, dit Caroline. Tu ne sais pas ce qui arrive; on a dit à Arthur que tu venais tous les jours; il s'est mis dans une colère affreuse et il a cherché querelle à Émile : tu sais comme il est grossier; et puis il a dit que désormais ce serait lui qui ouvrirait la porte et qu'il te tuerait s'il te voyait. Il est même allé hier acheter des pistolets, et il a passé tout son temps à les charger et à les décharger. S'il pensait que je suis ici, il serait capable de les employer à se faire sauter la cervelle. Ainsi, mon Jacques, par amitié pour moi et pour Émile, prends un peu de forces; habitue-toi à ne plus venir;

tâche d'aimer une autre femme, l'amour guérit l'amour.

Et sur cette grande parole elle le quitta sans qu'il eût trouvé un seul mot à lui répondre, tant il était accablé, stupéfait, ahuri.

En rentrant chez lui, il aperçut Boudignot, qui avait demandé la clef et qui l'attendait.

— Je suis monté, lui dit-il, en revenant du sermon de Saint-Germain-l'Auxerrois. Je voulais t'amener le père Labutte pour qu'il te racontât son histoire et essayât de sauver ton âme; mais il est si occupé à son confessionnal que ça été impossible. Du reste, je suis content de ne pas avoir suivi cette pensée; il y avait en bas, dans le bureau de l'hôtel, de ces malheureuses qui font de leur corps métier et marchandise, et la vue de ces brebis égarées, qui buvaient de l'eau-de-vie et fumaient, eût navré le cœur de ce saint homme. Moi-même j'ai préféré demander ta clef, que t'attendre dans une pareille société. Mais toi, mon pauvre garçon, où en es-tu? Commences-tu à reconnaître l'inanité des passions? Commences-tu à sortir des griffes de la concupiscence?

Jacques souffrait de sa faiblesse, mais il en avait le cynisme : il raconta sans déguisement ses hontes quotidiennes, et jusqu'à la dernière entrevue qui venait d'avoir lieu.

— Je ne te comprends vraiment pas, lui dit Boudignot, tu sais que cette femme en aime un autre et tu vas la revoir : ceci passe toutes mes idées; ne vois-tu pas, malheureux, que tu la plonges ainsi dans un double déréglement, ne vois-tu pas... Mais laissons là le point de vue purement religieux, pour lequel, je le crains, tu n'es pas encore suffisamment préparé. Je veux m'adresser à des sentiments purement humains, à la convenance, à la pudeur, à la dignité; tu ne sais donc pas à quel point tu te dégrades?

Dans les dispositions de cœur, d'esprit et de nerfs où se trouvait Jacques, ce sermon venait assez mal à propos.

— Ah! je vous trouve tous merveilleux, s'écria-t-il en

éclatant, avec vos consolations et vos leçons. Celui-ci me dit: prenez mes anciennes maîtresses, elles compléteront votre éducation; celle-là ose me conseiller d'aimer une autre femme, parce que, selon elle, l'amour guérit l'amour; et voilà que toi, maintenant, tu me reproches la sincérité, la folie sacrée de ma passion et que tu me jettes ton père Labutte à la tête. Est-ce assez de bêtise et d'hypocrisie? Vous parlez tous légèrement de ma passion, eux parce qu'elle les gêne, toi parce que tu ne la connais ni ne la mesures. Tu te figures donc qu'on est libre d'arrêter son cœur à volonté, comme on arrête une locomotive sur un chemin de fer; tu crois qu'il y a des freins pour le désir, et qu'il n'y a qu'à les serrer; tu ne sais pas que la passion vraie s'alimente de la défaite aussi bien que du succès; que satisfaite, elle veut plus encore; que contrariée, elle s'exaspère. Vous pouvez vivre peut-être, vous autres, sans tendresse, sans chaleur et sans flamme; moi je ne le peux pas. Je suis, — et quand je dis moi, je sais qu'il y en a bien d'autres, — nous sommes une phalange d'âmes délicates, d'êtres nerveux qui avons des exigences particulières, et qui, en dehors de certaines conditions, ne pouvons vivre. Notre atmosphère, notre pain quotidien, notre avenir à nous, c'est la passion, ses joies enivrantes, ses douleurs atroces. Tu m'as dit tout à l'heure que j'étais un lâche, ceci dépend de la manière d'envisager la question. Crois-tu qu'il ne me fallait pas prendre sur moi pour triompher de mon orgueil? Crois-tu que, sans pâlir et sans trembler, je montais cet escalier funeste, mon Calvaire à moi? Crois-tu que j'ignorais les affronts que j'allais recueillir, les rebuts que j'allais supporter? Si je ne m'en doutais pas le premier jour, je devais savoir à quoi m'en tenir le second ou le troisième. Et puis n'était-ce pas horrible de passer un instant fugitif plein d'angoisses et de craintes, auprès de celle avec qui j'avais passé tant de journées si paisibles, si radieuses. Vos martyrs que les Chinois attachent à des carcans, ont-ils connu la souffrance sans nom que j'éprouvais à rôder les yeux en larmes, et l'écume à la bouche, autour de ce cœur qui m'avait appartenu. Et tu crois qu'il ne me fallait pas un certain courage pour me dire tous les matins : ces douleurs, je les accepte, ces hontes, je vais les boire, cette couronne d'épines, je vais l'enfoncer sur mon front. On a essuyé la sueur qui coulait le long des tempes de votre Christ, on lui a porté sa croix ; nous autres nous n'avons personne pour nous assister, les sages nous dédaignent, les justes nous condamnent, les saints nous maudissent. Eh bien ! vous avez beau faire, vous avez beau vous mettre de concert avec le malheur, l'appeler à votre aide ; le regard de celle que nous aimons, le son de sa voix, moins que cela, un pli de sa robe, moins que cela encore, un ruban qu'elle a porté, nous rendent heureux à en être fous, robustes à soulever des montagnes, miséricordieux à vous pardonner. Nous en mourrons de notre passion, mais parce que nous en avons trop vécu, comme on devient aveugle en Orient parce qu'il y a trop de lumière ; et nous n'avons rien à regretter, rien à désavouer. Si les paroles d'un homme au désespoir et qui se sent submergé dans sa douleur, peuvent avoir quelque autorité sur ton esprit, et t'apprendre la vérité vraie de la vie, écoute cette sincère déclaration et ne hausse point les épaules : Caroline vient de me chasser, elle va se donner à un autre, je la hais, je la méprise, mais jusqu'au jour où l'on portera l'un de nous au cimetière, je resterai son esclave, elle tiendra toujours le bout de la chaîne dont l'autre extrémité est rivée dans mon cœur. Les leçons de l'expérience, menteries ; — les enseignements de la sagesse, vanteries ; — il n'y a qu'un maître qu'on serve toujours fidèlement, parce qu'en lui obéissant on se sert soi-même, et ce maître, — c'est la passion.

FIN DE LA PREMIÈRE PARTIE.

DEUXIÈME PARTIE

XVII

LE FEU SOUS LA CENDRE

Il y avait quatre années que s'étaient accomplis les derniers événements de cette histoire, lorsque Jacques me la raconta.

Il paraissait alors entièrement guéri de sa passion, et souvent même il me disait en riant :

— Ce brigand de Chaisemartin avait raison, vois-tu, et cet imbécile de Boudignot n'avait pas tort : toutes les premières amours n'ont point une fin tragique ; je commence à comprendre le père Labutte.

— Et les secours du ciel ?

— Pas précisément, mais ceux du travail.

C'était le travail, en effet, qui avait apporté le premier soulagement à l'horrible désespoir dans lequel l'avait plongé l'abandon de Caroline.

Seul sur le pavé de Paris, sans un sou dans sa poche, il n'avait pas eu le temps de s'endormir dans sa douleur, de s'y complaire et de la soigner. Dans la vie réelle et positive, quels que soient l'accablement et le chagrin des amants, il y a des heures où le ventre crie plus fort que l'âme et où il faut reconnaître, la honte au front, que l'on a faim. Jacques eut faim et comme il n'avait pas une maison amie où, tout en pleurant et en gémissant, il pût avaler un potage et boire un verre de vin, il fut durement forcé d'imposer silence à son cœur et d'écouter son estomac.

Heureusement il connaissait à l'imprimerie un brave homme de correcteur qui l'avait employé comme teneur de copie, et même s'était fait aider par lui pour quelques pages de grec. Une sorte d'intimité s'était établie entre eux ; Jacques lui avait raconté ses infortunes, et le brave homme, qui dans toute sa vie avait peut-être corrigé plus de cinq cents romans aussi lamentables les uns que les autres, avait sincèrement pleuré en voyant ce pauvre héros de roman ; et pour lui il avait été pris d'une véritable affection.

— Vous ne pouvez pas rester dans l'imprimerie, lui avait-il dit.

— Je crois que je n'y serai jamais très-habile, avait répondu Jacques.

— D'ailleurs, ce n'est pas digne de vous, et vous auriez le temps de mourir de faim avant de gagner deux sous.

— Très-bien, mais que faire ?

Le brave homme n'avait rien répondu, et, baissant la tête sur sa feuille, il s'était remis au travail.

Peu de temps après, cependant, il aborda Jacques d'un air joyeux, et lui prenant la main avec l'orgueilleuse satisfaction que toute protection donne :

— Je crois que j'ai ce qu'il vous faut, lui dit-il, car je me suis occupé de vous sans vous en parler, pensant que vous ne m'en sauriez pas mauvais gré. Voici ce que c'est. La maison Taupenot commence la publication d'un grand dictionnaire qui doit réunir toutes les encyclopédies et toutes les biographies publiées jusqu'à ce jour, en atteignant les dernières limites du bon marché : quinze volumes in-quarto compactes et petit texte pour cent francs. J'ai parlé de vous au correcteur *en bon à tirer*, et il vous présentera à M. Hergott, le directeur. Ça n'est pas la fortune, car je crois qu'on paye très-peu ; mais, enfin, ce n'est pas l'imprimerie.

De correcteurs en correcteurs, de protections en protections, Jacques arriva jusqu'à M. Hergott. C'était un juif alsacien qui, après avoir longtemps pourri dans toutes les servitudes, était enfin arrivé à force d'intrigues et de bassesses à une sorte de notoriété littéraire : il passait pour un esprit encyclopédique et n'etait qu'une prodigieuse nullité qui avait essayé de tout sans réussir dans rien. Il avait été avocat, médecin, sergent-major dans la légion étrangère, secrétaire d'un académicien grand seigneur, attaché à une mission scientifique, gérant d'un journal de théâtre et courtier d'annonces ; il avait fait des manuels sur toutes choses, des dictionnaires portatifs de législation, d'astronomie, de musique, de géographie et même de mythologie, des traductions d'auteurs anciens et modernes, deux romans philosophiques, une tragédie ; il avait envoyé des mémoires à toutes les classes de l'Institut, et, pour se venger de ses échecs, il avait lancé contre des hommes, dont la science et l'autorité importunaient sa haineuse envie, des petites biographies ordurières et menteuses qu'avait dévorées la province, toujours friande de ces scandales. Les frères Taupenot, qui auraient souvent mieux fait, pour l'honneur de la littérature, de vendre leur papier blanc que de le vendre imprimé, avaient ramassé dans la boue ce bohémien de la plume, et, séduits par ses propositions de rabais, ils l'avaient mis à la tête de leur dictionnaire. Et cet homme qui écrivait le français comme un Allemand, et l'allemand comme un Français, qui n'avait pas une idée à lui, pas de goût, pas d'esprit, pas de science, avait été chargé de diriger une centaine d'esprits distingués, qu'il régentait la main haute, sans contrôle, sans dignité, sans honneur. Bassement obséquieux avec les grands, il était lâchement insolent avec les petits ; et à voir sa tête carrée, ses yeux féroces, sa barbe rude, sa démarche pesante, ses épaules de taureau, on l'eût volontiers pris pour un gendarme ou un boucher.

— Ainsi, monsieur, dit-il à Jacques, vous voulez quitter l'imprimerie pour entrer dans les lettres?

— Pour rentrer, interrompit Jacques timidement.

— Ah! vous voulez sans doute me faire comprendre que vous avez déjà écrit; mais qu'est-ce que ça me fait à moi? ce ne sont pas des génies qu'il me faut, ce sont des esprits dociles et travailleurs. En philosophie et en littérature, pas de phrases ni d'idées nouvelles; en biographie, des dates et des faits. Je me charge seul des appréciations ou des réflexions, quand la question et le bonhomme en valent la peine. Voilà le règlement. Si ça vous va, apportez-moi une liste d'articles, et je vous en choisirai dans ceux qui ne sont pas déjà pris. Vous savez que nous ne payons pas cher : deux centimes la ligne de quarante-cinq lettres; les bouts de lignes ne comptent pas.

Malgré ces conditions honteuses, quand Jacques apporta sa liste, il vit que presque tous les articles étaient retenus, non par de pauvres diables comme lui, mais par des hommes connus, qui, sans respect pour leurs positions ou leurs traitements, ne rougissaient pas de s'exposer à la férule et aux insolence de M. Hergott.

Après une épreuve d'un mois, il fut clairement démontré à Jacques qu'en travaillant avec courage, mais en même temps aussi avec conscience, il pouvait gagner quarante sous par jour.

Il ne se plaignit pas : c'était juste assez pour ne pas mourir de faim, et ce travail continu, en ne lui laissant pas un instant de liberté, l'empêchait au moins de penser trop longtemps à Caroline.

Les soirées seules lui étaient toujours horriblement cruelles à passer; c'était pendant ces heures d'intimité au coin du feu, qu'il avait été autrefois si heureux entre Émile et Caroline, jouissant de cette vie de famille qu'il avait toujours si vivement aimée, si ardemment souhaitée. Maintenant, abandonné, sans amis, sans livres, sans argent, sans pouvoir allumer une chandelle ou brûler quelques mottes dans sa cheminée, il était forcé en attendant le moment de se coucher, qu'il retardait autant que possible, d'errer sur les boulevards quand il ne faisait pas trop froid, dans les passages quand il neigeait ou quand il pleuvait.

Ces longues promenades, quoiqu'elles lui fissent du bien en le fatiguant et lui permissent ainsi de dormir un peu, devinrent bientôt impossibles, car elles amincissaient tellement la semelle de ses souliers, qu'il n'était pas difficile de calculer l'époque où il n'aurait plus ni semelles ni souliers.

Alors, sur les vingt-quatre sous qui, tous frais de chambre et de blanchissage prélevés, lui restaient pour sa nourriture, il prit encore trois sous, et il put ainsi aller à un petit cabinet de lecture du passage du Grand-Cerf.

Tous les soirs régulièrement, un cahier d'écolier sous le bras, il arrivait à sept heures. Il lisait les journaux ; puis, vers huit heures et demie ou neuf heures, il se mettait à travailler, et à onze heures, quand on éteignait le gaz, il allait au bureau qui était au fond de la salle, déposait ses trois sous, saluait poliment et retournait chez lui. Bientôt il fut connu ; on lui garda une place auprès du poêle, ce qui lui était une grande douceur, et ses voisins lui passèrent le journal avec une petite inclinaison de tête.

Quoi qu'il fît pour s'en empêcher, il commençait toujours sa lecture par la troisième page, et tout d'abord il cherchait les publications de mariage. Il avait bien la force et l'orgueil de ne pas demander des nouvelles de Caroline à ceux qui auraient pu lui en donner ; mais, seul avec lui-même, il ne pouvait résister à la poignante curiosité de chercher à savoir ce qu'il redoutait tant d'apprendre. « Voyons donc, se disait-il, comme pour se justifier à ses propres yeux, si la prédiction d'Arthur se réalisera, et si je ne souffrirai pas. » Pendant trois mois, il fit inutilement cette recherche, et il commençait à ne presque plus croire à un mariage, lorsqu'un soir, comme s'ils eussent été flamboyants, les noms d'Arthur Chaisemartin et de Caroline Foulogne lui brûlèrent les yeux.

La prédiction d'Arthur ne se réalisa point : il ne demanda pas un autre journal; mais, laissant échapper celui qu'il lisait, il demeura immobile, frappé de stupeur, puis sentant les larmes qui lui montaient aux yeux, il ne voulut point donner sa douleur en spectacle. Mais l'angoisse avait été si violente, le sang s'était si brusquement arrêté, que le cœur lui manqua; il eut un étourdissement et, quoi qu'il tentât pour résister, il fut forcé de se laisser aller à la renverse sur sa chaise.

— Madame! madame Duperrieux! cria le voisin de Jacques, un monsieur qui se trouve mal.

— Ce n'est rien, voulut balbutier Jacques, c'est la chaleur.

Il était si défait, qu'on ne voulut point le croire. Madame Duperrieux le fit passer dans une petite pièce qui servait à la fois de chambre et de salle à manger, et le força à boire un verre d'eau.

Dans l'état de crispation et de désespoir où il était, ces soins l'exaspéraient plutôt qu'ils ne lui faisaient du bien. Il eût voulu pleurer et crier à son aise; mais ils étaient si pressants et si affectueux, qu'il dut les endurer jusqu'au bout.

Lorsqu'on eut cessé de le gorger d'eau sucrée, il remercia de son mieux, sortit vivement et courut chez lui. Là il se jeta sur son lit et passa une nuit affreuse.

Mais il y a un degré dans la souffrance qui, une fois atteint, ne peut plus être dépassé: Jacques, pour son malheur, avait depuis longtemps atteint ce degré; et dans la nuit où, sous la pluie battante, il s'était trouvé tout seul au milieu de Paris, il avait épuisé l'horrible. Il supporta donc cette crise plus courageusement que les précédentes, et, le matin venu, il eut la force de s'absorber dans son travail. Parfois, il est vrai, des tremblements convulsifs, des frissons de rage lui étreignaient le cœur; mais, après quelques minutes de faiblesse, il reprenait énergiquement sa volonté et revenait à sa tâche.

Le soir, à l'heure ordinaire, il se rendit au cabinet de lecture; moins nerveux et moins bouleversé il put convenablement remercier ceux qui, la veille, l'avaient si complaisamment soigné. Et, à partir de ce jour, il y eut chaque soir, à son arrivée et à son départ, entre madame Duperrieux et lui, un échange de paroles polies qui à la longue devinrent amicales; sa pâleur, sa maigreur, son état maladif, sa jeunesse et sa tranquillité avaient évidemment inspiré un certain intérêt; et dans son isolement, si rempli de cruels souvenirs, ce lui était une douce consolation de pouvoir échanger quelques paroles, même banales, avec des gens qui l'écoutaient le sourire aux lèvres, et lui répondaient d'un ton affectueux et sympathique.

D'ailleurs, plus il les connaissait, ces gens, plus il se sentait attiré vers eux.

Madame Duperrieux était une bonne grosse petite femme, un peu trop grasse, un peu trop bavarde, un peu trop commune, mais, au fond, excellente bourgeoise, qui ne désirait que deux choses : marier sa fille Eugénie et se faire bâtir une maison de campagne dans un terrain de douze cents mètres qu'ils avaient acheté à Créteil.

Mademoiselle Eugénie Duperrieux était aussi maigre, aussi réservée que sa mère était replète et expansive. Elle avait vingt-quatre ans, quoiqu'on pût lui en donner vingt-huit ou trente : elle était pâle, osseuse, sans fraîcheur, avec une peau qui sentait la souris; elle portait des robes trop étroites qui l'habillaient à peu près comme une gaine habille un parapluie; mais son air était intelligent, fin, délié, et ses yeux noirs, secs et ardents, annonçaient en elle un caractère et un tempérament.

Pour M. Duperrieux, véritable employé parisien, on ne le voyait que le soir. Il arrivait d'un magasin de la rue Saint-Denis, où il était teneur de livres, entre neuf et dix heures, marchant à pas comptés, car il transpirait facilement et craignait les catharres : il saluait avec cérémonie les abonnés, et, en attendant l'heure du coucher, il s'asseyait devant le poêle, le prenait entre ses jambes, et, tout en lisant un journal, il étalait son mouchoir sur ses genoux pour le faire sécher.

Au temps de ses amours et de son bonheur, Jacques connaissant cette famille eût peut-être trouvé la mère un peu portière, le père un peu Joseph Prudhomme et la fille un peu gauche ; mais le malheur l'avait rendu indulgent, et il les vit tels qu'ils étaient en réalité, simples, honnêtes et bons. Les longues conversations de madame Duperrieux lui devinrent une distraction, les poignées de main de M. Duperrieux une agréable habitude, les quelques mots d'entretien avec Eugénie un plaisir.

Cela dura ainsi un an à peu près. Puis un jour qu'il était arrivé de meilleure heure qu'à l'ordinaire, et que, dans la salle de lecture, il était seul avec Eugénie, il crut remarquer dans la voix de celle-ci une douceur et une émotion qu'il ne lui avait jamais trouvées. Durant quelques minutes, il s'en étonna, et, croyant s'être trompé, il n'y pensa bientôt plus. Mais, à quelques jours de là, le doute ne fut plus possible : cette émotion qu'il avait déjà remarquée, sans chercher à en deviner la cause, se renouvelait toutes les fois qu'il restait seul avec Eugénie, et même souvent lorsqu'elle lui parlait en présence des habitués. En travaillant, il la vit arrêter sur lui des yeux pleins de tendresse et de chaleur. Pendant plusieurs semaines, il l'observa curieusement, et bientôt il fallut qu'il en convînt avec lui-même : il était aimé.

Loin de lui donner de la joie ou de l'orgueil, cette découverte ne lui donna que de l'inquiétude ; car si l'apaisement commençait à se faire dans son cœur, il n'avait point oublié Caroline, et il se croyait à jamais mort pour l'amour.

— Pauvre fille, se dit-il en pensant à Eugénie, pourvu qu'elle ne souffre pas comme j'ai souffert !

Et il se promit de ne plus revenir au cabinet de lecture de madame Duperrieux.

Pendant quinze jours il se tint parole ; mais un soir, poussé par l'habitude et aussi par un certain sentiment secret qu'il ne s'expliquait pas très-bien à lui-même, il y revint en se disant :

— Après tout, ce n'était peut-être qu'un caprice.

La joie et la rougeur d'Eugénie lui montrèrent que c'était plus qu'un caprice.

Alors, au lieu de ne plus revenir du tout, comme il aurait dû le faire pour être conséquent avec sa première détermination, il revint, comme par le passé, régulièrement tous les jours. Ce n'est point impunément que l'on se sent aimé, et dans le cœur le mieux rempli aussi bien que dans le cœur le plus désespéré, cette certitude met un naïf orgueil et une douce jouissance qui font faire bien d'hypocrites mensonges à la fidélité du bonheur comme à la fidélité du souvenir.

Jacques ne se mentit pas à lui-même, et très-franchement il se laissa aller à la vanité : c'était pour lui comme une vengeance, comme une revanche.

— Ah ! si Caroline m'avait aimé ainsi, pensait-il souvent, en rencontrant les yeux attendris et troublés d'Eugénie, comme nous aurions pu être heureux !

Et sous la pression de cette pensée, il regardait ces trois personnes si tranquilles vivant de la vie de famille, cet idéal auquel il ne voulait même plus rêver.

A la longue cette paix et ce bonheur, comparés à sa solitude et à son abandon, lui donnèrent des mouvements d'envie. — Pourquoi pas? se disait-il. Pourquoi faire souffrir cette pauvre fille? Sans doute je ne peux pas l'aimer comme elle m'aime ; mais je peux la rendre heureuse, ne la tromper jamais, être pour elle un mari loyal, fidèle, indulgent. Pourquoi pas? — Mais ces idées étaient aussitôt rejetées que conçues ; puis il y revenait, puis il les rejetait encore. Chaque fois cependant c'était moins fermement. Eugénie, par ses regards et par ses tendresses, avait réchauffé ce cœur, et si elle ne lui avait pas donné l'amour, elle lui avait au moins donné une vague espérance.

A mesure que le temps s'écoula, et que les entretiens avec Eugénie se firent plus fréquents et plus intimes, Jacques devint moins irrésolu, et il y avait dix-huit mois que Caroline lui avait dit : « L'amour guérit l'amour, » lorsqu'il se décida tout à fait à recommencer la vie.

Il était alors dans une situation qui lui permettait presque de parler avec confiance. Hergott, qui, en sa qualité de directeur et d'esprit universel, s'était, dans son dictionnaire, réservé les articles le plus importants, et qui aussi, en son autre qualité d'ignorant et de sot, était parfaitement incapable toujours de les écrire, souvent de les comprendre, avait chargé Jacques de les lui préparer, et, pour prix de cette collaboration et du secret promis, il lui payait un sou la ligne. De plus, Jacques avait une correspondance littéraire pour un journal étranger ; et, sans être riche, il n'était plus honteusement pauvre : il pouvait donc parler hardiment.

Il le fit, et après avoir raconté l'histoire de son amour à Eugénie, beaucoup par loyauté, un peu aussi pour avoir un éternel confident, il adressa sa demande à M. et madame Duperrieux.

Elle fut acceptée.

Pour le nouveau ménage on loua, dans la maison même

où se trouvait le cabinet de lecture, une chambre avec une petite terrasse ayant vue sur un jardin. C'est là que je retrouvai Jacques deux ans après son mariage, et c'est là que nous avons repris nos interminables conversations de la pension, et que nous avons passé de longues heures joyeusement remplies à nous entretenir de nos travaux, de nos projets, de nos espérances.

— Je suis heureux, me disait Jacques ; j'ai une excellente femme, une belle-mère indulgente, un beau-père qui est mon ami ; je t'assure que je suis très-heureux. Je n'ai peut-être pas les fièvres de bonheur que j'aurais pu avoir dans d'autres conditions, mais j'ai une vie calme où je puis à mon aise travailler, et c'est tout ce que j'envie. Je ne suis plus un cœur, vois-tu, je ne suis plus qu'un cerveau, et ce livre : disant cela, il posait la main sur un manuscrit qu'il venait d'achever, — ce livre est mon seul amour.

— Tu le dis, tu le crois?

— J'en suis sûr, et je peux même t'en donner une preuve : tu sais qu'il y a six mois Caroline a quitté Arthur ; eh bien, en apprenant cette rupture, j'ai été ému, très-ému, c'est vrai, mais je suis resté chez moi et n'ai rien fait pour la voir.

— Enfin, je ne demande pas mieux que de te croire ; mais il n'en est pas moins vrai que, pour ton repos, j'aime beaucoup mieux la savoir à Bruxelles qu'à Paris.

— A Bruxelles ou à Paris, cela est tout un pour moi ; je te dis et je te répète que je suis guéri, absolument guéri : je suis un sage... Oh ! ne ris pas, je ne m'en fais point un grand mérite. Mon cœur est mort ; on l'a jeté il y a quatre ans du haut d'une terrasse de la rue de Buffault, il s'est cassé en tombant, et je me suis sauvé sans en ramasser les morceaux. Mais d'ailleurs, en eussé-je emporté la moindre parcelle, tu me feras bien, je l'espère, l'honneur de penser que je n'abandonnerais pas ma femme ; car si je n'aime pas Eugénie comme j'ai aimé Caroline, j'ai pour elle une sincère affection et une solide reconnaissance ; je tiens à elle, et je tiens aussi à ma vie paisible, à mon repos et à mon travail. Et puis, disons-le sans phrases, je tiens à mon devoir.

Quand je parle passion, et qu'on me répond devoir, j'ai par malheur la triste habitude d'être souvent incrédule. Cependant je croyais Jacques lorsqu'il me parlait ainsi ; il m'avait tant de fois répété : Je suis guéri, bien guéri, que j'aurais peut-être fini par me persuader que sa vie était à jamais fixée, sans de certaines petites remarques que je pouvais faire chaque jour, et qui me donnaient d'indestructibles appréhensions pour le moment où Caroline se présenterait.

Jacques aimait sa femme, mais il souffrait intérieurement de la voir maintenant aussi visiblement gauche et disgracieuse, aussi peu naturelle lorsque pour lui plaire elle voulait se faire belle et coquette. Devant les étrangers, devant ses amis, il insistait jusqu'à la fatigue sur les qualités qu'elle déployait dans la vie intime, sur sa bonté, son dévouement, sa générosité, — car il avait à un haut degré cet amour-propre de l'égoïsme qui nous pousse à persuader les autres que tout ce qui nous touche de près est irréprochable de perfection ; — mais seul avec lui-même, par un retour plein de colère et d'injustice, il ne voyait plus que les défauts et n'insistait plus dans ses regrets jaloux que sur les imperfections, hélas ! trop malheureusement apparentes, de la pauvre femme. Il y avait là le germe d'un danger pour l'avenir, germe rendu plus inquiétant encore par ce qui se passait dans Eugénie.

Certes, elle aimait Jacques : cette jeune fille avide d'amour, arrivée jusqu'à vingt-quatre ans sans avoir inspiré un sentiment tendre, était folle de son mari, — je devrais plutôt dire de son homme ; — elle l'aimait avec ardeur, mais elle ne comprenait absolument rien à la situation qu'elle s'était faite en épousant un artiste pauvre et orgueilleux. Pour elle, et aussi pour sa mère et son père qui avaient subi son influence, Jacques était un esprit, un génie même. Après un an de mariage et d'expérience, elle le jugeait supérieur dans les choses de l'intelligence, nul dans les choses de la vie. Aussi, pour ces natures étroites et positives, y avait-il dans cette croyance un chagrin amer, une déception de tous les instants.

Jacques n'avait pas tardé à s'apercevoir de cette opinion et c'avait été une blessure cuisante pour son cœur et pour sa vanité. De là étaient venues quelques scènes de dureté et de colère, qui avaient démesurément grossi les griefs, non encore expliqués, que les deux époux se croyaient mutuellement en droit de s'adresser. Eugénie souffrait de ce que son mari ne paraissait jamais avoir souci des affaires matérielles, Jacques de ce que sa femme le faisait souvent rougir, et aussi de ce qu'il ne trouvait point chez elle les encouragements et les applaudissements qu'il eût voulu surtout obtenir dans sa famille. Ces secrètes divisions me furent surtout sensibles à l'occasion du début littéraire de Jacques. Son livre, œuvre d'histoire et de philosophie sur le rôle que Louis XI et Richelieu avaient joué dans les événements qui avaient préparé et amené la Révolution française, — son livre avait été, dès son apparition, chaudement discuté par toute la presse parisienne, depuis celle qui se prétend républicaine pour conserver sa clientèle de marchands de vins, jusqu'à celle qui se prétend religieuse pour conserver sa clientèle de sacristains. Le jeune auteur avait été vigoureusement loué et plus vigoureusement encore insulté; son nom avait acquis, en peu de mois, une juste notoriété, et tous, amis et ennemis, attendaient de lui des œuvres originales et sérieuses.

Pour Jacques, c'était superbe; mais, pour Eugénie, il y avait un revers à cette médaille si brillante : car ce livre, vendu pour cinq ans, n'avait rapporté que quatre cents francs à son auteur. Aussi la question d'argent amoindrissait-elle chez la jeune femme la question de gloire, et avions-nous souvent, à ce sujet, des discussions qui me prouvaient chaque jour davantage que je n'avais que trop raison, que mes craintes n'étaient que trop réelles, et qu'une occasion, en faisant se heurter ces deux contrariétés secrètes, pouvait amener un redoutable antagonisme.

Lorsqu'un article avait paru sur le livre de Jacques, j'arrivais tout joyeux, et souvent, avant de monter chez lui, j'entrais au cabinet de lecture.

— Eh bien, disais-je à Eugénio, vous avez lu ?

— Oui, c'est magnifique ; mais où cela nous conduit-il ?

— Où diable voulez-vous que cela conduise ?... à la gloire, parbleu ! comme Polyeucte.

— Voyons, monsieur Frédéric, vous êtes un homme sérieux, vous ; eh bien, je vous le demande, un peu moins de gloire et un peu plus d'argent ne ferait-il pas mieux notre affaire ? Pour écrire ce livre qu'il a préparé pendant six ans, Jacques a quitté M. Hergott qui lui donnait douze cents francs, et il a abandonné sa correspondance qui lui en rapportait six cents ; de sorte que pour huit années de travail il a eu quatre cents francs. Vous allez me dire que c'est un début ; mais c'est justement ce qui m'épouvante : vous le connaissez, il voudra que son second livre soit mieux que le premier, et il restera dix ans à l'écrire. Pendant ce temps, il faudra donc que nous nous nourrissions de gloire ?

— Alors, selon vous, Jacques doit produire un volume tous les ans, une page tous les jours, trois lignes de quarante-trois lettres toutes les heures ?

— Je ne dis pas ça ; mais vous ne savez pas non plus comment Jacques travaille : il passe des journées entières sans écrire une ligne, à se promener sur sa terrasse en faisant sauter un petit bâton. Quand on a une femme, et qu'on peut avoir des enfants, on pense un peu moins à la gloire et un peu plus à l'argent.

— Tenez, madame, je suis un homme sérieux, comme vous dites, parce que je n'ai point pour les voleries des éditeurs le noble dédain de Jacques ; eh bien ! en cette qualité d'homme sérieux, je vous affirme aujourd'hui que si j'avais publié un livre comme celui de votre mari, et qu'on me félicitât comme vous le félicitez, je prendrais ce livre dans ma poche, je m'en irais de chez moi, et la première femme que je rencontrerais et qui me dirait : « C'est beau ! » je me mettrais à l'aimer. Aussi, très-sincèrement, le conseil que je vous donne, c'est de croire en votre mari, d'être fière de lui, et puisque, par bonheur, vous pouvez gagner de l'argent pour deux, de ne pas le tourmenter et de l'adorer à genoux ; car Jacques est un artiste, et ces gens-là, sachez-le bien, la femme qu'ils préfèrent et qu'ils adorent ce n'est pas celle qui leur dit : « Tu es un dieu ! » mais celle qui leur répète chaque jour : « Tu es plus qu'un dieu ! »

Malheureusement ces conseils, qu'on ne me demandait pas, étaient en pure perte, et madame Jacques, madame Duperrieux, M. Duperrieux et deux ou trois amis déploraient très-naïvement que Jacques ne voulût point se mettre au travail d'une manière plus sérieuse, et surtout plus lucrative. Il avait du talent, c'était possible, mais ils connaissaient dans le quartier un monsieur qui écrivait et qui lui aussi avait du talent ; ce qui ne l'empêchait pas de gagner douze ou quinze mille francs par an dans des journaux connus et que tout le monde lisait.

Les choses en étaient là lorsqu'un jour que Jacques devait venir dîner chez moi, avec une personne qui avait grande envie de le connaître, je le vis arriver dès le matin.

— Qu'y a-t-il donc ? lui demandai-je.

— Rien de grave : seulement, puisque notre journée est perdue, je viens te prendre pour aller chez Sylvain Maret.

En route et changeant de conversation, il me dit tout à coup :

— A propos, tu sais que Caroline est venue à Paris?

— Ah! mon Dieu.

— Rassure-toi, elle est repartie. Nous allons chez Maret pour parler d'elle.

— Mais tu es fou !

— Je veux savoir un peu ce qu'elle pense de mon livre, car je t'avoue que j'ai été assez surpris de ne pas recevoir de lettre d'elle.

— Elle n'aura pas osé t'écrire chez toi.

— Elle pouvait bien toujours m'écrire chez mon éditeur ; mais enfin, ce n'est point de cela qu'il s'agit : si elle n'a pas voulu écrire, elle a dû parler, et je ne suis pas fâché de connaître ce qu'elle a éprouvé en lisant ce que le Critique a dit de moi, et en le comparant à ce qu'il disait autrefois.

— Oh! Jacques, mon ami, nous jouons là mauvais jeu, et si tu m'avais prévenu, je ne t'aurais point aidé dans cette bravade.

— Laisse donc, il n'y a pas de danger, et je t'affirme pour la centième fois que mon amour est bien mort. Si tu en veux une preuve, en voici une : il y a huit jours, j'ai su par Maret qu'elle était ici, et depuis je n'ai point fait un seul pas pour la voir, point une seule démarche pour connaître son adresse. C'est aujourd'hui seulement, que je suis certain qu'elle est partie, que je vais savoir son sentiment sur l'homme en qui elle avait mis autrefois tant d'espoir; car elle croyait en moi, elle, et elle y croyait bien.

Puis s'interrompant et me regardant :

— Mais qu'as-tu donc? tu ne dis rien.

— Je dis que j'ai peur, parbleu !

— Et moi je dis que tu me fais rire avec tes pressentiments de romancier : les morts ne ressuscitent pas, comprends-tu ça?

— Oui, mais les endormis se réveillent.

— Après cent ans dans les contes de Perrault ; j'ai lu ça ; mais après cinq ans dans la réalité, c'est ce que je n'ai jamais vu.

XVIII

LES VERTIGES DU SOUVENIR

Sylvain Maret, que je connaissais depuis quelques mois seulement, avait son atelier rue de La Bruyère. En un quart d'heure nous arrivâmes chez lui.

La clef était sur la porte. Je frappai.

— Entrez, nous répondit une voix traînante.

A côté de Maret, qui sans se déranger nous faisait une lente inclinaison de tête, je vis une grande jeune femme vêtue de noir.

— Madame Chaisemartin, me dit-il, répondant à la muette interrogation que je lui adressais.

Instinctivement et sans même saluer, je regardai Jacques. Il était horriblement pâle et paraissait indécis s'il devait avancer ou reculer.

— Ah! mon Jacques, s'écria madame Chaisemartin en se levant de sa chaise et en venant à lui, que je suis heureuse! Quel bonheur que je ne sois point partie hier!

Jacques n'hésita plus : il lui tendit la main. Cependant il était facile de voir qu'une lutte se livrait en lui : il y avait dans son attitude beaucoup de roideur et de hauteur, dans son regard beaucoup de tendresse.

— Madame et moi, dit Maret, s'adressant à Jacques, nous causions de vous.

— Oui, de votre livre, Jacques. Ç'a été une grande joie pour moi de le lire, et j'en ai été fière ; j'ai retrouvé là ces belles idées dont vous m'enteniez autrefois, et qui nous avaient fait les premiers croire à votre génie. Si j'avais su comment vous faire parvenir ma lettre, je vous aurais écrit.

— Madame, interrompis-je, impatienté de l'air de béatitude avec lequel Jacques avalait ces éloges, — rien n'était plus facile : vous aviez le nom de l'éditeur sur la couverture.

Madame Chaisemartin me regarda stupéfaite, tandis que Jacques me regardait mécontent et Maret étonné.

Un certain malaise s'abattit sur nous tous, et la conversation devint indifférente et difficile.

Pour moi, ne disant plus rien, j'observais cette Caroline que je n'avais jamais vue, et dont j'avais si souvent et si longuement entendu parler.

Elle était grande et mince, étroite des épaules, souple et onduleuse de la taille ; les traits du visage étaient assez purs, mais flétris et fatigués ; les yeux étaient beaux, mais trop hardis ; les lèvres étaient fraîches et roses, les dents blanches, petites et pointues ; le corsage, enveloppé dans un châle, me sembla plat et maigre. Les mains paraissaient parfaitement blanches et un peu molles ; les doigts en étaient longs, gras, très-lisses, très-effilés, c'étaient de ces mains que les chiromanciens nomment mains de plaisir. Ses manières avaient de la grâce, mais trop de brusquerie, ses attitudes trop de prétention ; et, quoiqu'elle pût passer pour jolie, elle ne me plut point. Peut-être étais-je mal disposé à son égard par ce que je savais d'elle, mais je trouvais dans son ensemble quelque chose qui semblait indiquer une nature double, folle et raisonnable, froide et passionnée. Son regard, où il y avait de l'égarement et de la douceur, m'inquiétait ; sa voix claire, vibrante, sans musique, me blessait.

Plusieurs fois nos yeux se rencontrèrent, et elle me força à baisser les miens. Pour l'étudier plus à mon aise, je me levai, et, sous prétexte de visiter l'atelier, j'allai me mettre en observation derrière une toile.

Bientôt Jacques vint m'y rejoindre.

— Emmène Maret, me dit-il à voix basse.
— Pour rester seul avec Caroline?
— Oui.
— Eh bien, non.
— Alors je m'en vais avec elle.
— Tu es fou.
— Je ne te demande pas d'avis, je te demande un service... Veux-tu emmener Maret?
— Comment?
— Comme tu pourras, mais laisse-nous seuls, elle et moi.

J'hésitai quelques minutes; mais le plus sage, maintenant qu'on ne pouvait plus éviter cet entretien, était au moins de prévenir un éclat; je revins au milieu de l'atelier, et m'approchant de Maret :

— Voulez-vous avoir la bonté de me rendre un service, lui dis-je, et de sortir avec moi?

— Est-ce loin? fit Maret en soupirant; vous savez que je suis tout à votre disposition, mais je suis bien fatigué.

— C'est tout près; il s'agit de venir chez un de mes amis qui voudrait savoir s'il a un Lorrain ou simplement une copie.

— Qu'est-ce que ça lui fait, à cet honnête bourgeois.

— Il me semble que ça doit lui faire quelque chose, et qu'il doit être curieux d'avoir une certitude.

— Vous croyez?
— Certainement.
— Comme vous voudrez, alors.
— Eh bien! partons, n'est-ce pas?
— Partons! fit-il avec un nouveau soupir; mais vous m'assurez que ce n'est pas loin?

— Madame, dis-je en me tournant vers Caroline et en la regardant effrontément pour lui souligner mon épigramme, — pardonnez-moi de vous enlever M. Maret, je vous laisse Jacques.

Puis, tout de suite, m'adressant à celui-ci :

— N'oublie point, n'est-ce pas? que nous dînons à six heures et demie, et que j'ai invité une personne exprès pour toi.

— Allons, me dit Maret, qui s'était appuyé contre la porte, en route; seulement, je vous en prie, n'allons pas trop vite.

A peine étions-nous dans l'escalier, que Jacques se rapprochant de Caroline lui prit la main, et la baisant follement à pleines lèvres :

— Je ne puis que te battre ou t'embrasser, lui dit-il; je ne te bats point.

Tous deux, en même temps, ils se regardèrent, et dans leurs yeux roulèrent de grosses larmes.

— Et je croyais ne plus t'aimer! s'écria-t-il.... il y avait des jours où je croyais te haïr.

— Mon Jacques! fit-elle.

— J'étais fou, et en te voyant là, tout à l'heure, j'ai senti que depuis cinq ans...

— Mon Jacques!

— Oui, Caroline, je n'ai jamais aimé que toi, et je t'aime, entends-tu bien, je t'aime comme il y a cinq ans, comme aux bois de Crillon.

— Mon Jacques!

Il y eut un long moment de silence : ils se regardaient. Irrésistiblement attirés l'un vers l'autre, ils se rapprochèrent encore, se regardant toujours longuement, ardemment, et tous deux, en même temps, à plein cœur ils s'embrassèrent.

Longtemps ils restèrent sans rien dire; puis Jacques, par cet excès de bonheur ramené à de tristes comparaisons :

— Ah! Caroline, comme j'ai souffert, dit-il, depuis notre séparation!

— Et moi donc, mon Jacques, car j'étais la seule coupable, et à ma souffrance s'ajoutaient mes remords. Tu ne vas pas me croire; je n'ai jamis cessé de t'aimer; et, dans cette terrible soirée où, en ta présence, j'ai mis ma main dans celle d'Arthur, c'était toi que j'aimais, mon Jacques. Cet homme m'avait ensorcelée, vois-tu, je voulais lui résister et je ne pouvais pas. Quand j'ai appris ton mariage, j'ai été folle de jalousie; quand j'ai lu ton livre, j'ai été folle d'envie. Ah! oui, va, je t'aurais écrit si j'avais osé; j'avais peur de ta femme. Est-elle bonne au moins ta femme? t'aime-t-elle bien? te rend-elle heureux, mon Jacques? a-t-elle tous les petits soins que j'avais pour toi? Comme je serais fière de toi! comme je t'adorerais! Je savais bien que tu avais du génie; je te l'ai toujours dit, je l'ai toujours cru.

Sous l'influence de cette parole follement passionnée, Jacques fut pris par le vertige.

— Puisque tu m'aimes, s'écria-t-il, reprenons la vie où nous l'avons laissée, et soyons heureux!

Il lui tendit les bras. Elle se leva, le regarda longtemps avec une indéfinissable expression de tendresse et de douleur, puis d'une voix assez ferme elle lui dit:

— Non, Jacques, cela ne se peut pas: si je n'ai pas eu la force de fermer mes oreilles à tes paroles, qui me soulevaient de bonheur, j'en aurai assez maintenant pour te résister. Oui, à l'instant nous avons eu un moment de joie, de sublime faiblesse, que je n'oublierai jamais, il est ma rémission, et s'il doit faire la consolation de tous mes jours à venir, je ne veux pas qu'il fasse notre malheur à tous deux.

— Pourquoi ne me dis-tu pas tout de suite que tu as un autre amour?

— Jacques, je n'aime que toi; mais ce que tu veux est insensé. Je me connais, je te l'ai déjà dit, je porte malheur à ceux que j'aime. Pendant deux ans, je t'ai pris ta vie et je l'ai mangée, je ne veux point recommencer. Je ne veux point que tu redeviennes ce que tu étais rue de Provence. Nous nous sommes connus trop tôt, vois-tu, tu as été trop bon et trop faible pour moi. Ah! mon pauvre ami, je ne suis plus la jeune fille ignorante et confiante d'autrefois, et les trois années passées loin de toi m'ont enlevé bien des illusions : la souffrance m'a appris la vie.

— A moi aussi, et c'est justement pourquoi je te dis : Aimons-nous.

— Malheureux, ni l'un ni l'autre nous ne sommes libres. Ta femme...

— Ma femme n'existe plus pour moi.

— Mais mon mari existe pour moi, pour toi, Jacques, et de lui nous aurions tout à craindre. Depuis trois ans tu as vécu tranquille dans ton ménage, tu as fait un beau livre, tu as conquis un nom ; je ne veux pas que tu quittes et que tu perdes tout cela ; notre vie à tous deux ne pourrait être qu'une vie d'aventure, de mystère, de souffrance.

Il fit un geste pour l'interrompre.

— Oui, de souffrance, car tu n'aurais pas la confiance, et moi, sous ton loyal regard, je rougirais de confusion et de colère : en nous aimant peut-être plus que nous ne nous sommes jamais aimés, nous serions malheureux. Là-bas, à Bruxelles, je penserai à toi, je t'écrirai souvent, tu me répondras quelquefois ; sans renoncer à ton travail, sans briser ta famille, sans désespérer ceux qui t'aiment, nous serons heureux.

Longtemps elle lui parla ainsi. De très-bonne foi, résistant en même temps et à sa propre émotion et à celle de Jacques, elle tâchait par de douces paroles d'expérience et d'amitié de le ramener à la raison. Lui, affolé d'amour, ne l'écoutait point ; il revenait sans cesse à ses projets, à ses désirs.

Après deux heures de lutte, il devint un peu plus calme ; moitié raison, moitié dépit de voir qu'elle ne se rendait pas, il faiblit dans son incessante et monotone prière. Alors Caroline se levant et mettant son chapeau :

— Il faut nous en aller, mon Jacques; conduis-moi, et que Maret ne nous retrouve point ici.

Caroline avait une course à faire rue Chauchat. Bientôt ils y arrivèrent; ils revinrent sur leurs pas, allèrent rue de Provence, revinrent rue Chauchat, toujours émus, toujours frissonnants; elle s'appuyait sur son bras; il la serrait contre son cœur.

La nuit commençait à s'épaissir; il tombait une petite pluie, les passants étaient rares, les lumières peu brillantes dans les chétives boutiques de ce quartier; — et marchant ainsi unis l'un à l'autre, se cachant sous leur parapluie baissé, ils étaient presque isolés.

Souvent Jacques, au moment même où il se croyait le plus complétement vaincu par les raisons de Caroline et par les siennes propres, avait de brusques et irrésistibles retours.

— Viens seulement dîner avec moi, disait-il, nous ne nous séparerons que ce soir.

— Si je vais dîner avec toi, nous ne nous séparerons plus. Pauvre malheureux! ne m'enlève pas mon courage. Si je te cédais, nous nous perdrions tous deux; séparés nous nous aimerons toujours; laisse-moi partir; je te promets que je t'écrirai.

— Quand?

— Dans deux jours; après, toutes les semaines.

— Embrasse-moi.

— Jacques!...

Sans écouter sa prière, il l'entraîna sous une porte sombre; là follement il l'embrassa.

Ils ne se quittèrent point encore; pendant près d'une heure, ils se promenèrent, se fixant une limite pour se séparer, ne se séparant point, se disant « encore cinq minutes, » ou bien « allons jusque là-bas, » et laissant les minutes s'écouler, sans avoir la force de s'arracher l'un à l'autre.

Enfin Caroline, plus maîtresse d'elle-même, se dégagea du bras de Jacques, le regarda une dernière fois, et sans se retourner, en courant, elle se sauva.

Il resta immobile pendant quelques secondes; puis, tout à coup, comme un fou, il se mit à sa poursuite : il ne lui avait point demandé son adresse à Paris, ce qu'elle ferait le lendemain, à quelle heure elle partirait.

Il ne put l'atteindre; il parcourut toute la rue, alla rue Rossini, revint rue de Provence; ce fut en vain : il ne la vit pas. Sans trop savoir pourquoi, il courut chez Maret. Il n'y avait personne. De désespoir il revint rue Chauchat, et se postant au milieu de la rue, comptant qu'un bienheureux hasard la ferait, à sa sortie, se diriger de ce côté, il attendit.

Pour moi, pendant ce temps, rentré depuis plusieurs heures, j'attendais aussi, plein d'impatience, d'inquiétude, de crainte.

Je ne pouvais pas me tromper : le regard de Jacques avait été trop brûlant, sa voix trop émue; il aimait, il adorait toujours Caroline. Que s'était-il passé?

Depuis longtemps le convive que j'avais invité exprès pour le mettre en relation avec Jacques était arrivé, et il avait déjà plus d'une fois témoigné sa surprise d'un pareil retard.

— Il va venir d'une minute à l'autre, avais-je toujours répondu.

Les minutes s'étaient changées en quart d'heure, en demi-heure, en heure, et Jacques n'avait point paru.

Je pris mon parti. Comme il me fallait une solide excuse pour le cas où il ne viendrait point; comme il en fallait une non moins solide pour le cas où il arriverait avec une figure bouleversée, j'avouai franchement que nous avions rencontré une femme qu'il avait dû épouser, et qu'il était resté près d'elle.

Mon convive, qui était jeune, qui de plus était femme,

fut très-sensible à cette raison ; Jacques désormais pouvait arriver à dix heures du soir, ou même ne pas arriver du tout : il était excusé d'avance.

Mais, moi, la raison que j'avais donnée ne me rassurait nullement, et plus le temps s'écoulait, plus j'étais effrayé.

Enfin, vers huit heures, Jacques arriva ; il était effrayamment pâle... Il voulut s'excuser ; ce fut à peine si, d'une voix étranglée, il put babutier quelques mots.

Je fis monter le dîner et nous nous mîmes à table.

Il fut impossible à Jacques de manger... Immobile sur sa chaise, il restait profondément accablé ; parfois il levait la tête, nous regardait, et les yeux gros de larmes :

— Pardonnez-moi, disait-il ; je vous gâte votre dîner.

Il vit un moment où il sentit qu'il allait éclater : il se leva sans rien dire et passa dans mon cabinet.

— Laissons-le, dis-je tout bas ; ce que je redoutais le plus ne s'est heureusement pas réalisé : ils se sont quittés.

L'inquiétude cependant ne tarda point à nous prendre.

— Allons donc voir, me dit ma convive ; il est peut-être malade, le pauvre garçon.

— Laisse-moi aller seul, répondis-je ; il ne te connaît pas. Tu le gênerais, et il faut que je sache comment les choses se sont passées.

J'entrai et le trouvai enfoncé dans un fauteuil, les mains crispées, les yeux hagards.

— Ah ! mon ami, s'écria-t-il, que je souffre ! que je souffre !

Je le regardais effrayé, quand je sentis deux mains qui se posaient sur mon épaule, et une voix douce me murmura à l'oreille :

— Oh ! le pauvre garçon, comme il est malheureux !

— Voilà pourtant ce que peut amener la trahison d'une femme.

— C'est épouvantable d'aimer comme ça.

— N'est-ce pas ? et ça ne te donne pas envie d'essayer.

— Non, par exemple, ça rend trop laid.

Et me quittant sur cette conclusion, elle s'en alla dans la cuisine, où je l'entendis remuer des tasses et souffler le feu, pendant que Jacques, la tête entre ses mains, faisait effort pour se contenir.

Au bout de quelques minutes, elle revint portant une tasse à la main, et elle s'approcha de Jacques.

— Monsieur, dit-elle d'une voix caressante, buvez ça, c'est du tilleul, ça vous fera du bien : quand j'ai du chagrin, ça me calme tout de suite.

Il releva la tête et la regarda comme s'il ne comprenait pas ; ému de cette attention dans une femme qu'il connaissait à peine, il prit la tasse, but docilement comme un enfant malade, et, avant de la lui remettre, il serra, avec une touchante expression d'amitié et de reconnaissance, la main qu'elle lui tendait.

Alors m'attirant dans la pièce voisine :

— Je ne veux pas le gêner, je vais m'en aller ; il sera plus libre de te conter ses peines.

Elle mit son châle, son chapeau, et continuant ses recommandations :

— Surtout, viens demain. Regarde comme l'amour fait souffrir ; je suis certaine que si tu ne venais pas, je serais encore plus malheureuse que ça.

Quand elle fut sortie, Jacques éclata enfin librement.

— Tu vois, s'écria-t-il, tu vois comme je l'aime ! Eh bien, elle aussi, elle m'aime. Ah ! j'ai été fou : j'aurais dû la retenir de force. Tu la connais, maintenant ; comme elle est belle, n'est-ce pas? Quelle grâce ! quels yeux !

Quoique n'étant pas précisément de cet avis, je jugeai inutile de le contredire et je fis un signe affirmatif.

— Quand je pense, continua-t-il, que je me disais guéri. Je te mentais, je me mentais à moi-même : je l'aime toujours, je l'aime, entends-tu bien, je l'aime. Il faut que je la retrouve, il faut que je la revoie.

Je voulus l'interrompre, il ne m'en laissa pas le temps.

— Tu vas me parler de ma femme, de mon avenir, du monde. Eh bien, elle m'a parlé de tout cela elle-même, la chère enfant. Ah ! les hypocrites, les menteurs qui osent soutenir qu'on se guérit de son premier amour. Nous sommes bien l'un à l'autre; rien ne nous séparera, ni le devoir, ni les lois sociales. Moi aussi j'ai cru à ces puissances-là, je les ai prêchées; aujourd'hui, je te dis encore une fois hypocrisie ou mensonge.

Que répondre à de pareilles paroles, dont toute la raison se trouve dans ce seul mot, éternellement répété : « Je l'aime. » Cependant, effrayé de cette crise, inquiet de cette exaltation, j'essayai d'intervenir. Je me mis à parler, à parler sans interruption. Tout ce que je savais de lieux communs, je le répétai; toutes les vieilles phrases sur la résignation, le devoir, la dignité, le courage, je les employai; j'en fis même de nouvelles, usant en cela de la tactique de ces avocats qui veulent fatiguer ou distraire l'attention plutôt que convaincre. Je faisais un bruit infernal; je m'assourdissais moi-même, et au milieu de ce tapage, Jacques avait de la peine à placer un seul mot.

Au moins j'obtins ainsi qu'il ne se grisât point de ses propres paroles, et son exaltation tomba un peu.

Mais je n'avais pas entamé son idée fixe, qui était de la revoir.

— Allons chez Maret, me dit-il tout à coup; elle sera peut-être revenue.

Chez Maret, il n'y avait personne.

— Allons rue Chauchat... promenons-nous dans le quartier : nous la rencontrerons.

Tout ce qu'il voulut, je le voulus comme lui; j'avais trop de chances de mon côté pour le contrarier; et la seule qui me fût contraire, celle de rencontrer Maret, j'espérais la conjurer à temps par une prompte intervention.

Sous une pluie battante, dans une boue liquide, nous

nous traînâmes de la rue de La Bruyère à la rue Chauchat.

— La pauvre enfant, disait-il, elle n'avait pas tantôt l'argent pour son départ; elle ne l'a peut-être pas encore trouvé.

— Que fait-elle donc à Bruxelles ?

— Elle est associée avec une de ses anciennes camarades, pour fabriquer de la dentelle que Caroline vient vendre à Paris.

Puis, changeant de sujet, il me répétait au moins pour la vingtième fois :

— Enfin, elle m'aime, et j'ai ma revanche.

Je ne comprenais pas très-bien quelle revanche si glorieuse il avait; mais je ne répondais rien et lui laissais au moins cette consolation.

La pluie, la fatigue, le froid, le découragement finirent par amener le résultat que j'attendais : Jacques fut moins ardent, moins fiévreux, moins obstiné; il convint que notre recherche était insensée. A une heure du matin, quand je parlai de rentrer, il ne résista pas.

— Oui, rentrons, dit-il, nous ne la trouverons pas.

Je le reconduisis jusqu'à sa porte, en invoquant tout ce que je pus inventer pour le persuader que c'était une folie de chercher à la revoir.

— Tu as raison, me dit-il; mais je l'aime trop, vois-tu, et je le sens bien, ce n'est pas fini : si ce n'est demain, ce sera dans un mois, ce sera dans un an ; assurément, je la retrouverai, et alors rien... rien ne nous séparera plus.

XIX

LA GARE DU CHEMIN DE FER DU NORD

Quoique brisé de fatigue, je dormis peu cette nuit-là : je pensais à Jacques avec angoisses, et le sentais perdu, s'il retrouvait Caroline.

Avant le jour, je fus réveillé par un vigoureux coup de sonnette; instinctivement effrayé, je courus ouvrir.

C'était Jacques.

Il entra dans ma chambre, et me prenant la main, il me dit d'une voix rapide et saccadée :

— Veux-tu m'accorder ce que je vais te demander, quelque extravagant que cela puisse te paraître, sans chercher à me détourner, sans te croire obligé de me dire tout ce que je me suis déjà dit : que c'est fou, que c'est stupide, que je me perds, le veux-tu?

— Parle, que faut-il?

— Venir avec moi au chemin de fer du Nord et m'aider à ne pas laisser partir Caroline sans la voir.

— Mais, mon ami...?

— Ah! pas d'objections, je t'en supplie ; oui ou non, veux-tu ?

Je restai un moment indécis; puis, réfléchissant que, dans tous les cas, il valait mieux que je fusse près de lui que de le laisser tout seul, je répondis affirmativement.

Tout en m'habillant, je l'examinai à la dérobée, et je vis dans ses yeux abattus un feu et une résolution qui me prouvèrent que rien ne pourrait le détourner de son projet.

— Tu m'expliqueras bien au moins, lui dis-je, comment cette résolution t'est venue cette nuit.

— J'aurais dû t'écouter hier soir, et venir coucher sur ton canapé. En rentrant, j'ai trouvé ma femme; elle m'attendait. Je l'avais oubliée et j'espérais être seul. Je l'ai donc trouvée inquiète, tourmentée, jalouse, et elle m'a fait questions sur questions : d'où je venais? qui j'avais vu? pourquoi je rentrais si tard? Je me sauvai dans mon cabinet : elle me faisait horreur.

J'avais fini de m'habiller et devant lui, je l'écoutais effrayé.

Me voyant immobile :

— Tu es prêt, n'est-ce pas ? fit-il en s'interrompant ; partons.

Tout en marchant à grands pas dans la rue il continua :

— Là, j'espérais au moins être tranquille, n'avoir ni à lui répondre, ni à la regarder en face. Ah ! bien oui. Je n'étais pas seul depuis un quart d'heure, que, ne devinant rien, elle vint me rejoindre. Je n'avais point pensé à mettre un verrou ; elle entra. Je l'entendis venir, et la colère, une colère folle, me prit. — Jacques ! me dit-elle doucement, Jacques ! — J'ai à travailler, répondis-je sans me retourner. — Je t'en prie, ne m'en veux pas, dit-elle, je ne croyais pas te fâcher. Puis, s'avançant jusque contre moi, elle me jeta les bras autour du cou et m'embrassa. Oh ! alors je devins fou ; son baiser me souleva le cœur. Je la repoussai brutalement, la traînai dans sa chambre, et rentrant vivement dans mon cabinet, je me verrouillai. Comprends-tu ce qu'il y avait d'horrible dans les tendresses et les caresses de cette femme ? Le calme que j'avais presque retrouvé avec toi était perdu, et je passai la nuit dans un état de fièvre et de colère. Par cette scène, j'ai senti que je ne pourrais jamais revoir ma femme, et quand même je ne retrouverais pas Caroline, je ne rentrerai jamais chez moi. Mais nous la retrouverons, n'est-ce pas ? D'ailleurs, si elle nous échappe, je pars pour Bruxelles.

En parlant ainsi, en répétant constamment : « Nous la trouverons, » nous arrivâmes à la gare. Le gaz était encore allumé dans les salles, et le premier train pour la Belgique ne devait partir qu'à huit heures.

Ce délai me permit de réfléchir ; je ne savais véritablement quel parti prendre, et à chaque instant, troublé par Jacques qui me parlait sans cesse de Caroline, je ne trouvais rien à lui opposer.

Et en réalité il n'y avait rien à trouver ni à chercher ; il était si résolu que les meilleures raisons du monde étaient en pure perte. Il n'y avait de secours à attendre que du hasard, qui permettrait peut-être à Caroline de passer sans que nous la vissions ; et, comme Jacques était myope, je promis d'aider de toutes mes forces ce bienheureux hasard.

C'était un dimanche matin, il y avait foule dans la gare. Les lumières s'éteignaient une à une, et il n'en restait plus qu'aux guichets des receveurs ; une sorte d'obscurité qu'augmentait encore le brouillard laissait dans l'ombre une bonne moitié de la grande salle : des voitures arrivaient à chaque instant versant dans cette salle des flots de voyageurs empressés ; et Jacques, ahuri par les paysans qui s'appelaient en criant formidablement, bousculé par les chariots encombrés de bagages, arrêté par les groupes qui causaient sur place en piétinant, Jacques, troublé aussi par sa fièvre intérieure, ne savait ce qui se passait et ce qu'il voyait.

— Veille bien, me disait-il.

— Sois tranquille.

— Tu la reconnaîtras, n'est-ce pas ?

— Parfaitement.

— Tu sais, grande, légère, une robe noire. Tiens, est-ce que ce n'est pas elle, là-bas ?

— Non, c'est une Anglaise, à l'allure de volatile.

— Ah ! une voiture qui arrive ; regarde.

— C'est une nourrice.

— Surveillons les voitures surtout. Si nous allions à l'entrée ?

— Nous sommes mieux ici.

— Quand elle arrivera, tu me quitteras : je ne veux pas qu'elle te voie avec moi. Et puis tu me rendras le service d'aller chez moi ; tu diras tout à ma femme.

— Pour cela, non, mon ami.

— Eh bien ! alors, je lui écrirai, ou plutôt je ne lui écrirai pas. Quand elle sera fatiguée de me chercher, elle se reposera.

— Tu parles comme si Caroline allait vouloir te suivre.

— Oh ! oh ! fit-il avec un geste de superbe confiance.

— Enfin, hier elle n'a pas voulu, c'est elle qui t'a repoussé; qui te dit qu'elle ne fera pas de même aujourd'hui ?

— Aujourd'hui, ou elle me suivra, ou je la suivrai ; mais ne me parle pas, tu m'empêches de voir.

— Et si elle ne te suit pas, si elle te défend de la suivre, si elle n'est pas seule ?

— Tu croirais !... s'écria-t-il.

Le train de huit heures partit, et nous ne vîmes point Caroline.

— Ce sera pour une heure, dit Jacques sans se désespérer.

Il voulut s'asseoir sur un banc, auprès du guichet où se délivrent les billets; malgré lui, je l'entraînai dans un restaurant de la place Roubaix.

— Qu'as-tu à craindre ? lui dis-je pour le décider, elle ne peut maintenant arriver qu'au moment du départ du train, c'est-à-dire dans cinq heures.

Je l'engageai à boire un verre de vin et à manger un peu. Cela lui fit du bien : il n'avait rien pris depuis vingt-quatre heures, et sans repos il avait marché et parlé. Il devint moins irritable et moins impatient ; cependant, avant midi, il me força de retourner au chemin de fer.

— Voyons, lui dis-je, supposons que Caroline reste avec toi, que vas-tu faire ?

— Louer une chambre quelque part, et m'y enfermer avec elle.

— Et après ?

— Après ?... rien; nous nous aimerons, voilà tout : trouves-tu que ce ne soit pas assez ?

— Cela me paraît tout à fait admirable; mais vivre ?

— Qu'importe ? nous avons bien vécu rue de Buffault.

— Vous aviez vingt ans, vous riiez de la misère, et cependant elle vous a fait vous séparer.

Discourant ainsi, nous vîmes partir le train d'une heure,

et nous recommençâmes la comédie du départ : « Est-ce elle ?... Ne la vois-tu pas ?... Regarde cette voiture... »

Le train parti, Jacques commença à se désespérer ; mais à quatre heures, quand nous allions nous en aller, je vis déboucher par la rue de Dunkerque un fiacre chargé de malles et de cartons. Au trot de ses deux chevaux poussifs, il entra lentement dans la cour et vint se ranger du *côté du départ ;* un facteur ouvrit la portière ; une femme descendit. C'était Caroline.

Je voulus entraîner Jacques, espérant qu'il n'avait rien vu ; son instinct et son cœur avaient été plus fidèles que ses yeux ; il l'avait devinée. M'abandonnant brusquement le bras, il courut au-devant d'elle.

Au lieu de m'éloigner, comme il me l'avait recommandé, j'allai m'appuyer derrière une porte vitrée qui me cacha à moitié.

Lorsqu'il arriva près de Caroline, elle était descendue. En le voyant, elle fit un brusque mouvement qui me parut trahir autant de joie que de surprise.

On commençait à descendre les bagages de dessus le fiacre. Jacques les fit replacer, et la voiture alla stationner à quelques pas de là.

Pour eux, ils se mirent à se promener dans la salle d'attente en parlant vivement. Ils étaient rouges et paraissaient fort émus : évidemment, Jacques suppliait et Caroline résistait.

Plusieurs fois ils firent le tour de la salle ; une fois même ils passèrent tout près de moi. Caroline disait d'une voix assez ferme :

— Non, Jacques, c'est impossible.

Bientôt il me sembla qu'elle faiblissait ; elle avait pris son bras et ils marchaient doucement en se parlant à l'oreille.

La sonnette annonça qu'on allait fermer les guichets.

Caroline fit un mouvement pour se dégager ; Jacques

la retint; et, immobiles en face l'un de l'autre, ils se regardèrent les yeux dans les yeux.

— Tout est perdu, pensais-je, elle reste.

Elle restait en effet. Ils se dirigèrent vers le fiacre qui avait amené Caroline, et, pendant qu'elle montait, Jacques parla au cocher. Au risque de me laisser voir, j'avançai rapidement pour entendre l'adresse qu'il donnait; mais j'arrivai trop tard, les chevaux se mettaient déjà en marche. Des yeux je cherchai une voiture pour les suivre; il n'y en avait point dans la gare. J'allai dans la rue, il n'y en avait point davantage. Cette ressource, sur laquelle j'avais trop compté, me manquant, — je n'avais qu'un seul moyen : courir aussi vite que leurs chevaux poussifs. En temps ordinaire, cela m'eût été assez facile; mais il commençait à faire nuit, le granit des trottoirs était gras et glissant, la pente de la rue les favorisait. Je restai bientôt en arrière, les reconnaissant difficilement au milieu des lanternes qui se croisaient, et, au bas de la rue Lafayette, il me fut impossible de savoir s'ils avaient pris la rue Papillon, la rue Bleue, la rue de Paradis, ou bien s'ils avaient continué la rue du Faubourg-Poissonnière.

Dans toutes les prévisions que j'avais entassées, je n'avais pas un seul instant pensé à un pareil incident; aussi demeurai-je fort embarrassé. Maintenant où les chercher? où les trouver?

Certes, il est souvent aussi maladroit qu'inutile de venir de cœur froid crier à un amoureux : « Votre amour est insensé, fuyez la passion; vous ne savez pas où ses déréglements peuvent vous entraîner. Soyez digne, soyez fort, écoutez ma parole, croyez mon savoir, faites à mes conseils le sacrifice que vous refusez à votre conscience. » — Mais dans les conditions où j'étais avec Jacques, il me sembla que, sans ridicule et sans présomption, je devais prendre ce rôle de prêcheur et de Mentor.

J'avais pour Jacques une amitié ardente et profonde :

depuis qu'à la Bibliothèque nous nous étions retrouvés, nous avions repris nos causeries et notre intimité de la pension, dans une allure plus haute et plus indépendante. La route que nous suivions n'était pas la même, mais c'était à un même but que nous tendions, et sans jalousie, avec une affectueuse et prévoyante émulation, nous soutenant mutuellement, nous nous excitions et nous nous encouragions. J'étais fier de lui et il était fier de moi ; et cette orgueilleuse opinion de notre mérite réciproque, nous la donnions superbement à nos amis particuliers : aux siens, il parlait de moi sans cesse ; aux miens, j'imposais la foi en son talent, la croyance en sa haute valeur, la confiance en son glorieux avenir. Ceux qui nous entendaient pour la première fois pouvaient rire de cet enthousiasme, qu'ils prenaient pour une complaisante camaraderie ; ceux qui nous entendaient pour la dixième nous applaudissaient, quand ils ne nous enviaient point. Dans les choses de l'art et de la vie, il était ma conscience et j'étais la sienne. Nous avions cependant des principes contraires ; nos natures aussi étaient loin d'être les mêmes ; mais lorsque par hasard nous abordions un point dangereux, nous n'insistions jamais. Pourquoi aurions-nous sottement ergoté, quand nous nous jugions également bien convaincus? Pourquoi aurions-nous perdu notre temps en des paroles oiseuses, quand nous pouvions autrement si bien l'employer? N'avions-nous pas nos études, nos luttes, nos joies, nos chagrins qui étaient les mêmes ? notre goût qui s'était formé aux mêmes sources? notre esprit qui avait eu les mêmes maîtres? N'avions-nous pas les mille sujets d'une vie commune? N'avions-nous pas les souvenirs de notre enfance, qui nous faisaient une inépuisable tradition, où nous pouvions nous plonger, nous baigner, et d'où nous étions certains de ressortir frais, dispos, lavés et débarrassés des ennuis que nous avait donnés la veille, retrempés et raffermis pour supporter les ennuis que nous gardait le lendemain ? A cette amitié nous avions consacré une pleine journée de notre semaine : à l'heure convenue, nous partions, quand le temps le permettait, pour une promenade en campagne ; en hiver, pour une visite au Louvre. Nous dînions ensemble, et le soir, bras dessus, bras dessous sur le boulevard, nous reprenions nos entretiens de la journée, à plein cœur nous causions ; dix fois l'un l'autre nous nous reconduisions, et quelquefois à deux ou à trois heures du matin nous n'étions pas encore rentrés. Mais aussi quel courage ! quelle force le lendemain au réveil ! et avec quelle espérance et quelle reconnaissance, nous mettant au travail, nous nous disions chacun de notre côté ! « Il sera content ! »

Que Jacques retombât sous le pouvoir de Caroline, et je le sentais, c'en était fini de notre amitié. Jusqu'à ce jour, il est vrai, j'avais bien eu pour principe de considérer les femmes ou les maîtresses de mes amis comme si elles n'existaient pas, de ne pas plus m'affliger de leurs boutades que de me réjouir de leurs gracieusetés, seul moyen de ne jamais les prendre en haine ou en amour ; mais avec Caroline pourrais-je employer cette méthode ? n'allait-elle pas complétement absorber Jacques ? n'allait-elle pas gaspiller au gré de ses caprices cette vie qui avait besoin de tant de calme et de concentration ?

Réfléchissant avec anxiété, je marchais sur ce boulevard où si souvent nous avions agité nos ambitieux espoirs, et je cherchais comment empêcher ce fatal rapprochement.

Pour le moment, ce par quoi je devais commencer, c'était de les retrouver. Mais comment ? je n'avais qu'un indice, le numéro de la voiture qui les avait emportés.

— Où peut-on trouver le cocher de la voiture portant le numéro 772 ? demandai-je à un surveillant.

— Ce soir, c'est difficile : il ne rentrera pas probablement avant minuit ou une heure.

— Demain ?

— Oh ! demain, c'est facile : il faut aller avant sept heures rue de la Pompe, à Passy ; c'est là qu'est son dépôt.

— Eh bien ! pensai-je, nous verrons demain qui l'emportera de la raison ou de la passion, de l'ami ou de la maîtresse. Tentons au moins un dernier effort.

XX

LA MAITRESSE ET L'AMI

Le lendemain, avant sept heures, j'étais à Passy, rue de la Pompe, et par une longue allée j'entrais dans une vaste cour boueuse, pleine de lumière et de bruit. Deux ou trois cents voitures étaient rangées au milieu ; les palefreniers commençaient à atteler les chevaux, et MM. les cochers attendaient en causant bruyamment.

Je m'adressai dans un petit bureau.

— Le 772, me répondit-on, c'était hier le père Pringau : il va venir ; attendez-le si vous voulez.

Je l'attendis pendant trois heures, et je vis successivement partir tous les cochers ; ils arrivaient bien cirés, bien brossés, le fouet à la main et le manteau sur le bras ; à la façon dont on les traitait lorsqu'ils rendaient leurs comptes et prenaient leurs feuilles, je compris pour la première fois et j'excusai la façon dont eux-mêmes traitent souvent leurs chevaux ; assurément ils ne rendent pas blessures pour blessures. A dix heures, je hasardai timidement une nouvelle interrogation ; le père Pringau n'arrivait pas.

— Dame, c'est un excellent cocher, mais il s'égaye quelquefois; il doit dormir : faudrait aller chez lui.

J'y allai. A l'air ahuri avec lequel il m'écouta en me faisant répéter dix fois mes questions, je jugeai qu'en effet il avait dû fortemement s'égayer.

— Oui, oui, dit-il enfin, une dame qui a chargé un monsieur au chemin de fer du Nord. Je les ai joliment menés; j'étais en train : nous avions étranglé pas mal de cardinaux, le matin, avec les camarades...

— Étranglé des cardinaux?...

— C'est un mot qui se dit; nous avions avalé quelques litres de rouge.

— Où l'avez-vous menée, cette dame?

— Attendez, attendez donc: en sortant, j'ai chargé pour le Panthéon; après, j'ai chargé pour la rue de Provence; après, j'ai chargé pour la gare du Nord, où la dame a pris le monsieur, et je les ai menés... je les ai menés... Tiens! pourquoi me demandez-vous ça, vous?

— J'ai mes raisons.

— J'en ai, moi, pour me taire... Vous n'êtes pas de la police, hein?... Est-ce que vous êtes le mari de la dame?... elle serait bonne celle-là.

— Si je l'étais?

— Eh bien, je ne vous dirais rien... Ils m'ont donné vingt sous de pourboire, je ne veux pas qu'on les ennuie, moi... ils avaient l'air de deux amoureux.

Je fis un geste; il vit luire dans ma main une pièce de cent sous, la sentit couler dans la sienne, et tout de suite il se décida : il les avait menés à l'hôtel d'Irlande, rue Cadet.

Deux heures après, j'étais rue Cadet et je recommençais à peu près les mêmes négociations pour apprendre où était la chambre de Jacques, qui, naturellement, n'avait pas donné son nom.

Enfin, je conquis le numéro de cette chambre et je montai.

Je traversai un petit vestibule qu'une porte vitrée séparait de la chambre; je frappai et sans attendre la réponse, j'entrai.

Jacques était seul.

J'allai vers lui et lui tendis la main, il recula stupéfait.

— Eh bien, est-ce que je te fais peur?

— Comment nous as-tu trouvés?

— Nous!... Tu n'es pas seul?

— Je ne le serai pas tout à l'heure.

— Alors, parlons vite, n'est-ce pas?

— Dépêche-toi: Caroline va rentrer; je ne voudrais point qu'elle te trouvât ici. Comment as-tu pu nous découvrir?

— Ce serait trop long à te raconter, et c'est peu important.

Pour ce que j'avais à dire j'aurais eu besoin de calme et surtout de temps; la perspective de voir Caroline survenir d'un moment à l'autre m'effraya.

— Sortons un moment, dis-je à Jacques.

— C'est impossible... Parle vite; tu me fais mourir d'impatience.

Il fallait se résigner. J'abordai donc franchement la question, et prenant un air grave:

— Mon cher Jacques, bien des fois nous avons parlé des devoirs sacrés de l'amitié; aussi tu dois comprendre...

— Je comprends ce que tu vas me dire, et je te préviens tout de suite que je ne suis pas disposé à l'entendre: nous pouvons en rester là. Tu sais que je suis un esprit raisonnable doué d'une certaine dose de logique, capable de voir où une action quelconque peut me conduire; or, tout ce que tu me diras, je me le suis déjà dit, et ma détermination n'en a pas été ébranlée. Sans doute, à ta place, je parlerais comme tu parles; mais, à la mienne, la passion dans le cœur, tu agirais comme j'agis, et tu refuserais toute observation. Écoute bien cette déclaration, elle est sincère: j'aime Caroline, elle m'aime, et rien, entends-tu bien, rien au monde ne nous empêchera de reprendre notre vie d'amour où nous l'avons interrompue.

— C'est là ce qui m'épouvante. Rappelle-toi ce que tu es devenu entre ses mains.

Il fit un mouvement pour m'imposer silence.

— Je ne suis pas son ennemi, moi : je l'ai vue hier pour la première fois. Seulement, raisonnons un peu; je connais ses actions et son influence : voyons quelles ont été ces actions et dans quel sens elle a usé de cette influence. Tu arrives à Paris, n'est-ce pas, plein de force, d'ambition, de fierté et de courage; tu as confiance en toi, et tous ceux qui te connaissent partagent cette confiance ; de ton esprit et de ton caractère ils attendent beaucoup. Caroline arrive à son tour...

— Appelée par moi.

— Appelée par toi. Vous commencez à vous aimer. Cet amour te rend-il plus ambitieux, plus fier, plus fort ? exalte-t-il ton esprit ? t'inspire-t-il de grandes choses ? te met-il au cœur cet enthousiasme qui cache les précipices et fait toucher du doigt les inaccessibles sommets de l'idéal ? Non, pour premier résultat, ce grand amour, il borne ton ambition à devenir le mari d'une intéressante modiste.

Ici Jacques eut un geste de colère et me lança un regard qui valait une insulte; je ne répondis point, et tout de suite continuant :

— Oh ! elle a toutes les vertus, toutes les grâces, je te l'accorde. Mais enfin, à côté de cette ambition de devenir son époux, il aurait pu, il me semble, te rester encore quelques nobles désirs. Il ne t'en reste pas. La douce union d'un tourtereau et d'une tourterelle, voilà désormais tout ce que tu veux. Pour elle, tu entres dans cette voie de la ruse et du mensonge qui te conduit à une rupture avec ta famille, et tout fier de ce sacrifice tu t'engages dans une vie que je ne qualifierais jamais aussi durement que tu l'as qualifiée toi-même. Au moins, te sait-elle gré de ces marques de passion? te les paye-t-elle en tendresse? te rend-elle heureux. Pour un jour de bonheur, — et c'est là ce qu'il y a de remarquable dans votre liaison, — vous avez des mois entiers de guerre et de lutte où vos deux caractères se heurtent, où finalement le tien s'aigrit et s'abaisse. Pour récompense, elle te donne un rival qui t'impose des humiliations que tu supportes, la mort dans le cœur, et qu'elle supporte, elle, le sourire aux lèvres et sans te défendre une seule fois. Puis elle en arrive à mépriser ton intelligence; puis, elle te met à la porte; puis, elle t'y met une seconde fois, quand tu as la faiblesse de revenir. J'ai dit les hontes de cet amour; quelles grandeurs peux-tu mettre en balance?

Jacques se leva pâle de colère, et d'une voix saccadée :
— N'ajoute plus un mot, je t'en prie.

Et il me regarda avec des yeux menaçants. Sans baisser les miens, je répondis :
— Eh bien, quoi? vas-tu me souffleter? Ah! Jacques, il ne manquerait plus que cela à ton glorieux amour.

Il y eut entre nous un moment de terrible silence.
Bientôt je repris :
— Je t'ai montré ce que tu as fait sous le pouvoir de cette fatale passion; je veux te montrer maintenant ce que tu ferais si....
— Mais pourquoi, à quel titre, de quel droit?
— Du droit qu'on a de tendre la main à un ami qu'on aime comme je t'aime, Jacques. Emportée dans le tourbillon de la vie, Caroline s'était attachée à toi comme le noyé se suspend à la branche sous laquelle il passe à demi suffoqué; elle t'avait entraîné vers elle, courbé, ployé, traîné dans la bourbe où elle-même désespérément pataugeait. Elle t'abandonne pour un autre qu'elle croit plus solide. Tu te redresses, tu te laves des taches dont elle

t'avait souillé, tu reverdis, tu refleuris, tu donnes les fruits que promettait ta jeunesse ; et maintenant qu'elle te voit vigoureux, elle va te ressaisir, se cramponner à toi pour t'entraîner de nouveau avec elle : et tu ne veux pas permettre que je crie ? que je cherche à t'avertir ? allons donc !

— Assez de langage figuré, je t'en prie ; où veux-tu en venir ?

— A ceci : tes premières amours ont eu de déplorables résultats ; n'en recommence pas de secondes, qui en auraient malheureusement de semblables, sans cette fois, cependant, l'excuse de la jeunesse.

— Crois-tu, que cet amour, je vais le recommencer ou ne pas le recommencer, à volonté ? Ne vois-tu pas que j'aime Caroline comme un fou ?

— Et c'est bien là ce qui m'épouvante. Si c'était un caprice, te parlerais-je ainsi ? Entre les mains de cette femme, tu n'es rien ; elle te possède, elle t'annihile. Avant que l'habitude n'ait doublé ta passion, fais un suprême effort. Je ne te dis pas, moi : ne la revois jamais... S'il te la faut absolument, qu'elle soit ta maîtresse pour un jour, pour deux jours, mais laisse-la partir pour Bruxelles, d'où elle reviendra quand tu voudras, d'où elle t'écrira. Vous vous aimerez, vous vous le direz, vous vous le prouverez de temps en temps, et tu n'auras pas brisé ta vie et ton avenir.

Jacques m'avait écouté avec une attention presque patiente ; je me flattais de l'avoir touché, lorsque, me prenant par la main, il me dit doucement en haussant les épaules et d'un ton d'indulgente pitié :

— Tu viens me parler d'avenir quand je parle d'amour ; vraiment, est-ce que tu crois que je suis maître de ma volonté ? est-ce que tu te figures qu'en ce moment ces deux mots *avenir* et *gloire* ont une signification pour moi ? Il n'y en a qu'un qui me touche : j'aime et je suis aimé. Je te le dis sans colère, quand même tout ce que ton amitié a cru nécessaire d'entasser pour m'effrayer devrait se réaliser, je mourrai content si je puis dire : j'ai été aimé. Tu ne sais donc pas, toi, que cette simple petite phrase contient le ciel et la terre avec toutes leurs poésies et toutes leurs joies ? tu n'as donc jamais aimé? tu n'as donc jamais vu un vieillard frissonner à de certains souvenirs !

— J'en ai vu rougir et pleurer ; prends garde d'être de ceux-là. Je ne méprise point la passion ; je l'admire quand elle est grande et belle, je la plains quand elle est douloureuse et honteuse, et comme c'est une de ces passions-là que je crains pour toi, je tâche de t'arrêter.

Il ne me répondit rien ; il paraissait décidé à m'écouter désormais sans m'entendre, et, les bras croisés, il resta immobile sur sa chaise, affectant une patiente insensibilité. Cette absence de contradiction me blessa et me fit maladroitement oublier la réserve que je m'étais imposée. Jusqu'alors j'avais assez ménagé Caroline ; je l'attaquai directement.

— Et pour qui, continuai-je, ferais-tu cet acte de folie ? Encore si elle était la jeune fille d'autrefois, mais elle est flétrie, vieillie, finie. Pour lui trouver quelques charmes, il faut la regarder comme tu la regardes, à travers les souvenirs ; dans un mois tu la verras physiquement plus laide qu'elle n'est en réalité, et moralement tu la connaîtras telle que trois années de mariage avec Chaisemartin, et deux années de liberté avec je ne sais qui ont pu la façonner.

Il se leva brusquement blême et frémissant.

— Je t'ai écouté, dit-il, lorsque, dans ce que tu appelles ton amitié, tu n'as insulté que moi seul ; tu viens de traiter de la façon la plus indigne une femme que j'adore, que je vénère. Va-t'en! tout est fini entre nous.

Et il s'avança vers moi comme pour me pousser dehors ; mais la porte vitrée à laquelle je tournais le dos s'ouvrit brusquement : une femme entra et courut à Jacques, qu'elle prit dans ses bras. C'était Caroline.

— Non ! s'écria-t-elle vivement en s'adressant à moi, restez, monsieur, c'est à moi de partir. J'étais là depuis longtemps, — elle montra l'entrée, — j'ai tout entendu. Oui, je suis vieille et laide; oui, je suis indigne d'amour; mais cependant j'ai encore, malgré mes fautes, quelques restes d'honneur : Jacques, avant que je parte, tends la main à ton ami.

Jacques ne bougea point; Caroline me regarda d'une façon étrange, et moi-même je restai confus et stupéfait.

— Allons, Jacques, reprit-elle bientôt, monsieur a parlé comme il le devait, en ami. D'ailleurs, tout ce qu'il t'a dit, je te l'avais déjà dit moi-même hier, cette nuit, ce matin. Tends-lui la main, et qu'au moins je ne sois pas une cause de rupture entre vous.

Il ne bougea point. Elle continua :

— Tu veux donc que j'emporte ce nouveau remords, et qu'à tous les chagrins que je t'ai déjà causés, j'ajoute celui de t'avoir fait perdre un ami sincère jusqu'à la cruauté, mais un ami qui t'aime et que tu aimes aussi. Ta main !

Jacques hésita encore quelques secondes; puis relevant les yeux qu'il avait tenus obstinément baissés, et mettant sa main dans celle de Caroline :

— Oui, dit-il lentement, que tout soit oublié entre lui et moi ; à cette condition que toi aussi tu oublieras ce que tu as entendu et que tu ne partiras point. Si par mon ami je perds ma maîtresse, je n'ai plus d'ami.

Longtemps Caroline se défendit; longtemps Jacques insista ; il la supplia, il en vint même jusqu'à se mettre à genoux, et elle finit par céder.

— Eh bien ! oui, dit-elle, après quelques minutes de silence, qu'il en soit comme tu le veux, mon Jacques.

Et prenant sa main, elle la mit dans la mienne.

Dans une même étreinte nous fûmes tous trois réunis;

mais il n'y eut pas un seul mot d'échangé; Jacques et moi, nous étions trop mal à l'aise pour oser même nous regarder.

— Allons, dit Caroline, prouvez-nous que vous ne me gardez pas rancune, et restez avec nous à déjeuner.

Je la regardai; elle me regarda aussi, mais d'une façon qui me troubla et me fâcha en même temps.

— Pardonnez-moi, lui dis-je, si je n'accepte point; il me semble que je vous gênerais; vous aimez trop Jacques aujourd'hui.

Sans vouloir paraître sentir l'épigramme qui était dans ce dernier mot, elle m'ouvrit la porte, et d'une voix presque douce, en me saluant gracieusement :

— Alors, à bientôt, n'est-ce pas? et au revoir.

XXI

LA FEMME DE JACQUES — LE MARI DE CAROLINE

Si en s'aimant autrefois, lorsqu'ils avaient vingt ans, Jacques et Caroline n'avaient pu que se rendre mutuellement malheureux, qu'allaient-ils faire maintenant qu'ils n'avaient plus les illusions et les enthousiasmes de la jeunesse?

Le caractère de Jacques, celui de Caroline étaient-ils changés?

Les difficultés de toutes sortes, venant, soit de leur propre nature, soit des circonstances extérieures, ne seraient-elles pas maintenant plus cruelles et plus insurmontables?

Caroline, dans l'expérience qu'elle venait de faire de sa puissance, n'aurait-elle pas pris une autorité plus envahissante et plus despotique?

Et lui-même, Jacques, tout affolé qu'il était de sa passion, comment supporterait-il les deux épreuves qu'il allait rencontrer, la possession et le pardon?

Il voyait encore dans Caroline la jeune fille des prés Louvigny et des bois de Crillon; combien lui faudrait-il de mois, de jours, d'heures, pour voir la jeune femme qu'avaient faite la vie et les souffrances?

Et de même pour le pardon qu'il avait si passionnément offert. En ce moment il était fier de sa générosité; combien lui faudrait-il de temps pour rougir de sa faiblesse? C'est une belle journée en amour la journée où l'on pardonne à la femme qui a péché, mais le lendemain n'est pas loin où l'on ne se pardonne pas à soi-même : — la neige en tombant sur la boue la cache sous un manteau virginal, mais la neige ne tombe pas toujours; le manteau çà et là se pique de taches noires, les flaques s'élargissent, la neige devient fange; la boue s'est augmentée de son manteau.

De ce côté donc, c'est-à-dire du côté de Jacques et de Caroline, et du milieu dans lequel ils allaient vivre, la situation était grosse de périls; et elle l'était encore du côté du mari de Caroline, et aussi du côté de la femme de Jacques.

Que dirait, que ferait Chaisemartin, s'il connaissait un jour la vérité?

Que dirait, que ferait Eugénie lorsqu'elle allait l'apprendre?

Si, pour Chaisemartin vivant depuis plusieurs années séparé de sa femme, on pouvait jusqu'à un certain point se flatter qu'il ignorerait le séjour de Caroline à Paris et son retour à Jacques, il était impossible d'avoir la même espérance à l'égard d'Eugénie.

Le soir où s'était passée la scène du chemin de fer du Nord, je lui avais écrit que j'emmenais Jacques à la campagne, où nous resterions deux ou trois jours. Sans doute je pouvais encore prolonger ces deux ou trois jours; mais à quoi bon maintenant que, Jacques étant irréparablement lié à Caroline, je n'avais plus d'espoir ?

Je me décidai donc à lui avouer une partie de la vérité. J'avais pour elle assez peu de sympathie; mais, dans les circonstances présentes, je voulais faire tout ce qui était en mon pouvoir pour lui adoucir un abandon qu'elle avait si peu mérité; — et en même temps, je voulais aussi tâcher d'apprendre à quelles résolutions elle s'arrêterait.

Je ne l'attendis pas longtemps, dès le lendemain elle arriva : quand elle entra, à sa pâleur et à son trouble, je vis qu'elle savait ou au moins qu'elle prévoyait son malheur.

— Vous êtes revenu, dit-elle rapidement, et Jacques n'est point avec vous ? Où est-il ?

Je restai un moment embarrassé devant cette brusque interrogation. Elle continua :

— Ne me cachez rien de la vérité; vous n'avez pas dû aller à la campagne : je sais que madame Chaisemartin est à Paris. Où est Jacques ?

Elle me regarda avec une anxiété qui la faisait trembler; et comme je n'osais parler, elle ajouta à voix basse :

— Avec elle, n'est-ce pas ?

J'inclinai la tête. Un flot de larmes lui jaillit des yeux, elle tomba affaissée sur une chaise.

Presque aussitôt elle se releva, convulsivement elle s'essuya le visage, et d'une voix qu'elle tâchait d'affermir :

— Je vous remercie, dit-elle.

Et en chancelant elle se dirigea vers la porte, que, dans son trouble, elle ne sut point ouvrir.

Je m'étais levé aussi, et lui prenant la main :

— Voyons, chère dame, essayai-je, écoutez-moi; tout n'est pas perdu.

— Est-ce qu'il n'est pas avec elle ?

— Je puis vous donner ma parole qu'il n'a point cherché cette rencontre; le hasard seul l'a préparée et amenée.

En présence de celle qu'il avait aimée, Jacques a perdu la tête; mais vous êtes maîtresse de son cœur, croyez-le bien...

Elle ne répondit rien; elle s'était rassise et elle pleurait; maintenant qu'elle voyait que je compatissais à sa douleur, elle ne craignait plus de s'y abandonner librement. Et de fait, je la plaignais; en face de son désespoir, qui, mieux que toutes les paroles, disait la puissance de son amour, j'étais ému et attendri.

Ainsi j'avais maintenant sous les yeux la contre-partie de ce qui s'était passé avec Jacques lorsqu'il avait cru Caroline perdue pour lui; mais avec quelle différence! Autant Jacques avait montré de faiblesse dans son exaltation, autant elle montrait de force dans sa prostration. Cependant c'était sincèrement qu'elle pleurait; on sentait en elle la passion égorgée, mais sa raison ne faiblissait pas; si le cœur laissait échapper ses plaintes, la tête paraissait garder une décision inflexible.

Quand le premier accès de cette crise fût passé, elle releva les yeux, et d'une voix presque ferme, comme si elle continuait tout haut sa pensée intérieure, elle dit :

— Non, non, tout est fini.

— Il vous reviendra.

— Moi, je ne reviendrai pas : je l'aime, c'est vrai, mais jamais je ne lui pardonnerai. Je sais bien que je suis laide, je sais bien aussi que dans les choses de la vie on peut rire de moi; mais dans les choses du cœur, monsieur Frédéric, j'ai plus de fierté que lui.

Disant ces paroles, elle les souligna d'un regard plein d'une âpre résolution qui m'inquiéta. Comment allait-elle se conduire? quel parti allait-elle prendre? Je voulus tâcher de le savoir, et j'enfilai de longues phrases sur la résignation que les femmes doivent apporter dans la vie. Je citai des ménages relativement assez heureux qui, sans cette résignation, seraient depuis longtemps brisés, et j'allais terminer en lui affirmant encore que Jacques l'aimait, lorsqu'elle m'interrompit :

— Non ! il ne m'aime pas, il ne m'a jamais aimée, il n'a toujours aimé qu'elle. Vous ne savez pas ce que pour elle, depuis mon mariage, j'ai souffert. Même avant, il m'avait raconté leurs amours ! Ce n'était pas par délicatesse, ce n'était pas pour me prévenir ; c'était tout simplement pour me parler d'elle. Les seules promenades qu'il m'a fait faire, ce sont celles qu'il avait faites avec elle, et vous pensez bien que ce n'était pas pour se taire ; il me racontait tout : où ils s'étaient assis, où ils avaient couru, quelle toilette elle avait. Il était si heureux qu'il ne voyait même pas mon chagrin. A la maison, c'était la même chose, et je n'ai jamais pu lui dire une bonne parole ou lui faire une caresse que je ne l'aie trouvée entre nous. Vous ne savez pas ce que j'ai enduré !

Elle se tut quelques minutes ; ses yeux jetaient des éclairs.

— Vous m'en avez voulu d'être sa femme, vous me trouviez indigne de lui !...

A un geste que je fis, elle m'imposa silence, et elle continua avec une animation qui allait croissant :

— Ne vous en défendez pas, vous aviez raison : je suis bien au-dessous de lui ; mais au moins je l'aimais, et je ne demandais qu'à le rendre heureux. Vous m'avez souvent reproché de le tourmenter, et je vois maintenant que vous aviez raison ; mais ce n'était pas par méchanceté, c'était... tenez, je vais vous le dire... c'était par jalousie. Quand il restait à ne rien faire, paraissant réfléchir, je savais bien que c'était à elle qu'il pensait, pas à son travail. Comme il était dur, dans ces jours-là ! comme il me parlait ! Il m'a tant rabaissée que j'en étais venue à rougir de moi, il me semblait que c'était une honte, à une femme comme moi, de laisser voir son amour ! Tout ça, je le lui pardonnais ; mais m'abandonner comme il vient de le faire, c'est ce que je ne lui pardonnerai point. Voyons, je vous en prie, dites-moi la vérité : comment se sont-ils revus ?

Je voulus me défendre et je me défendis même assez longtemps, enfin il fallut céder ; seulement, cette vérité, j'eus soin de l'adoucir. Je dis comment nous avions rencontré Caroline ; la dureté de Jacques, la cruelle mission dont il m'avait chargé, je n'eus garde d'en parler.

— Ainsi, s'écria-t-elle, il n'a pas quitté Paris, et pendant trois jours il n'a pas pensé à m'écrire. Sans vous, je pourrais le croire mort. Il n'a pas eu le courage de me dire la vérité. Oh ! le lâche ! Mais que lui ai-je fait, moi ? Et elle, que lui fait-elle donc ?

Sentant que de nouveau elle allait éclater en sanglots, elle appliqua son mouchoir sur sa bouche, baissa son voile et sortit rapidement.

Elle s'en alla brisée de douleur. La fatalité s'abattait sur elle pour ne plus la lâcher ; car il n'y avait pas d'illusion à se faire, cette Eugénie que j'avais vue si âpre et si volontaire avait dans le cœur cette âpreté et cette volonté ; elle n'était point de ces femmes qui mettent le devoir dans la résignation ; elle le mettait dans sa propre dignité, elle s'y cloîtrait, et naturellement ardente et résolue, portée à une fierté maladive par le sentiment exagéré qu'elle avait de sa laideur, elle n'oublierait jamais. Chaque jour la faute de Jacques lui serait présente, chaque jour elle lui deviendrait plus cruelle. Tout rapprochement serait à jamais impossible, et Jacques, le jour où il se verrait abandonné à son tour, n'aurait à attendre ni pardon ni consolation.

A cet avenir si triste, il y avait cependant pour l'heure présente une compensation : Eugénie souffrirait en silence et ne se vengerait pas.

Le danger d'un éclat immédiat était donc écarté, et Chaisemartin maintenant était seul à craindre. Je résolus de l'aller voir et de le tâter ; car, avec un caractère comme le sien, il était impossible de rien prévoir. S'adresserait-il aux tribunaux? recourrait-il à un duel? resterait-il dans une dédaigneuse indifférence? De lui on pouvait tout attendre.

Devenu riche par la mort de son père, il s'était fait bâtir un joli petit hôtel au haut de la rue du Rocher. On m'introduisit dans une vaste pièce éclairée par une toiture en verre, de laquelle descendaient des cordes à nœuds, des échelles, des trapèzes ; autour de cette pièce il y avait des espèces de niches fermées par des grilles en fer.

Au milieu d'une vingtaine de singes grands et petits, j'aperçus Chaisemartin.

— Tu vois, me dit-il, je suis au milieu de mes élèves. Comme je n'ai jamais pu avoir plus de trois amis dans l'espèce humaine, j'en ai acheté trente de l'un et de l'autre sexe dans l'espèce quadrumane. Ce sont de curieux personnages : je les ai instruits, je leur ai donné tous les vices des hommes, et je te prie de croire que j'ai joliment réussi; c'est un fameux service que j'ai rendu à la cause de la perfectibilité indéfinie. Il ne leur manque plus que la parole; ils seraient complets, et, comme les héros d'Homère, ils s'expliqueraient avant de se griffer : hypocrites, voleurs, ivrognes et le reste, ils sont tout. S'ils n'étaient pas fatigués, je t'inviterais à un dîner et à un bal chez eux; tu verrais... Allons, va te coucher, Vénus.

Et, d'un grand coup de fouet, il cingla les reins d'une affreuse guenon qui rôdait autour de nous.

— Mais ce n'est pas pour cela que tu es venu, n'est-ce pas? Qui donc me donne le plaisir de te voir?

Je ne pouvais pas avouer le motif vrai de ma visite; j'usai de tout ce que j'avais de diplomatie pour amener la conversation sur Caroline. Aux premières paroles un peu précises, il m'arrêta :

— Très-bien, je te vois venir, c'est pour Jacques que tu veux me tâter.

Je me récriai.

— Eh bien après, tu es l'ami de Jacques plus que le mien ; il a aimé ma femme avant notre mariage, il l'aime encore, car il est de ces natures élégiaques et sentimentales à perpétuité qui mettent tout dans l'amour, et qui se vantent d'avoir le cœur toujours tendre comme je me vante, moi, de l'avoir toujours dur ; ce qui entre nous est une pose également stupide, livrant notre vie entière à la convention. Donc, pour ne point nous égarer en des discours sublimes, Jacques qui aime ma femme voudrait bien apprendre où elle est, ou bien s'il le sait, apprendre surtout dans quelles dispositions maritales et légales je suis à l'égard de sa chère Caroline ; toi, ami fidèle et dévoué, nouveau Pylade de ce nouvel Oreste, tu viens en ambassadeur, c'est tout naturel ! ; — il est vrai, aussi, que c'est un peu canaille ; mais une canaillerie inspirée par l'amitié, oh ! que c'est beau !

Il se mit à rire. Je ne savais trop que répondre ; heureusement il vint à mon secours.

— Allons, si cela est, je ne t'en veux point, pas plus que je n'en veux à Jacques. Je n'ai même jamais été son ennemi, moi, et sans notre rivalité, je l'aurais voulu pour ami : il avait de l'esprit, il était drôle, il prêtait à la plaisanterie, il ne vous rabaissait point par ses grâces physiques, lorsqu'on se promenait avec lui ; c'était mon affaire. Le seul reproche que je lui adresse, c'est, par ses taquinantes jalousies, de m'avoir donné l'idée d'épouser ma femme ; et encore ce reproche n'est-il pas bien sérieux, car il est très-probable que Caroline m'eût bien toute seule inspiré cette triomphante idée. Ah ! elle est forte, va, et si je ne la détestais point, je l'admirerais, car elle m'a très-habilement amené, moi, Chaisemartin, à l'épouser, quand je croyais la contraindre moi-même. C'est joli ça, hein ? Malheureusement, ça ne lui a guère servi : elle est toujours ma femme et je ne suis plus son mari.

Comme je le regardais d'un air surpris, il s'interrompit, et me regardant, lui aussi, mais d'un air narquois :

— Tu ne comprends pas ça, toi ; c'est cependant bien simple, et comme c'est à mon honneur, je vais t'en donner l'explication. Si ça ne t'inspire pas d'estime pour moi, ça t'instruira toujours, et c'est assez. Quand je me mariai, je n'étais plus amoureux, si toutefois je l'avais jamais été, et je ne me lançai dans aucune espèce de stipulations ou de donations en faveur de ma femme. Un jour madite femme se trouva dans le cas prévu par un article du Code que je porte dans mon cœur, l'article 308 ; le connais-tu ?

— La femme contre laquelle la séparation aura été prononcée pour cause...

— Arrête, ne parlons pas de *cornes* dans la maison d'un *pendu*; je vois avec plaisir que tu connais la législation de l'amour : ça pourra te servir. A ma place, qu'est-ce que tu aurais fait ? demandé cette séparation, n'est-ce pas ?

— Sans doute.

— Moi, je n'ai rien demandé du tout, attendu qu'en faisant condamner ma femme, même à deux ans de prison, je pouvais par le même jugement être condamné, moi, à lui servir une pension proportionnée à ma fortune. Or, comme cette fortune est assez jolie, ma femme, lorsque son temps eût été fait, eût joui d'un agréable revenu, tandis qu'aujourd'hui elle traîne des bottines éculées et se prend les pieds dans les trous de ses jupons. Je me suis contenté de la mettre à la porte.

— Et tu n'as pas craint...?

— Quoi ? Crois-tu qu'il soit en son pouvoir de me déshonorer ? trouves-tu que c'est immoral ! Allons donc ! D'ailleurs, je ne connais qu'une morale, celle du Code ; je marche la loi à la main, et je m'en trouve bien. Donc, pour revenir à nos moutons, ou plutôt à notre mouton facile à tondre et facile à conduire, tu peux lui reporter ceci : « Ma femme n'existe plus pour moi, je ne souffre pas qu'on m'en parle, je n'en parle jamais, et si j'ai manqué aujourd'hui à ma règle, c'est que j'avais mes raisons. »

Je me levai pour sortir ; il m'arrêta :

— Voyons, en échange du service que je viens de vous rendre, car je vous en ai rendu un, dis-moi un peu ce qui se passe ?

Comme je me défendais.

— Que crains-tu ? je t'ai parlé sérieusement.

Je ne répondis rien.

— Comprends donc, continua-t-il, que s'il a eu la folie de la reprendre, c'est une preuve pour les imbéciles, c'est-à-dire pour les gens qui croient avoir l'expérience des passions, qu'il n'a pas été son amant avant notre mariage ; et je ne peux pas lui en vouloir de me rendre ce service. Enfin, comme tu voudras ; mais je suis certain de ne pas me tromper sur le motif de ta venue. Tant pis pour Jacques, alors, car la gaillarde a les dents longues ; et comme notre ami Jacques ne doit pas rouler sur l'or, le jour où il n'aura plus rien à donner à dévorer à ces jolies petites dents, son affaire sera claire. A ce moment, peut-être, tu voudrais bien t'expliquer, et je crois que ce sera drôle. Pourvu que ce ne soit pas triste, c'est tout ce que je souhaite à Jacques. Mais n'attends pas jusque-là pour venir me voir, n'est-ce pas ? Tu ne connais pas mes singes, et je tiens à te les montrer : au moins, ces animaux-là ne sont que drôles ; s'ils deviennent tout à fait malfaisants, on peut les tuer.

XXII

NOUVELLES AMOURS

Libres du côté de Chaisemartin, libres du côté d'Eugénie, Jacques et Caroline, si leur amour était aussi puissant qu'ils le croyaient, pouvaient donc être heureux pendant de longues années.

Ils le furent pendant une heure. — La première heure qu'ils passèrent à l'hôtel d'Irlande, où ils s'étaient fait conduire en quittant le chemin de fer.

A peine seuls dans leur chambre, d'un même mouvement, d'un même bond, ils se jetèrent aux bras l'un de l'autre, et longtemps ils restèrent embrassés, enlacés.

Jacques le premier se dégagea : il se laissa glisser à genoux, et pressant les deux mains de Caroline qui, restée debout, se penchait vers lui ; — dans une muette extase, ils se contemplèrent.

C'était bien elle, la jeune fille si belle, si gracieuse, si tendre, celle qu'il avait tant aimée; elle revenait à lui, elle était toujours belle : plus d'obstacles; ils s'aimaient. Enfin, l'heure était arrivée.

C'était bien lui, le cœur enthousiaste, l'âme passionnée des heureux souvenirs; lui, devenu un homme. Oh! comme elle l'aimait ! A sa tendresse à ses caresses maintenant de faire oublier ses duretés, sa trahison d'autrefois. Enfin, l'heure était arrivée !

Le regardant toujours, elle s'inclina sur lui ; leur souffle se mêla, leurs lèvres s'unirent : elle l'entoura de ses bras et le releva : et tous deux, s'entraînant l'un l'autre, le sang chauffé au même degré, le cœur chantant à l'unisson, par leurs désirs et leurs passions ils se laissèrent emporter.

Ce fut le plus beau moment de leurs amours; ce fut la splendide éclosion des promesses échangées aux prés Louvigny, le radieux midi de la matinée passée dans les bois de Crillon. Mais hélas! il eut une courte durée ce moment! Ils s'endormirent dans le rêve, ils s'éveillèrent dans la réalité.

En entrant dans leur chambre, affolés d'ardeur et d'impatience, n'ayant des yeux que pour eux seuls, ils n'avaient rien vu, rien remarqué ; mais lorsque revenus à eux-mêmes ils commencèrent à éprouver cette vague tristesse, ce sentiment de lassitude qui suit tout plaisir, — par les objets qui les environnaient ils furent péniblement frappés.

C'était une de ces chambres d'hôtel qui sont la honte de Paris, dans laquelle on les avait amenés : le papier était gras et déchiré ; le tapis, élimé jusqu'à la corde, était troué par places et brûlé par d'autres ; les meubles étaient écaillés et ébréchés ; le linge avait une odeur écœurante d'eau de javelle, et, à la lueur de la bougie tremblotante, il paraissait tout chiffonné, tout défraîchi ; dans les chambres voisines, dans les corridors, on entendait marcher, causer, rire.

Quel cadre pour la plus belle journée de leur amour !

Caroline la première laissa échapper l'aveu du malaise qui l'oppressait.

— Cette chambre est lugubre, dit-elle, j'ai froid !

Jacques fit monter du bois, et dans une cheminée sans cendres, fumant plutôt que chauffant, on tâcha d'allumer une maigre falourde.

Il fit aussi apporter à dîner ; — et le bonheur d'être ensemble, le plaisir de boire au même verre, de se tenir les jambes enlacées sous la table, de se presser la main, de s'embrasser quand ils voulaient ; le feu aussi qui, à la longue, se décida à donner un peu de chaleur ; le silence qui insensiblement se fit dans la rue et dans la maison : — tout cela finit par chasser la douloureuse impression qui s'était abattue sur eux ; ils se regardèrent avec plus de sérénité, ils causèrent avec plus d'abandon.

Mais cette impression, dont ils n'avaient voulu pénétrer ni la nature ni la portée, revint bientôt plus nette, plus précise, plus vivace, et lorsqu'ils ne se troublèrent plus de leurs baisers, lorsqu'ils ne s'exaltèrent plus de leurs étreintes et de leurs paroles, dans le silence de la nuit et la lucidité de l'insomnie, chacun de son côté ils réfléchirent, ils se souvinrent, ils furent épouvantés ; ce n'était pas dans les choses extérieures qu'étaient l'inquiétude et la tristesse, — c'était en eux.

— Hé quoi ! se disaient-ils, cette heure si ardemment souhaitée est déjà écoulée ! Ces joies que nous nous faisions si grandes, les voilà. Nous n'en sommes point morts. C'est là tout. Cet amant est donc semblable aux autres ; — cette maîtresse n'est donc qu'une femme.

Les malheureux, ils avaient consumé les plus beaux jours de leur jeunesse à désirer ; et maintenant qu'ils n'avaient plus les désirs de l'espérance et qu'ils n'avaient point encore les souvenirs de la possession, ils se jugeaient et ils jugeaient leur bonheur.

Pour Jacques la sensation fut trop forte, trop cruelle, sa gorge se séchait, son cerveau bouillonnait, ses nerfs tremblaient ; — comme un fou, il saisit Caroline dans ses bras :

— Demain matin, s'écria-t-il, nous irons où nous avons été heureux, et nous le serons encore : c'est cette maudite chambre qui nous glace.

Cependant ni le lendemain ni les jours suivants ils ne purent réaliser ce projet : le temps était épouvantable ; mais enfin un matin, en s'éveillant, ils virent les toits couverts d'une gelée blanche ; et bientôt, sous les obliques rayons du soleil levant, les tuiles et les ardoises brillèrent comme des diamants.

Par les chemins séchés et durcis il fera bon marcher. Ce sera un pieux pèlerinage. Quels souvenirs il rappellera ! quelles émotions il donnera encore !

Ils partirent ; ils avaient choisi les bois qui, par Clamart et Fontenay, s'étendent depuis Sceaux jusqu'à Meudon.

Il faisait une journée assez belle, mais une journée de décembre, avec un soleil jaune et pâle, un ciel coupé de gros nuages ardoisés sur leurs contours et une bise qui, par petites rafales, soufflait piquante et froide. La campagne, jusqu'à l'horizon gris et morne, s'étalait nue, sans verdure, sans mouvement, sans vie; la terre, déjà presque partout retournée, offrait un aspect uniformément noirâtre; dans les champs où la charrue n'avait point encore passé, les herbes aqueuses de l'automne pourrissaient brûlées par les premières gelées, et sur celles qui n'étaient point entièrement roussies brillaient, exposés au nord, de petits treillis de glaçons aux fils étincelants et argentés; dans les vignes, les échalas avaient été arrachés, et sur les ceps les sarments sifflaient et se couchaient au caprice du vent. On ne voyait pas un paysan au travail, on n'entendait pas un bruit de voix humaine, pas un chant d'oiseau, pas un hennissement de cheval; seules, ces grandes roues, qu'à chaque instant on rencontre dans ces plaines, et qui servent à monter les blocs des carrières de pierre, mises en mouvement par des ouvriers invisibles, faisaient entendre des ronflements et des craquements: çà et là aussi parfois des moineaux, cherchant leur maigre nourriture dans les fumiers de la route, s'envolaient en piaillant. Dans les villages, même silence, même solitude: les maisons avaient portes et fenêtres bien closes, et c'est à peine si quelques rares gamins s'arrêtaient dans leur course pour pousser une glissade sur les ruisseaux du chemin.

Ainsi marchant, ils entrèrent dans les bois; alors ils purent aller moins vite. Le vent mourait, arrêté à la lisière par le taillis, et seuls, quand avec de graves sifflements ou de profonds murmures, passait une rafale, les grands arbres balançaient leurs têtes et tordaient leurs bras nus.

Mais dans les bois aussi, c'était décembre. Les chemins détrempés et défoncés pendant les dernières pluies étaient coupés de trous, d'ornières et de sillons; les sentiers étaient encombrés d'herbes veules ou pourrissantes; il n'y avait pas une place pour se reposer. Au soleil la terre qui dégelait se levait par lourdes plaques et le gazon humide était souillé par la boue; à l'ombre, le sol était blanc de givre et les feuilles prises en un seul tapis craquaient sous les pas : — il n'y avait rien de ce qui fait le charme des forêts, ni verdure, ni fleurs, ni parfums, ni joyeux bruits, ni mystérieux silence; c'était l'hiver, mais l'hiver dans ses premiers jours, sans la magie de la neige, sans les mâles grandeurs de l'orage ou de l'ouragan.

Tout cela était assez mesquin et assez triste; mais la première fois qu'ils avaient fait cette promenade, c'était dans des conditions exactement semblables, dans cette même saison, sous ce même ciel sali de nuages, sous ce même soleil pâle et jaune, avec cette même bise piquante et froide; et ils y avaient trouvé un bonheur dont le souvenir les avait toujours délicieusement émus : ils avaient admiré cette pâle lumière glissant jusqu'à ras de terre et faisant aux taillis un beau fond d'or sur lequel, depuis la cime jusqu'aux racines, se détachaient nettement les tiges et les branches; ils s'étaient amusés à courir sur la glace des ornières, qui souvent cassait sous leurs pieds; ils avaient pris plaisir à ramasser des feuilles gelées et à se souffler mutuellement dans la figure le givre qui les recouvrait; des places pour s'asseoir, ils en avaient rencontré par centaines.

C'est qu'alors ils avaient vu toutes ces choses à travers l'enthousiasme de leur jeunesse, et que sur elles ils avaient répandu leur propre poésie; mais aujourd'hui qu'ils avaient appris à voir vrai, à sentir juste, aujourd'hui qu'ils savaient la vie, ils ne furent sensibles qu'à la seule réalité.

Et dans le cœur de tous deux il surgit une horrible tristesse; en même temps ils furent pour s'écrier : « Ah! qu'elle est changée, cette nature; » mais en même temps aussi, ils comprirent encore que ces changements qui les angoissaient si vivement, ce n'était point en elle qu'ils s'étaient accomplis, c'était en eux.

Ils se turent donc, car s'ils avaient perdu l'enthousiasme, ils avaient gagné l'expérience : ils savaient toute la valeur d'une parole imprudemment lâchée.

D'ailleurs, ce qu'ils éprouvaient ainsi tous les deux en même temps, ils croyaient mutuellement être seuls à le ressentir : pour lui, Caroline était heureuse; pour elle, Jacques était rempli de joie; aussi, pour ne pas se désespérer réciproquement par le lugubre aveu de la vérité, résolurent-ils de mentir courageusement et de se tromper l'un l'autre.

Caroline ne dit point à Jacques : « Le froid bleuit ton nez et marbre tes joues; » Jacques ne dit point à Caroline : « Le vent gerce tes lèvres et rougit tes yeux; » ils ne se dirent point : « Quel plat pays! quel triste bois! quel pauvre soleil! quelle méchante nature! » mais à chaque instant ils s'écrièrent : « Comme nous sommes heureux! quel bonheur! quelle gaieté! quel amour! » et ce que le présent ne pouvait plus leur donner, ils le demandèrent aux souvenirs.

Jouant ainsi leurs rôles ils revinrent à Paris; le sourire était sur leurs lèvres, la mort était dans leur cœur.

Ainsi, cette vie de tendresse qu'ils espéraient recommencer plus riante et mieux remplie que jamais, il la fallait reprendre non pas même au jour où ils l'avaient interrompue, mais au jour où ils étaient maintenant, c'est-à-dire après que cinq années également pleines de tristes enseignements avaient lourdement passé sur tous deux.

Ces impressions, chez Jacques, malgré ce qu'elles eurent de cruel, n'en vinrent cependant ni jusqu'aux regrets, ni jusqu'aux remords pour ce qu'il avait fait. Il souffrit, il se tourmenta; mais il se laissa enlever de nouveau par cette faculté d'illusion et d'enivrement qui tant de fois l'avait déjà entraîné; et, poussé par son amour-propre, aiguillonné par la volonté préconçue de ne trouver partout que tendresse et joie, il remonta sur les plus hautes cimes de la passion, bien décidé à ne pas regarder audessous de la zone dans laquelle il voulait planer, et à ne pas sentir les blessures qu'en tombant il pourrait se faire. Les déceptions des premiers désirs furent oubliées, et l'habitude et la continuité donnèrent à la possession ce vertigineux attrait, cette irrésistible force, qui d'abord lui avaient si tristement manqué.

Caroline, frappée comme Jacques de ce désenchantement, en guérit moins vite. L'expérience lui avait donné une terrible intuition des choses de l'amour; elle trembla pour l'avenir. Cependant l'épreuve n'avait point été assez décisive pour tout à fait la décourager, et, mettant son espoir dans sa propre volonté, elle se résolut à ne rien voir des laideurs, à ne rien sentir des blessures de la vie.

Mais cette résolution dura peu : le fatal état qui, dans leur promenade de Fontenay, s'était révélé d'une façon si précise et si douloureuse, avec son double caractère de désenchantement et de dévouement, alla chaque jour s'aggravant, et, tandis que Jacques continua à se raidir, elle commença à s'abandonner; lasse de la contrainte qu'elle devait s'imposer pour feindre un bonheur qu'elle ne ressentait pas, elle laissa voir qu'elle était lasse.

Les circonstances d'ailleurs étaient devenues de plus en plus difficiles, et, pour ne point se décourager, il fallait toute la passion, tout l'entêtement de Jacques.

Ils n'étaient point restés à l'hôtel d'Irlande, et dans une des plus tristes rues du faubourg Poissonnière, la rue du Delta, ils avaient pris un petit logement.

— Ce n'est pas beau, avait dit Jacques, mais nous y serons bien tout de même; perdus dans Paris, je travaillerai, et rien ne troublera notre bonheur.

A ces projets, Caroline avait répondu par d'autres projets ; ils devaient être les plus heureux du monde.

Pour travailler utilement dans cette nouvelle situation, il fallait renoncer aux sérieuses études, aux patientes recherches, aux longues réflexions, à tout ce qui fait la joie et le courage de l'écrivain. Jacques avait vu dans ce renoncement une preuve d'amour ; et lui, le talent méditatif et recueilli, l'esprit lent et difficile, à force de conscience, il l'avait accompli sans hésiter. Et, au lieu d'escompter sa réputation naissante, au lieu de chercher de ces travaux qui auraient peut-être mis son nom en évidence, mais qui assurément en auraient amoindri l'autorité par les exigences journalières et les négligences forcées de l'improvisation, — il était tout simplement retourné à Hergott et avait repris sous lui son ingrate et obscure besogne d'autrefois. Au moins, il ne déshonorait point ainsi son passé ; et s'il compromettait son avenir, s'il renonçait aux chances de gloire que si péniblement il avait gagnées, il s'assurait pour le présent, auprès de sa chère Caroline, des journées tranquilles et certaines : elle saurait bien lui payer ce sacrifice, et dans son amour il trouverait une splendide récompense.

Ils s'étaient donc mis à vivre de la vie que Jacques avait toujours si constamment appelée : tout le jour il travaillait auprès de Caroline, la regardant à chaque minute, se levant pour aller l'embrasser, l'appelant pour qu'elle vînt se poser sur son épaule. Il ne sortait que pour aller aux bibliothèques, ou chez Hergott ; il annonçait son retour pour une certaine heure, et, tout triomphant, il arrivait au moment précis, car il ne parlait plus à aucun de ses amis, et au delà du cercle où s'étendait l'ombre de Caroline, il ne trouvait plus ni distractions ni plaisirs. Le soir, ils sortaient tous deux, et sur les buttes de Montmartre, ou dans la plaine qui s'étend jusqu'à Saint-Ouen, ils faisaient une longue promenade. Le dimanche, ils s'échappaient un peu plus loin, et quand le temps était trop froid ou trop pluvieux, ils dînaient dans un restaurant du Palais-Royal.

Pour Jacques, resté à son idéal d'autrefois, il y avait là des joies exquises : il ne rêvait, il ne désirait rien de plus ; pour Caroline, ayant connu d'autres plaisirs, il y avait là une écœurante monotonie, une nauséabonde platitude.

Était-ce donc pour croupir dans cette existence bourgeoise qu'ils s'étaient replongés dans leur amour? A trente ans, nos plaisirs ne peuvent plus être ce qu'ils étaient à vingt. Jacques l'ignorait-il donc? Si, autrefois, elle avait pu s'amuser (et elle en doutait) dans ces promenades à pied au milieu de ces plaines tristes et puantes, maintenant elle s'y ennuyait et s'y fatiguait à mourir; si, autrefois, elle avait pu se faire fête d'aller festiner à quarante sous, *palaisroyaliser*, comme ils disaient, maintenant l'idée seule de ces dîners la révoltait; à respirer ces potages pâles et visqueux, à voir ces portions noyées dans la sauce, le cœur lui manquait. Comment Jacques pouvait-il en être resté là? Pour elle, il lui semblait que, quand même, auprès d'un mari riche et blasé, elle n'eût pas pris d'autres goûts et d'autres besoins, tout naturellement elle eût abandonné ces grossiers amusements de la première jeunesse. C'était de son propre mouvement qu'elle avait renoncé à la poupée et à la danse de corde. Jacques serait-il donc toujours un enfant?

Ces inquiétudes et ces dégoûts, qui s'étaient assez promptement déclarés en elle, avaient commencé à se traduire ostensiblement par un profond ennui, puis par une certaine roideur dans les moindres actions et dans les moindres paroles, puis par de l'impatience, puis enfin par de l'aigreur.

Et alors, excitée par les sacrifices qu'elle croyait avoir faits, fatiguée par les perpétuelles violences qu'elle devait imposer à son humeur, à son caractère, à ses goûts, elle ne s'était plus contrainte.

Pour Jacques, c'avait été une grande douleur et en même temps une grande stupéfaction. Eh! quoi, elle n'était pas heureuse! L'expérience ne lui avait donc rien appris? Allaient-ils recommencer leurs luttes d'autrefois? Qui la faisait souffrir? Que lui fallait-il?

Il lui fallait la liberté; elle souffrait de l'irritant désaccord qui existait entre ses sentiments vrais et ses sentiments exprimés; elle ne voulait pas rompre leur liaison, mais seulement la rendre raisonnable et supportable; elle voulait encore descendre du ridicule et perpétuel enthousiasme où Jacques se maintenait si obstinément, renoncer à l'isolement jaloux qu'il leur avait créé, reprendre ses manières personnelles d'agir, de voir, de comprendre, de sentir; elle voulait enfin cesser d'être un reflet, un écho, et redevenir elle-même, avec ses défauts et ses qualités.

Et tout ce qu'elle voulait, sans se laisser arrêter par des considérations de générosité ou de pitié, franchement et carrément elle l'accomplit.

Par dévouement, pour imiter l'exemple qu'il lui avait donné, elle s'était, elle aussi, dans les premiers jours, mise au travail, et, malgré lui, elle avait fait sa tâche dans le labeur quotidien; elle abandonna ce travail, et consacra le temps qu'elle restait à la maison, soit à fabriquer des fanfreluches ou des falbalas, soit à lire de crasseux volumes qu'elle louait au cabinet de lecture du coin.

Comme lui, et autant que lui, elle avait voulu l'isolement; elle renonça à ce tête-à-tête continuel, qui, à la longue, était devenu une véritable captivité; elle visita celles de ses anciennes amies qui pouvaient la recevoir, et les amena chez elle.

Leur logement était assez misérable. Il n'avait guère qu'une pièce un peu propre, pièce qui avait été attribuée à

Jacques; elle en fit une sorte de salon où Jacques, relégué avec ses livres dans un des coins les plus sombres, dut, tout en travaillant, entendre un babil intarissable et vide.

Si ces paroles perdues n'avaient été que fatigantes par leur bruit! souvent elles étaient irritantes par leur sens même ; car en cela maintenant Caroline ne se gênait pas plus que pour le reste. A cause de ses relations littéraires, sans doute, elle s'était toujours crue obligée d'avoir des opinions sur toutes choses; autrefois, ces opinions n'étaient que celles de Jacques; aujourd'hui c'en était d'absolument contraires, qu'elle produisait et défendait avec une superbe assurance. Je ne connais pas pour l'amour-propre d'un esprit distingué de piqûre plus exaspérante que cette constante opposition chez une femme aimée : pour l'amour de Jacques elle était une cruelle blessure; dans ces nouvelles opinions il retrouvait les idées, les tournures, les mots mêmes de Chaisemartin.

Ainsi ces nouvelles amours si pleines de promesses, qui devaient réaliser de si beaux rêves et donner tant de joies, éclairées et guidées qu'elles seraient par l'expérience et les regrets, n'avaient encore donné que des chagrins et des déceptions; en peu de mois elles en étaient arrivées à une situation intolérable pour l'un des amants, à un état de constante douleur pour l'autre : un souvenir pur de toute tristesse, ils ne l'avaient pas pour se fortifier; en eux-mêmes, derrière eux, devant eux, se dressaient des difficultés amoncelées et menaçantes.

En présence de ces difficultés, de ces changements dans Caroline, Jacques ne se découragea point. Sans se plaindre, il supporta les boutades, les duretés, les colères, les absences inexpliquées, les dédains affectés; sans un mot de reproche ou d'avertissement, il souffrit l'abandon dans lequel elle laissait leur intérieur, et l'abandon plus grand encore dans lequel elle le laissait lui-même, lui qu'elle avait autrefois si joyeusement dorloté, si tendrement soigné; et cela à une époque où, maître de son temps, il n'était point comme aujourd'hui accablé sous un incessant travail. La vie grise, froide, vulgaire qu'elle lui faisait, il l'accepta.

Et sa passion cependant était de celles qui vivent des jouissances de la tête autant que de celles du cœur : il lui fallait les séductions qu'apporte une femme naïve, tendre, exaltée; il lui fallait en même temps les excitations que donnent la nature et la poésie; et quoiqu'il ne rencontrât aucune de ces séductions, aucune de ces excitations, plus il souffrit, plus il aima.

Sa vie devint un long enchaînement de douloureuses sensations; mais au moins il se sentit vivre; son cœur et sa tête se montèrent, sa douleur elle-même lui devint chère.

C'est par là qu'il faut, je crois, se rendre compte de ce caractère; c'est par ce côté de la sensation à tout prix, douce ou cruelle, qu'on retrouve au fond de toutes les passions, chez le fumeur d'opium et chez le buveur d'absinthe. Sans doute il y a bien encore l'attraction d'un premier amour, les lâchetés de l'habitude, les entêtements d'une vanité qui, s'étant aveuglément engagée dans une impasse, ne veut point revenir sur ses pas, et aussi les atteintes si fatalement dissolvantes du malheur; mais il me semble que s'il est un mobile tout puissant qui ait amené ces actes de faiblesse, c'est chez Jacques cette soif impérieuse d'émotions, et la certitude où il était que, pour lui, sans Caroline il n'y avait plus d'amour.

De là toutes ses tortures, mais en même temps toutes ses jouissances, causées par cette peur de la perdre; de là aussi les ingénieuses excuses qu'il lui cherchait et que, par un reste de dignité, il tâchait de s'imposer à lui-même, excuses qui se résumaient en ce mot si cruel pour lui : — sans la pernicieuse influence de Chaisemartin, elle ne serait point ainsi.

Parmi les nombreux faits qui me sont restés dans la

mémoire comme caractérisant l'état où se trouvait Jacques à ce moment de sa vie, je n'en prendrai que deux : l'un relatif à sa faiblesse toujours croissante, l'autre à son dernier effort de dignité, à son besoin de justification dans une conscience qui s'en allait à la dérive.

A la suite de circonstances qui seront bientôt expliquées, j'avais revu Jacques, et la première fois que nous nous étions retrouvés seuls ensemble, je lui avais parlé de Caroline, non plus en m'appuyant sur des conjectures plus ou moins habilement posées et déduites, mais avec l'autorité que me donnaient les faits accomplis.

— Que veux-tu ? me dit-il, je l'aime. Seulement je souffre de ma passion, c'est vrai ; mais je ne souffre de rien de ce qui vous tourmente, vous autres, ni de l'ambition déçue, ni du manque de fortune, ni de ceci, ni de cela. Tu te trouves heureux, toi, n'est-ce pas ? parce que tu n'as que la curiosité ; moi, je préférerais mourir que d'échanger mon malheur contre ton bonheur.

Je ne répondis rien. Probablement il devina le sentiment de pitié que je voulais cacher pour ne point l'exaspérer, car il reprit aussitôt en s'échauffant progressivement :

— Mais, en vérité, quelles sont-elles, ces souffrances que tu trouves si horribles ? Moi qui les endure, je dois les apprécier au moins aussi bien que toi. En toute conscience, quand je les compare à celles dont je connais l'histoire, elles me paraissent bien douces et bien insignifiantes. Tiens, prenons la première histoire d'amour que tu voudras, prenons *Manon*, prenons *Adolphe* : crois-tu que je puisse me comparer à Desgrieux ?

Je voulus l'interrompre ; il ne m'en laissa pas le temps.

— Tu récuses les romanciers ? prenons l'histoire : justement, je viens de faire pour Hergott une étude sur les poëtes latins ; voyons Ovide, voyons Tibulle, voyons Properce. Ceux-là, n'est-ce pas ? n'ont point fabriqué leur amours pour le besoin de ma défense; ils n'ont pas exagéré leurs misères pour se rendre intéressants, et ils ne se sont point avilis pour le plaisir de se faire plaindre. Ovide adore Corinne; elle le trompe, il l'adore toujours, et sa passion va si loin que, ne pouvant la quitter malgré ses infidélités, la seule grâce qu'il lui demande, c'est qu'elle veuille bien le tromper un peu moins publiquement. Cynthie, ennuyée de son bonheur auprès de Properce, l'abandonne et s'en va courir les camps avec un beau militaire. Properce souffre, mais ne se fâche pas; il pleure et tâche de la ramener. Elle revient, elle le requitte, elle revient encore, et leur amour n'est qu'un perpétuel pardon. Une âme tendre et passionnée comme celle de Tibulle méritait une tendresse infinie, un dévouement sans bornes; cependant Délie le trompe, Némésis le trompe aussi, Nééra le trompe comme les deux premières. Voilà des poëtes, n'est-il pas vrai? qui peuvent passer pour des esprits délicats, pour des âmes sensibles, pour des cœurs passionnés; cependant ils ont souffert autrement que le pauvre diable que tu tourmentes en ce moment, et pour cela ils n'en ont pas moins aimé leurs maîtresses et ils n'en ont pas moins été heureux. Allons, mon cher, ai-je le droit de me plaindre? as-tu le droit de m'accuser de lâcheté en face de tels exemples?

Que répondre à un homme qui va chercher ses arguments jusque dans l'antiquité et qui se défend en latin?

Sans avoir repris avec lui mes anciennes habitudes de camaraderie et d'intimité, nous nous voyions encore assez souvent, et maintes fois j'avais essayé de l'emmener à la campagne, d'abord dans le but de causer plus librement avec lui, puis aussi dans le but de le distraire et de l'habituer insensiblement à se séparer de la jupe de Caroline.

Toujours, sous un prétexte ou sous un autre, il avait refusé.

Enfin, à bout de bonnes raisons, il lui fallut accepter,

et un matin nous partîmes pour une petite excursion, à douze ou quinze lieues de Paris.

Il avait été convenu avec Caroline, qui, loin de s'opposer à ce voyage, l'avait au contraire appuyé, que nous serions absents toute la journée et que nous ne rentrerions que le lendemain.

Pendant les premières heures, Jacques fut d'une gaieté folle; on eût dit d'un échappé de prison : il ouvrait de grands yeux; dans les plaines il courait, dans les bois il respirait avec ivresse. Mais, vers le soir, il s'assombrit; puis, il fut pris d'une fiévreuse impatience; puis, lui qu'autrefois on ne pouvait arracher à la campagne, il voulut à toute force revenir, il inventa les prétextes les plus misérables, me tourmenta, me bouda, et fit si bien que, par pitié pour sa passion, qui ne se montrait que trop évidente, je finis par céder.

Je me fâchai un peu avec les amis chez lesquels nous étions reçus, et nous repartîmes.

A une heure du matin, nous descendions de wagon, et comme cela ne me retardait point de reconduire Jacques, je l'accompagnai.

Il me fit marcher d'abord très-rapidement. A moitié route à peu près, il ralentit le pas. A peu de distance de sa maison, il s'arrêta.

Et alors, d'une voix assez embarrassée :

— Je crois que nous avons eu tort de revenir, me dit-il.

— Il est bientôt temps de t'en apercevoir. Au moins, si mes amis voyaient tes remords!

— Oh! il ne s'agit pas de tes amis, mais bien de Caroline : elle va peut-être m'en vouloir.

— Pourquoi t'en voudrait-elle? Comment ton retour inespéré pourrait-il la fâcher? elle en sera heureuse au contraire.

— Mais si elle croit que c'est pour l'espionner?

— Allons donc!

— Et puis, elle n'est peut-être pas rentrée.

Nous fîmes encore quelques pas, puis de nouveau il s'arrêta.

— Peux-tu me donner à coucher?
— Parfaitement.
— Alors, je ne rentre pas, je t'accompagne.

Malgré moi je me mis à rire, et je ne pus m'empêcher de lui insinuer que ce n'était guère la peine de revenir pour ce beau résultat.

Il me prit la main et me la serrant avec force :

— Tu ris, dit-il, car tu ne devines pas ce qui se passe en moi. Oui, c'est lâche, c'est misérable, je le veux bien, mais enfin je n'ose pas.

— Que diable crains-tu?
— Je crains... enfin, si elle n'était pas seule?

L'accent avec lequel il me dit ce dernier mot renfermait tant de lâcheté et tant d'amour à la fois que j'en eus le cœur serré.

Nous nous remîmes en route; il m'avait pris le bras, et il m'entraînait comme pour ne pas céder à la tentation qui le poussait.

Bientôt il s'arrêta de nouveau.

— Non! dit-il avec fermeté, j'aime encore mieux une certitude.

Ses craintes m'avaient ému; je voulus le retenir.

Mais se dégageant :

— Au surplus, nous sommes fous, fit-il avec assurance : elle m'aime!

Cette confiance en Caroline me blessa.

— Dans tous les cas, lui dis-je, si on ne t'ouvre pas, n'enfonce pas la porte : tu pourras ainsi ne point te fâcher.

Il ne m'écoutait plus : il était retourné sur ses pas et, à son coup de marteau, la porte de la rue venait déjà de s'ouvrir.

Sans trop savoir pourquoi je restai quelques minutes à me promener sur le trottoir; — j'allais partir quand la porte s'ouvrit de nouveau; Jacques ressortait.

J'allai vivement à lui.

— Qu'est-ce qu'il y a donc?

— Allons-nous-en chez toi, me dit-il sans me répondre, allons-nous-en.

Il parlait avec colère, et sa voix tremblait.

Avait-il sonné? N'était-elle point rentrée? Je n'osai l'interroger.

Quand nous fûmes arrivés :

— Elle m'avait prévenu qu'elle irait peut-être chez une de ses amies... madame Genty, — me dit-il avec un embarras qu'il tâchait de cacher, — quand elle y va, elle reste souvent à coucher. Elle rentrera demain. Tu ne lui diras point que nous sommes revenus ce soir.

XXIII

LA RÉSOLUTION DE LA COLÈRE

Bien des causes avaient contribué à nous séparer, Jacques et moi; les unes venaient de Caroline, les autres venaient de Jacques lui-même.

Caroline, après m'avoir entendu parler comme je l'avais fait à l'hôtel d'Irlande, avait compris que je serais toujours son ennemi, que toujours je la combattrais, et que par tous les moyens je tenterais de lui enlever Jacques; elle avait donc abandonné l'hôtel, en prenant de minutieuses précautions pour qu'il me fût impossible de les retrouver, et une fois installée rue du Delta, il ne lui avait pas été difficile, non-seulement d'empêcher Jacques de me revoir, mais encore de l'indisposer contre moi.

Jacques, sans résister et sans raisonner, s'était tout d'abord soumis à cette influence; — puis étaient venus : le sentiment secret, mais très-vif, qu'il avait de ses torts; la honte de rougir devant moi, devenu une sorte de conscience; la crainte de ne pouvoir pas me pardonner sa propre faiblesse; puis enfin, lorsqu'il était entré dans la période des déceptions et des souffrances, l'amour-propre de les cacher et de ne pas dire. « Tu avais raison. »

Mais à la longue la répulsion de Caroline et l'embarras de Jacques durent s'incliner devant des causes de rapprochement plus impérieuses que ne l'avaient été celles de la rupture.

Exploité d'un côté par Hergott, entravé d'un autre par les mille contrariétés qui lui rendaient le travail presque impossible, Jacques, en face de la misère, avait tout naturellement pensé à moi; sans prévenir Caroline, il était venu me trouver, et le succès de la démarche lui avait fait, par elle, pardonner la faute de la désobéissance.

Quel que fût le triste état dans lequel je le retrouvais, ma joie fut grande à le revoir; mais il y eut une personne chez laquelle cette joie de savoir enfin ce qu'il était devenu fut assurément plus grande encore : — ce fut Eugénie.

Avidement, elle me fit lui raconter ce que je savais : où il était, ce qu'il faisait, comment il vivait. A son émotion, lorsque je parlais de Jacques; à sa répulsion nerveuse, lorsque je parlais de Caroline, je pus voir combien était profond son amour.

— Eh quoi ! s'écria-t-elle, lorsque je fus à la fin de mon récit; — il n'est même pas heureux !

Et cette femme que j'avais vue si aigre et si sèche eut une magnifique explosion de douleur. Les souffrances de la passion, au lieu de l'amoindrir et de la démoraliser, l'avaient épurée et grandie; elle avait perdu ces côtés égoïstes et roides qui la rendaient autrefois, au premier abord, si peu sympathique; par le seul fait de l'abandon, elle était devenue patiente, résignée, généreuse ; physiquement même elle avait gagné : ses yeux battus par l'insomnie, creusés par les pleurs, s'étaient adoucis et mouillés ; son teint était moins jaune ; ses manières étaient moins brusques, moins anguleuses ; le malheur dans ses mains dures l'avait pétrie, mais pour l'assouplir, non pour la briser comme il avait brisé Jacques.

Ainsi, peu de jours après la mort de son père, qui arriva précisément vers ce temps-là, je la vis arriver chez moi.

— Monsieur Frédéric, me dit-elle, j'ai un service à vous demander.

Et disant cela, elle tira trois billets de banque qui, dans la poche de sa robe, étaient soigneusement attachés avec une épingle.

La surprise avec laquelle je la regardai fut, sans doute, tellement stupide qu'elle ne put s'empêcher de sourire ; mais aussitôt reprenant :

— Mon père, vous le savez, a pris en mourant des mesures pour que Jacques n'ait absolument rien à toucher de sa succession. Il a été conduit à cela par un sentiment tout naturel, mais qui cependant n'est pas complétement juste. C'est ce que ma mère a bien compris, et comme, ni elle ni moi, nous ne voulions défaire ce que mon père avait fait, nous avons vendu notre cabinet de lecture, et sur ce que nous avons touché je vous apporte cet argent.

— Et vous, qu'allez-vous faire ? de quoi allez-vous vivre ?

— Oh ! nous, continua-t-elle avec une douce expression de courage, nous n'avons pas de gloire à compromettre. Que Jacques puisse achever ses livres, et ma mère et moi nous serons heureuses.

Jacques accepterait-il ? J'en doutais. S'il acceptait, emploierait-il cet argent à travailler ? J'en doutais encore plus.

C'est ce que je tâchai de faire comprendre à Eugénie. Elle ne voulut rien entendre.

— Gardez ces billets, dit-elle ; un jour viendra peut-être où il en aura besoin, et où il pourra les prendre sans honte...

Elle s'interrompit, et baissant les yeux, elle continua d'une voix tremblante, en se levant pour se sauver :

— S'il la quittait !

Le lendemain, quand j'allai chez Jacques, je dus me retenir pour ne point lui raconter cette proposition d'Eugénie ; mais, dans l'état d'aveuglement où il se trouvait, il n'eût pas senti tout ce qu'elle avait de grand. J'attendis donc des circonstances plus favorables, et, sans jamais lui parler de sa femme, je continuai à le voir le plus souvent possible.

En général, Caroline me recevait fort bien, et moi, j'étais pour elle rempli de politesse ; mais au fond nous nous détestions cordialement, et si nous trompions Jacques sur nos sentiments vrais, nous ne nous abusions assurément ni l'un ni l'autre. Elle savait que je lui étais hostile, et ne cherchait qu'une bonne occasion pour me faire mettre à la porte par Jacques. J'avais contre elle des griefs qui allaient chaque jour grossissant, et je n'attendais qu'une occasion pour l'attaquer.

Tout en elle me blessait : la femme et l'amante m'étaient également antipathiques.

Et quand j'arrivais chez elle, et que, dans une chambre en désordre, je la trouvais en grande toilette au coin du feu, renversée dans un fauteuil, lisant ou brodant ; — quand je l'écoutais soutenir superbement les questions les plus délicates en mettant son moi en avant ; — quand je l'entendais parler du temps où elle trônait dans son hôtel de la rue du Rocher (époque fameuse à laquelle elle revenait sans cesse), — j'étais saisi de colères folles ; et, nouveau supplice, je ne pouvais les exhaler qu'en épigrammes détournées, car elle avait des convenances fait sa règle suprême, et, à propos de tout, elle prenait des airs de duchesse pour vous rappeler à l'ordre.

Et cependant je savais le dessous des cartes ; je savais que, pendant qu'elle restait ainsi dans une élégante nonchalance, il n'y avait souvent pas une pièce de cinq francs dans le tiroir ; — que pendant qu'elle se brodait des cols et des manchettes, Jacques gardait ses chemises trouées ; — que pendant qu'elle courait les visites, Jacques restait à piocher, l'attendait souvent jusqu'à dix ou onze heures du soir, et, à bout de patience, dînait tristement avec deux sous de pain et trois sous de jambon.

La secrète irritation où me jetaient ces remarques de chaque jour se traduisait en moi par une constante pression que je tâchais d'exercer sur Jacques : ou il ne répondait pas, ou, s'il le faisait, c'était pour la défendre.

Cependant, en me tenant ainsi toujours à l'affût, je finis par trouver l'occasion de tenter un coup décisif, et vivement je la saisis au passage.

C'était au commencement du carnaval, et Jacques avait voulu à toute force m'emmener dîner chez lui. J'avais résisté, prévoyant que Caroline pourrait bien être très-peu satisfaite de voir arriver un convive aussi peu attendu que peu désiré.

— Pourquoi ne veux-tu pas venir? avait-il répété vingt fois.

J'avais donné les meilleures raisons, il ne s'en était pas contenté, à la longue même, il s'était piqué.

— Crois-tu que je ne suis pas maître chez moi?

— Au contraire, mais enfin...

— Crois-tu que Caroline ne te recevra pas bien? elle a pour toi beaucoup d'affection ; elle me le disait encore ce matin.

A la fin, j'avais dû céder ; seulement, par un sentiment de justes prévisions et aussi pour me concilier les bonnes grâces de mon hôtesse, j'avais cru devoir me munir d'un pâté de Strasbourg : hypocrite offrande de la peur, derrière laquelle j'espérais me mettre à l'abri.

— Je t'amène Frédéric, dit Jacques à Caroline d'un ton qui me parut moins triomphant que celui avec lequel il s'était écrié : « Crois-tu que je ne suis pas maître chez moi? »

Elle ne leva point les yeux. Il continua :

— Il vient dîner avec nous, et, malgré moi, il a voulu t'apporter un pâté de foie gras.

Elle daigna à peine regarder mon pâté, que je présentais dans une attitude de suppliant, et sans me le prendre des mains, sans répondre à Jacques, elle s'adressa à moi d'une voix aigre-douce :

— Je vous prends pour juge : Jacques savait que j'avais à finir un domino pour une soirée où je vais demain, et il vous amène aujourd'hui. Pourquoi ne m'a-t-il pas dit tout de suite qu'il me défendait d'aller à cette soirée, au lieu de me faire toutes ces misérables taquineries?

Je restai assez stupéfait, me demandant si je devais m'en aller avec mon pâté, que je tenais toujours; elle continua :

— Vous savez bien, n'est-ce pas? que ce n'est point pour vous que je parle, et vous ne doutez pas du plaisir que j'ai à vous voir; — débarrassez-vous donc de votre pâté; — c'est pour Jacques, qui n'a pas eu la franchise de sa méchanceté et qui, n'osant pas l'accomplir tout seul, a été vous chercher pour que vous lui soyez un appui. Cela suffit, je n'irai pas à ce bal.

En disant cela, elle repoussa avec colère un beau domino rose étalé sur la table et auquel elle était en train de travailler.

Jacques, lui aussi, eut un mouvement de colère ; mais il se contint, et s'approchant de Caroline il commença, avec de douces paroles, à se justifier de cette méchanceté noire qu'il ne soupçonnait même pas avant qu'on l'en accusât.

— Non, dit-elle froidement, non, c'est une leçon que vous avez voulu me donner, et je l'accepte : vous avez voulu me faire sentir que j'étais votre servante. C'est bien, je vais le préparer, votre dîner. Au surplus, peu m'importe maintenant que ce domino soit ou ne soit pas fini, bien certainement je n'irai pas à ce bal.

Elle se leva d'un air majestueux, et passant dans la cuisine, elle se mit à remuer la vaisselle avec un fracas épouvantable.

Je voulus partir, Jacques me retint.

Un combat se livrait en lui : à cause de moi, il aurait bien voulu se fâcher et montrer qu'il était le maître, mais à cause d'elle il n'osait; il avait peur de mes railleries, il avait peur d'une brouille avec elle. Il demeura assez longtemps partagé entre la vanité et l'amour : naturellement ce fut ce dernier sentiment qui l'emporta. Refoulant sa colère, il tâcha de s'en tirer avec moi par la plaisanterie.

— Tu vois, me dit-il, elle est furieuse; mais je suis sûr que là-bas, dans sa cuisine, elle est au désespoir de ce qu'elle m'a dit; car tu n'es pour rien là-dedans, toi, et sans ce maudit domino, elle t'aurait très-bien reçu. Ne disons rien : elle sera bien forcée de revenir.

Comme elle ne revenait pas, l'impatience le prit.

— Si nous nous en allions? me proposa-t-il timidement.

— Tu ferais bien mieux d'aller la chercher.

— Tu as peut-être raison. Ma foi, j'y vais : c'est encore moins ennuyeux que de bouder.

Il alla la rejoindre, et longtemps ils demeurèrent dans la cuisine.

Enfin il sortit, tirant Caroline par la main.

— Voyons, lui dit-il en lui parlant comme à un enfant

gâté, mets-toi là, travaille à ton domino; nous allons le préparer, nous, ce dîner.

— Pour M. Frédéric, dit-elle en se tournant vers moi, pour ne pas lui faire une soirée maussade, je veux bien vous pardonner, Jacques; mais vous m'avez causé bien de la peine.

Elle s'assit, et bientôt elle parut travailler avec une fiévreuse activité.

Comme ils n'avaient qu'une seule table et que le domino était étalé dessus, nous nous trouvâmes assez embarrassés pour mettre le couvert; Jacques n'osait la déranger. Que faire? On décrocha une porte et sur deux chaises on la posa. Caroline nous regardait du coin de l'œil, et il me semblait qu'elle souriait ironiquement.

Comme il n'y avait pas une assiette de propre, il fallut les laver; Caroline ne se dérangea pas davantage, mais son sourire s'accentua de plus en plus.

Après cinq ou six voyages chez l'épicier, le fruitier, le boulanger, on put se mettre à table.

Caroline se fit beaucoup prier : elle n'avait pas faim, elle était oppressée; la contrariété qu'elle avait éprouvée lui avait contracté l'estomac et donné mal au cœur. Mais enfin elle daigna prendre place au milieu de nous, et comme une personne qui n'aurait point quelques instants auparavant ressenti un grand chagrin, elle mangea.

De temps en temps, toutefois, ce chagrin qu'elle comprimait si héroïquement, pour ne pas nous attrister, se faisait jour, et en épigrammes sur Jacques et sur moi il s'exhalait.

Le pâté lui parut exécrable, les assiettes étaient mal lavées, l'épicier nous avait volés; nous avions pris du pain fendu quand c'était du pain rond qu'elle aimait. Puis, changeant de sujet, et se lançant dans des considérations esthétiques, elle déclara que la jeune littérature ne produirait jamais rien de remarquable, et qu'il lui manquerait toujours la forme, l'idéal, la poésie. Je crus même, au passage, reconnaître quelques phrases du Critique, à leur aménité, bien entendu, mais non, hélas ! à leur tour.

Après le dessert, elle fut prise d'un si violent mal de tête qu'il lui fut absolument impossible de faire le café.

D'ordinaire on avait la liberté de fumer ; mais ce soir-là, sur une observation qu'elle lui avait faite à voix basse, Jacques m'attira dans un coin et me pria de ne point allumer la cigarette que déjà je roulais entre mes doigts : — l'odeur pourrait rester dans le domino.

— Allons, dit Jacques quand la porte fut replacée et que le feu de l'âtre fut ranimé, tu vas nous faire passer une bonne soirée, n'est-ce pas, Caroline, et tu nous donneras du thé ?

Cette soirée était en train de s'écouler d'une façon assez lugubre, et il était à peu près dix heures, lorsqu'on sonna.

Une petite femme blonde, grassouillette, en costume d'Écossaise, jupe courte par le bas et casaque très-courte par le haut, entra. Elle était suivie d'un grand monsieur joufflu et barbu qui habituellement devait avoir l'air d'un sapeur, et qui, ce jour-là, était déguisé en bébé : bourrelet sur la tête, robe blanche en batiste, avec un grand tablier.

— Ma chère enfant, dit la petite femme en s'adressant à Caroline, nous venons te chercher. J'ai promis de t'amener chez madame Uchafol, il faut absolument que tu viennes ; c'est un bal improvisé, ce sera très-joli : il y aura des étrangers.

— Ma pauvre chérie, répondit Caroline, cela m'est tout à fait impossible ; tu vois, j'ai monsieur qui me fait le plaisir de passer la soirée avec nous.

Je me récriai, elle tint bon ; l'Écossaise insista ; le Bébé lui-même, qui paraissait fort contrarié, plaça son mot d'une voix formidable. Tout fut inutile ; elle paraissait au supplice de refuser, cependant elle refusait; dans ses yeux se lisait une résignation à attendrir un substitut sur son siège de la police correctionnelle.

Alors Jacques vint aussi à la charge ; elle fut inflexible.

— Tu m'as amené ton ami, dit-elle, je ne dois pas lui fausser compagnie. N'en parlons plus.

Il fallut qu'il priât, qu'il suppliât; enfin elle se laissa attendrir, et d'une voix pleine de dignité :

— Puisque vous l'exigez tous, dit-elle, j'irai.

Et s'adressant à Jacques :

— Mais c'est seulement pour te prouver que je ne t'en veux plus.

— Habille-toi vite, dit l'Écossaise.

— Je reviendrai vous chercher avec la voiture, continua le Bébé.

Je me levai pour m'en aller en même temps qu'eux; Jacques me pria de rester; je l'aiderais à passer la soirée. Je demeurai donc, et je pus voir sur le vif jusqu'où allait la puissance de Caroline et jusqu'où descendait la passion de Jacques.

Comme il fallait un coiffeur, je me proposai pour l'aller chercher. Quand je revins, la première toilette de Caroline était finie, et je la trouvai devant la glace se faisant à elle-même des mines et des sourires.

— Quel costume mettez-vous donc? lui demandai-je, n'en voyant pas de préparé.

— Mais mon domino.

Et elle me montra celui qui était sur la table, le fameux domino rose qui nous avait valu une si belle réception.

Quoique pendant toute la soirée j'eusse été vigoureusement malmené, je ne fus pas le maître de retenir ma langue, et espérant avoir enfin trouvé une bonne occasion de me venger, en lui rappelant les raisons sur lesquelles elle s'était appuyée pour justifier son accueil :

— Je croyais qu'il vous fallait encore tout un jour de

travail pour l'achever, lui dis-je de l'accent le plus railleur que je pus trouver.

Mais, sans se laisser déconcerter, et avec un regard qui me répondait : Tu n'es pas encore assez fort, mon petit, et je me moque de toi :

— Pour le terminer, oui ; mais au point où il en est, il sera toujours bien assez solide pour une seule soirée.

Il est probable que mon observation l'avait irritée, quoiqu'elle en fût sortie à son honneur ; car, ne pouvant s'en venger sur moi, ce fut Jacques qui paya.

Complaisamment et de la meilleure grâce du monde, il l'aidait dans sa toilette, et quoique ce ne fût pas pour lui, il était heureux de la voir belle ; mais elle le laissait peu jouir de ce contentement, et à chaque instant elle l'envoyait lui chercher ce qui manquait ; de la poudre de riz, des épingles, des lacets.

Les épingles, il les prit trop grosses, et elle le renvoya ; les lacets, il les prit noirs et il les fallait roses. Elle le renvoya de nouveau ; mais cette fois elle éclata, et elle n'eut point assez de railleries et de sarcasmes pour cette maladresse, cette niaiserie, cette stupidité.

Quand le Bébé revint, elle n'était pas encore tout à fait prête ; ce fut une nouvelle explosion d'impatience : c'était Jacques qui était la cause de ce retard.

Enfin, elle endossa ce domino, et comme Jacques s'approchait pour l'embrasser :

— Ah! laisse-moi, s'écria-t-elle avec dureté, tu vois bien que tu me chiffonnes !

— Quand reviendras-tu? demanda-t-il. Surtout ne rentre point trop tard, n'est-ce pas ?

— Mon Dieu, si tu ne veux pas que j'aille à cette fête, avoue-le : il est encore temps, et je t'en ferai le sacrifice. On dirait que tu prends à cœur de me gâter tous mes plaisirs ; et pourtant, je n'en ai pas trop. Voyons, veux-tu que je reste ?

Il ne répondit rien, et lui prenant la main, qu'elle lui abandonna d'assez bonne grâce, il l'embrassa.

— Monsieur, soyez sans crainte, dit le sapeur sur le seuil de la porte : je ne suis qu'un Bébé.

Ils partirent.

Assez longtemps Jacques et moi nous restâmes dans un pénible silence, n'osant nous regarder. Il marchait à grands pas dans la chambre, et je m'étais, les deux coudes sur les genoux, enfoncé la tête dans la cheminée; enfin, comme il fallait bien dire quelque chose :

— Quel est donc ce monsieur? demandai-je.

— C'est M. Uchafol.

— Ah !... et qu'est-ce que c'est que madame Uchafol?

— Est-ce que je sais ! s'écria-t-il ; est-ce que je la connais !...

Enfin, il éclatait. J'allais donc sonder dans toute leur profondeur ces plaies que toujours il avait voulu si soigneusement me cacher.

— Tu as vu, s'écria-t-il en marchant par la chambre, comme elle nous a reçus, comme elle nous a traités; et tout ça parce que je t'avais amené sans la prévenir. Tu as vu comme j'ai été plat, comme je léchais la main qui me frappait... Eh bien, cette scène à laquelle tu as assisté est la cinquantième, la centième, je n'en sais plus le compte. Tu ne saurais imaginer toutes les roueries, toutes les duretés de cette femelle-là... tout cela avec des airs de princesse et un cœur de chacal ! Et elle me trompe, j'en suis sûr ; ce grand niais qui était là tout à l'heure, c'est son amant, je le jurerais ; c'est chez lui qu'elle était le soir où j'ai couché chez toi, en te disant que je n'avais point osé sonner. Ce n'était pas vrai ; j'avais sonné, on ne m'avait pas répondu. Elle était rentrée, la clef était en dedans. Le lendemain, elle m'a inventé une histoire stupide, et je l'ai crue, ou plutôt j'ai fait semblant de la croire. Oh ! la misérable ! Quel lâche je fais.

Pendant un quart d'heure il se répandit en plaintes et en injures, et plus il cria, plus sa fureur grandit ; elle arriva à un tel paroxysme que c'était à peine si je comprenais les paroles qu'il vociférait. La pression qu'il avait trop longtemps exercée sur son cœur venait enfin de le faire crever, et c'était un flot d'ordures qu'il vomissait.

— Ah ! oui, je t'ai menti : c'est un supplice, un enfer, j'en ai assez, je n'en veux plus ! Qui me donnera la force de sortir de mon bourbier !

Au lieu de le contenir, je cherchai à l'exciter.

— Oui, tu as raison, s'écria-t-il, il faut la quitter. Je le veux. Viens, viens, partons.

Il me prit le bras et m'entraîna vers la porte. Il était fou ! Prêt à sortir, il s'arrêta, revint sur ses pas, courut à la cheminée, prit un petit portrait au daguerréotype de Caroline qui y était accroché, le jeta par terre, et à deux pieds il se mit à trépigner dessus.

— Si je pouvais lui en faire autant ! criait-il ; oh ! si je la tenais !

Puis, me regardant d'un air triomphant :

— Allons, viens, dit-il, sortons d'ici.

Et avec violence il tira la porte de la chambre, qui derrière nous se referma.

XXIV

LES HYPOCRISIES DE LA PASSION

— Enfin, me voilà libre ! s'écria Jacques lorsque nous fûmes dans la rue, et cette fois c'est fini, bien fini !

— Que vas-tu faire ? lui demandai-je.

— Mais, travailler, mon cher, redevenir un homme. Crois-tu donc que je ne me dévorais pas, à gaspiller ainsi mes plus belles années ?

— Tu vas donc rester à Paris?
— Où veux-tu que j'aille?
— A ta place, je voyagerais.
— Pourquoi cela?
— Parce que... mon Dieu! parce que tu peux rencontrer Caroline, et...
— Et revenir à elle, n'est-ce pas? Sois sans crainte : ma résolution est prise, bien prise, et tu le verras.
— Aujourd'hui, mais dans un mois? Enfin, je ne doute pas de toi; je te le répète, à ta place, je me sauverais.
— Comment? avec quoi?

Nous étions arrivés chez moi : je le fis entrer, et tirant trois billets de mille francs de mon bureau :

— Avec ceci, lui dis-je.

Il demeura tout surpris, ne sachant trop si je parlais sérieusement, et s'il devait avancer la main.

Le moment était venu de parler d'Eugénie et de risquer une tentative en sa faveur : je racontai donc comment elle m'avait remis ces billets, dans quel but elle m'avait presque contraint à les garder, et surtout pour quelle occasion. Par la réponse que Jacques allait me faire, je verrais dans quels sentiments il était maintenant envers elle, et en même temps aussi dans quels sentiments il continuait d'être envers Caroline.

Après que j'eus fini mon récit, il demeura assez longtemps silencieux, ému et attendri, à ce qu'il me semblà; puis d'une voix assez douce :

— Pauvre femme, dit-il, elle m'aime comme j'ai aimé Caroline; elle a dû bien souffrir. C'est une fatalité!

Il se tut; puis, après quelques minutes, il reprit :

— Je ne me serais jamais attendu à une telle générosité de sa part, et j'en suis tout étonné.

— Étonné seulement?

— Ému aussi, mais que puis-je pour elle?

Je ne répondis rien, et le regardai; il me regardait

aussi, cherchant évidemment à me deviner ; voyant que je ne le poussais point, il continua :

— Tu lui diras que j'ai été véritablement touché de son intention ; mais en même temps tu lui feras comprendre qu'il m'a été impossible d'accepter.

— A l'aide de quelles raisons, je t'en prie ? Pourquoi ne peux-tu pas accepter ?

Il fallut longtemps batailler ; enfin je pris les trois billets, et les fourrant presque dans sa poche :

— Si tu ne peux lui revenir tout de suite, dis-je, laisse-lui au moins l'espérance que tu lui reviendras un jour.

— Et si je ne reviens jamais ?

— Tu lui rendras ces trois mille francs ; elle aura toujours eu la joie, pendant tout le temps que tu les lui devras, de t'avoir obligé ; — c'est quelque chose pour un cœur comme le sien.

— Oh ! la pauvre femme, elle avait déjà du bon autrefois, personne ne le sait mieux que moi ; — mais que veux-tu, elle avec toutes les vertus, Caroline avec tous les vices, j'aurais préféré Caroline.

— Voyons ! il ne s'agit pas ici de Caroline, mais de ton voyage.

Nous nous mîmes à discuter son itinéraire. Bientôt il me sembla qu'il m'écoutait avec distraction ; je l'observai plus attentivement ; il ne m'écoutait pas du tout.

— A quoi ou à qui penses-tu donc ?

— Je pense que... je ferais peut-être bien de lui écrire.

— A ta femme ?

— Non... à Caroline. Elle s'inquiétera ; elle ne saura pas que je la quitte et pourquoi je la quitte ; elle me cherchera.

— Eh bien ! quand elle sera lasse, elle se reposera... C'est exactement là ce que tu m'as répondu quand tu as abandonné ta femme.

— C'est possible ; mais entre ma femme et Caroline, il y a une différence.

Disant cela, il se leva et se mit à marcher par la chambre.

— Si je ne dois pas oublier ce qu'elle m'a fait souffrir, je ne peux pas oublier davantage que si j'ai vécu, si j'ai été heureux, c'est par elle ; je t'ai dit mes tourments tout à l'heure, et j'en ai eu pour longtemps ; si, maintenant, je te disais mes joies, j'en aurais pour plus longtemps encore.

— Alors, mon cher, retournons chez elle et demande-lui pardon.

— Il ne s'agit pas de cela ; mais elle n'est point de ces femmes qu'on abandonne comme un vêtement usé. Je dois lui écrire : elle a été ma vie, après tout ; et si, maintenant, elle est morte pour mon cœur, laisse-moi au moins dignement enterrer ce cadavre.

— Si tu lui écris, elle te répondra ; tu lui récriras, rien ne sera fini.

— Au contraire, tout sera fini quand j'aurai parlé et qu'elle aura vu mes blessures.

— Elle se défendra, elle te prouvera que tu es parfaitement heureux, et vous vous embrasserez. Est-ce là ce que tu veux ? non, n'est-ce pas ? Eh bien, alors, si c'est simplement pour la prévenir, je vais lui écrire, moi : deux lignes, c'est tout ce qu'il faut.

Sans lui laisser le temps de répliquer, j'écrivis ces deux lignes ; j'annonçais sèchement le départ de Jacques pour un long voyage et ne parlais point de retour.

Je tendis mon billet à Jacques. Il le lut, et me le rendant :

— Pauvre fille, dit-il en soupirant, c'est bien dur ! Ah ! c'est horrible ! mais il le faut !

J'allais mettre l'adresse ; il m'arrêta.

— Attends, fit-il, que j'ajoute un mot. Ah ! n'aie pas peur, un seul !

Et prenant ma plume, il écrivit d'une main tremblante :

« *Amitié toujours!...*
» JACQUES CHEVALIER. »

Puis, au lieu de me rendre la lettre :
— Je descends avec toi, dit-il; je donnerais toutes les explications au commissionnaire.

Dans la rue, pendant que nous cherchions ce commissionnaire, il présenta une nouvelle objection.

— Nous ne trouverons personne pour porter cette lettre : il est trop tard; si nous la portions nous-mêmes?

Je ne répondis point, mais je pris son bras, et nous nous mîmes à remonter le faubourg Poissonnière. Quand nous fûmes devant la caserne il s'arrêta, et, d'une voix assez embarrassée :

— Il me vient une réflexion, dit-il; Caroline rentrera tard, le concierge sera couché, et il ne lui remettra notre lettre que demain matin; elle aura toute la nuit à se tourmenter.

— En faisant bien nos recommandations?
— Oh ! il est très-inexact.
— Alors, montons notre lettre nous-mêmes, et glissons-la sous la porte.

Nous nous remîmes en marche; bientôt il s'arrêta de nouveau.

— Décidément non, dit-il. J'ai un meilleur moyen : nous allons prendre un serrurier; nous nous ferons ouvrir la porte, et nous placerons ta lettre en évidence.

Ce n'était plus *notre*, c'était *ma* lettre.

Il fallut chercher un serrurier, et malgré les affirmations de Jacques, que rien n'était plus facile que d'en trouver un, nous errâmes pendant près d'une heure avant d'en décider un à se lever pour nous suivre.

— Mettons la lettre sur la cheminée, dis-je à Jacques

quand la porte eut été crochetée, et allons-nous-en : cette chambre t'est mauvaise.

Il ne m'écoutait point ; il regardait les vêtements de Caroline épars sur les chaises, il regardait le portrait écrasé ; dans ses yeux roulaient de grosses larmes que difficilement il retenait.

— Allons-nous-en, lui dis-je ; allons, viens.

Je voulus lui prendre le bras pour l'entraîner ; il ne bougea point et me répondit d'un ton presque ferme :

— Non, j'ai réfléchi : comme tu le disais très-justement, une lettre ne termine rien. D'ailleurs, la tienne est trop brutale. Nous allons attendre Caroline, de vive voix je lui dirai ce que tu n'as pas voulu que je lui écrive.

— Mon cher Jacques, quand tu as voulu partir d'ici, je t'ai suivi ; quand tu as voulu revenir, je t'ai suivi encore... maintenant, adieu !

— Où vas-tu ?

— Je comprends les faiblesses d'un cœur au désespoir, les lâchetés d'une passion qui se suicide ; mais à quoi bon me faire rester ici pour assister à ta réconciliation avec Caroline ?

— Qui parle de réconciliation ?

— Après toutes les hypocrisies auxquelles tu viens de me mêler, ne peux-tu pas maintenant avoir la franchise de ton amour ?

— Au lieu de me tendre la main pour me soutenir, tu l'étends pour m'accabler. Crois-tu donc que je ne sois pas assez malheureux, et qu'il faille encore entasser les fautes de Caroline ou mes propres lâchetés. C'est vrai, en entrant dans cet appartement où tout me parle d'elle et m'en parle avec une éloquence qui me brise le cœur, j'ai eu un moment d'émotion, j'ai été pris d'une cruelle envie de pleurer ; est-ce à dire pour cela que je vais céder ? non, sois sans crainte. Je vois ma vie maintenant, je la juge ; à te formuler mes reproches tout à l'heure, il y a eu cela de bon, que je me les suis rendus évidents et qu'ils me crèvent les yeux. Reste avec moi, tu verras que je ne veux point cette réconciliation. Te sachant là, si je vais trop loin, tu m'arrêteras ; si je...

Il s'arrêta ; mais aussitôt il reprit :

— Si je faiblis, tu me soutiendras ; car enfin je peux faiblir : je l'ai aimée. Quand elle rentrera, tu passeras dans la chambre qui est là ; il y a une porte sur le palier. Quand je sortirai, tu me rejoindras. Toi là, je serai plus maître de moi ; je n'aurai ni colères ni défaillances ; je parlerai avec calme; quand je lui aurai tout expliqué, quand je lui aurai bien prouvé par mes souffrances qu'un rapprochement entre nous serait une monstruosité, je la regarderai bien une dernière fois, j'emporterai son image dans mes yeux, je la descendrai pieusement dans mon cœur, et c'est elle qui empêchera peut-être ce pauvre cœur à moitié mort de se raccornir et de se dessécher tout à fait.

Devant la cheminée, où le feu depuis longtemps était éteint, nous restâmes ainsi à causer. Les bruits de la rue s'étaient successivement assoupis, et le silence n'était troublé à de rares intervalles que par les pas cadencés des sergents de ville faisant leur ronde. Souvent Jacques se levait, allait ouvrir la fenêtre, et se penchant sur l'appui, écoutait et regardait. Souvent aussi il laissait tomber la conversation, ne me répondait pas quand je l'interrogeais, et par la chambre déserte et obscure il promenait ses yeux inquiets. Les objets oubliés sur les chaises avaient des formes étranges qui le faisaient tressaillir ; et moi-même, assurément beaucoup moins nerveux ce soir-là, beaucoup moins ému que lui, il y avait des moments où je me demandais si, sous le couvre-pied jeté sur le lit pour recouvrir des vêtements qui bombaient dans l'ombre, si sous ce couvre-pied il n'y avait point un corps, celui de Caroline, et si nous n'étions pas à une funèbre veillée. Alors, promptement, pour nous arracher à cette impression, que Jacques me paraissait partager beaucoup plus terriblement que moi, d'une voix forte je jetais un mot et nous nous remettions à parler. Tantôt Jacques retombait dans des accès de colère, tantôt il retombait dans des accès d'attendrissement.

Plus d'une fois nous fûmes trompés par le roulement des voitures passant dans la rue ; enfin, entre cinq et six heures, une voiture que nous avions entendu venir sans oser nous dire : « C'est elle, » s'arrêta à la porte. Jacques courut à la fenêtre et vit une femme enveloppée dans une pelisse. Le marteau retentit. Presque aussitôt la porte cochère retomba lourdement dans son châssis avec un bruit et une secousse qui nous répondirent dans le cœur.

C'était Caroline.

— Allons, vite, me dit Jacques ouvrant la porte de la chambre où je devais l'attendre, entre là.

— Du courage, n'est-ce pas ?

J'entrai où Jacques me poussait, et derrière moi je laissai la porte très-faiblement entre-bâillée, de manière à voir et à entendre. J'étais à la fois douloureusement inquiet et impatiemment curieux. Allait-il céder ? allait-il résister ? Dans l'état où il était, tout était possible.

Je n'eus pas longtemps à attendre, bientôt, dans l'escalier, j'entendis Caroline ; elle montait en courant.

— Eh quoi! fit-elle en entrant, tu n'es pas encore couché, mon pauvre Jacques ? à six heures du matin !

Ce début m'épouvanta : elle nous avait quittés hargneuse, elle revenait caressante. Comment Jacques allait-il supporter cet accueil ? Pourquoi ce changement en elle ? Était-ce tendresse ? était-ce pressentiment ? ou bien encore n'était-ce point remords ? N'y avait-il point une infidélité sous cette douceur ? N'était-elle point la femme coupable qui revient honteuse et caressante et qui, par une étrange compensation, une facile expiation, cherche à se cacher à elle-même sa propre faute sous une explosion d'amour? Le Bébé n'était-il pour rien dans ce retour contrastant si complétement avec le départ? Je ne pus pas réfléchir longtemps à ces idées, qui ne firent que traverser mon esprit. Jacques, après un moment de surprise, répondait d'une voix brève et saccadée :

— J'ai attendu parce que j'ai à te parler.

— Alors, répliqua-t-elle en changeant de ton et en devenant aigre et cassante, s'il en est ainsi, dépêchons-nous : je suis lasse, j'ai froid, je tombe de sommeil.

— Écoute-moi seulement cinq minutes, et tu dormiras après tout le temps que tu voudras.

— Voyons! reprit-elle plus doucement, tu veux me faire une scène, ami, et moi j'arrive caressante.

— Oui, maintenant; c'était tantôt qu'il fallait être caressante.

— Oui, mon Jacques, tantôt j'ai eu tort; je t'en demande pardon : là, es-tu content? Tu ne vois donc pas, pauvre nigaud, — ajouta-t-elle en riant, — que je suis pleine de regrets. Allons! ne nous querellons point. Viens m'embrasser.

Parlant ainsi, devant la glace, elle défaisait une à une les pièces de son costume. Il y eut sur ce mot : « Viens m'embrasser, » un moment de silence, court peut-être, mais qui, dans l'anxiété où j'étais, me parut terriblement long. Bientôt elle reprit :

— Ah! tu ne veux pas? eh bien! comme il te plaira, mon cher. Je suis trop bonne, aussi. Comment! je me tourmente toute la soirée, je ne prends pas une minute de plaisir, j'ai des remords de t'avoir abandonné, j'ai des remords d'être là où je suis, je reviens en courant, et tu me reçois ainsi! A ton aise, mon cher; tu veux quereller, querelle. Que tu parles ou que tu me laisses en repos, je n'écoute pas.

— Caroline!

— Quoi? tu vas crier, tu vas t'en aller, tu vas revenir en pleurant : après? Je te déclare que j'en ai assez, de toutes ces comédies. J'ai voulu t'embrasser, tu as refusé; maintenant, fais ce que tu voudras. Ces scènes-là excitent et réveillent peut-être ton amour; elles ont tué le mien.

— Le mien aussi; c'est là ce que j'avais à te dire, voilà pourquoi je t'ai attendue. Maintenant, adieu!

— Adieu!

Il y eut un silence; puis il me sembla que Jacques se dirigeait vers la porte. Vivement, et sans bruit, je sortis.

Deux portes donnaient sur le palier : celle de la chambre dans laquelle étaient Jacques et Caroline, et celle du cabinet dans lequel j'étais caché. Sortant en même temps, nous devions donc nous trouver face à face, et j'espérais l'entraîner avant qu'il eût pu revenir sur sa résolution. Quand j'arrivai sur ce palier, Jacques n'y était pas encore. Durant quelques secondes, j'y restai immobile, écoutant; puis comme Jacques ne venait pas et que malgré toute mon attention je n'entendais plus rien, je rentrai dans le cabinet.

Sans doute, Jacques y était venu, car la porte ouvrant sur la chambre, que j'avais laissée entre-bâillée, était tout à fait close : — probablement, il avait voulu me prendre; puis, ne me trouvant pas, il m'avait cru parti.
— Je ne pouvais plus voir, mais je pouvais entendre : la cloison était mince.

Jacques, continuant ses reproches, disait :

— Tu sais, n'est-ce pas, que je ne m'en vais point pour revenir?

Il se tut, attendant assurément une réponse; elle ne répondit pas.

— Que c'est pour toujours?

Elle continua à ne pas répondre.

— Que demain je serai loin de Paris?

Elle garda le même silence dédaigneux.

— Comprends donc, s'écria-t-il avec explosion, que j'ai voulu me mettre dans l'impossibilité de jamais te revoir; que tout est fini, arrêté, décidé; que je pars demain : tiens, voilà l'argent de mon voyage, un argent qui me vient de ma femme; entends-tu, de ma femme.

A ces mots, je crus qu'elle, à son tour, elle allait éclater; je me trompais : elle ne répliqua absolument rien. Seulement, j'entendis bientôt le bruit d'armoires qui s'ouvraient et se fermaient, le frou-frou de vêtements qu'on maniait avec brusquerie; puis, bientôt aussi, Jacques qui s'écriait:

— Caroline, où vas-tu?

— Je t'évite la peine de te mettre en voyage, dit-elle d'une voix ferme et dure, je te cède la place. Si tu avais eu le courage d'avouer que tu voulais me quitter, il y a longtemps que je serais partie; si je suis restée ici, ce n'est que par pitié. Adieu!

— Caroline!

— Laisse-moi! fit-elle avec colère, laisse-moi!

— Voyons, tu ne peux partir : il fait encore nuit... Reste jusqu'à demain.

J'entendis le bruit d'étoffes froissées, puis celui d'une déchirure. Sans doute, il voulait la retenir. Bientôt la porte de la chambre s'ouvrit avec fracas, Caroline s'élança dans l'escalier. Il y eut un silence, mais bien court. Jacques se précipita après elle.

Dans l'escalier au-dessus duquel je me penchais, m'arrivait, sinon le sens, au moins le son de leurs paroles : celles de Jacques paraissaient pleines de prières, celles de Caroline pleines de colères.

Allaient-ils remonter? A chaque étage la lutte se renouvelait, et je conservais encore quelque espérance; bientôt le bruit devint moins distinct; puis je n'entendis plus rien; puis la porte de la rue se ferma lourdement : Caroline n'avait point cédé... elle partait.

Je descendis vivement, mais je ne trouvai point Jacques : il l'avait suivie !

Au moment où j'allais moi-même sortir, le marteau de la porte résonna sur sa pomme de cuivre. Je n'eus que le temps de me jeter derrière un pilier. Ils rentraient.

Au milieu de la claire ouverture que fit la porte en s'ouvrant, je les aperçus tous deux se détachant en noir dans la pâle lumière du matin. Ils se tenaient enlacés, elle, molle et languissante; lui, superbe et triomphant.

— Ah ! mon Jacques, dit-elle en passant, quel mal tu m'as fait !

Je ne sais ce qu'il répondit, mais sous la voûte du vestibule éclata le bruit d'un baiser sonore et plein.

XXV

LES HOMÉLIES DE L'EXCELLENT BOUDIGNOT

La mutuelle crainte de se perdre les rapprocha. Ils recommencèrent encore à s'aimer; mais ce fut pour retomber dès le lendemain dans les alternatives de courtes joies et de longues souffrances, de colères et de faiblesses, de ruptures et de rapprochements. Au reste, ce qui se passa entre eux, je ne le sais que vaguement : Jacques, ne me pardonnant pas tout ce qu'il m'avait dit de Caroline, évitait de me voir, et plus tard il a gardé un silence absolu sur cette époque de sa vie.

Pour moi, pour Eugénie, pour tous ceux qui connaissaient et aimaient Jacques, c'en était fait de lui, et nous avions la triste conviction que, dans cette liaison, il devait s'absorber de plus en plus et fatalement, un jour ou l'autre, — s'éteindre.

Les choses en étaient là lorsque un jour je reçus la

visite de Maret. Il commença par s'asseoir, souffler et ne pas dire un mot; puis, après au moins un quart d'heure de repos :

— Vous devez comprendre, n'est-ce pas, dit-il lentement, que je n'ai pas monté vos cinq étages pour le seul plaisir de l'ascension? Je voulais vous charger d'une commission dont je me suis chargé moi-même. Remettez cette lettre à Jacques de la part de madame Chaisemartin.

— Qu'y a-t-il donc?

— Il paraît qu'ils se quittent.

— Comment? pourquoi?

— Oh! mon ami, tout ça c'est bien long. Est-ce que vous tenez beaucoup à ce que je vous le raconte?

— Si j'y tiens!

— Bon, ne vous emportez pas : si vous le voulez absolument, moi, je le veux bien aussi; seulement, je vous le répète, c'est très-long. Ce matin, madame Chaisemartin est venue me trouver; elle m'a annoncé que la vie avec Jacques était impossible, qu'ils souffraient trop tous les deux, et qu'il fallait en finir. Les raisons qu'elle m'a données, je ne vous les répéterai point, n'est-ce pas? c'est inutile; d'ailleurs, sa détermination ne doit pas précisément vous désoler.

— Elle m'effraye si elle n'est pas sincère; elle m'effraye encore plus si elle l'est, car, dans l'état de faiblesse où Jacques est tombé, ce que peut-être il y avait encore de meilleur, c'était à elle de l'aimer quand même et de mourir avec lui.

— Mourir! comme vous y allez. Enfin, ceci ne me regarde pas; ne nous embarquons point dans d'interminables réflexions. Après de très-longues explications, madame Chaisemartin m'a prié de remettre cette lettre à Jacques. Je me suis défendu, puis j'ai fini par me résigner; mais depuis j'ai réfléchi que vous étiez son ami beaucoup plus que moi, et je vous apporte la lettre; la voici : je crains les luttes et les cris, et vous savez que j'aime fort la tranquillité.

Je voulus me défendre aussi ; puis, réfléchissant qu'après tout mieux valait mon amitié que l'apathie de Maret, je pris la lettre.

— Ah! à propos, fit-il, j'oubliais un des points les plus importants de ma mission : quand irez-vous chez Jacques?

— Tout de suite.

— Bien, je reviendrai ce soir : j'ai promis à madame Chaisemartin de lui écrire, Vous me direz comment les choses se sont passées. Elle paraissait fort inquiète.

Quand j'annonçai à Jacques que j'avais une lettre à lui remettre et que cette lettre était de Caroline, il me l'arracha des mains plutôt qu'il ne me la prit.

Je m'attendais à une de ces explosions de douleur comme j'en avais tant vu, mais après quelques minutes de silence pendant lesquelles il pâlit horriblement :

— Tu sais ce qu'il y a là-dedans, dit-il d'une voix saccadée... Elle me quitte, elle s'en va; c'est elle qui me donne congé : elle était trop malheureuse.

Toute la journée je restai près de lui, espérant qu'il allait y avoir une détente dans son indifférence factice, dans son courage voulu ; mais, toutes les fois que j'essayai de parler de Caroline, il me ferma la bouche.

— Elle est morte, me disait-il, n'en parlons plus. Je suis libre; n'est-ce pas tout ce que je pouvais souhaiter? n'est-ce pas ce que tu désirais?

Je le quittai sans avoir pu lui arracher un seul mot sincère; mais, en lui prenant la main, je devinai quel était son désespoir : cette main était mouillée de sueur et froide comme un glaçon.

Le lendemain, je le trouvai pâle, défait, les yeux ardents, les paupières rouges et marbrées, les lèvres déchiquetées ; il était évident qu'il avait dû passer une nuit atroce. Il ne m'en dit pas un seul mot.

— Oh! oh! fit-il en me voyant, l'amitié qui vient consoler l'amour! c'est beau, ça, mais tu es trop bon : j'étais tout consolé d'avance; ne suis-je point libre?

Je l'emmenai déjeuner; il but beaucoup : je croyais que le vin allait amollir cette roideur.

— Que vas-tu faire? lui demandai-je.

— Mais travailler, retourner à l'ambition, chercher la gloire; est-ce que ce n'est pas là toute la vie?

— Vas-tu rester dans ton logement?

— Pourquoi n'y resterais-je pas? Après tout, n'y ai-je point été heureux? — Puis, d'une voix attendrie : — Les souvenirs, je n'ai plus que ça; ne cherche pas à me les enlever : de quoi vivrais-je?

Ce fut sa seule parole franche, son seul mot du cœur; aussitôt, comme s'il le regrettait, il se jeta dans des plaisanteries froides et forcées.

Qu'il voulût ou non revenir au travail, ce remède héroïque qui l'avait déjà guéri, toujours est-il qu'il ne travailla point. Il avait perdu dans ces derniers temps l'habitude du travail quotidien, et ce n'était point maintenant, anéanti moralement et physiquement comme il l'était, qu'il pouvait reprendre cette habitude si attrayante lorsqu'on la possède, si repoussante lorsqu'il faut la conquérir : sa tête était trop fiévreuse, son âme était trop malade, pour qu'il lui fût possible de s'arrêter sur une idée, pour l'étreindre, la dominer, la féconder; la première fois qu'il essaya de se replonger dans l'étude, il ne put pas aller plus loin que la rêverie.

Que lui importait d'ailleurs la gloire, et que lui importait l'avenir? c'était dans le passé qu'il vivait réfugié, et ce passé, la rêverie le lui donnait avec de vertigineuses séductions. Il s'abandonna donc à la rêverie. Cependant, comme il fallait vivre, manger, se vêtir, se loger, et qu'il était absolument sans ressources, il accepta une de ces tâches insignifiantes qui, ne demandant ni attention ni volonté, peuvent encore donner le strict nécessaire. Tout le temps qu'il ne consacra point à cette tâche, il le passa dans les ateliers, dans les cafés, dans les brasseries, et en peu de mois il devint, pour ceux à qui il daignait répondre, un de ces critiques fins et profonds en paroles, comme on en rencontre plus d'un, et qui souvent font dire : « Que n'écrit-il donc ce qu'il explique si bien ! » Natures délicates fauchées avant d'avoir fleuri, qu'on prend pour des esprits paresseux ou impuissants, quand, au contraire, ils sont des cœurs brisés.

Soit que je l'eusse fâché par mes reproches, soit qu'il me regardât comme étant entré pour une part quelconque dans la décision de Caroline, il ne venait plus chez moi, et lorsque je voulais le voir, c'était au café du Coq-Gaulois, ce café qui gardait quelques heureux souvenirs de ses premières amours, que je devais l'aller chercher. Là, presque tous les soirs, depuis six heures jusqu'à minuit, il restait assis dans un coin, fumant mélancoliquement, regardant les jeunes femmes qui venaient rejoindre leurs amants.

Quand finirait ce désespoir ? comment se terminerait-il ? Abandonné par Caroline, nous avions cru à des souffrances ; mais à une telle prostration, à un tel anéantissement, nous n'y avions même pas songé. Il était donc bien profondément atteint ? tout ressort en lui était donc brisé, toute volonté détruite, toute ambition morte ? Rien ne le touchait plus, ni en bien ni en mal ; aux dîners, aux soupers de ses amis, maintenant, il se laissait emmener ; mais il y portait son lugubre silence, ou bien, lorsqu'il avait bu, son amère gaieté, plus lugubre encore.

Eugénie, qui de la rupture avec Caroline avait espéré tant d'heureux résultats, en était venue maintenant presque à la regretter, et plus d'une fois elle s'écria :

— J'aimerais encore mieux qu'il fût près de cette femme !

Comme nous tous, et même plus que nous, elle souffrait de voir le suicide de cette belle intelligence; mais elle avait encore une préoccupation qui, se joignant à ses chagrins, la tourmentait et l'inquiétait fort : c'était de savoir comment Jacques vivait dans son intérieur, qui lui arrangeait sa chambre, lui raccommodait son linge, le veillait lorsqu'il était malade ; et sur ce point aucun de nous ne pouvait la rassurer, car aucun de nous n'était reçu par Jacques. Plusieurs fois nous avions fait des tentatives, aucune n'avait réussi. Un jour cependant, ou plutôt une nuit, passant devant sa porte à deux heures du matin, et voyant les fenêtres de son logement éclairées, l'idée me vint d'en risquer une nouvelle. Soit que mon coup de sonnette l'eût inquiété, soit toute autre raison, il ouvrit, et avant qu'il fût revenu de sa surprise, car assurément s'il attendait quelqu'un, ce n'était pas moi, passant devant lui, j'entrai vivement dans sa chambre.

Elle était rangée avec soin ; la lampe était allumée et deux bougies brûlaient. Tout étonné, je regardai autour de moi ; je ne vis personne. Seulement sur la cheminée j'aperçus des bouquets flétris, des gants déchirés, des brides de chapeau, des morceaux d'étoffe, un lambeau de châle ; puis contre la glace, entre les deux bougies, un petit portrait de Caroline ; puis encore, devant cette cheminée, un fauteuil et une table sur laquelle étaient des lettres dépliées, une bouteille et un verre à moitié plein d'eau-de-vie. Je levai les yeux sur Jacques et je compris.

Sans doute il vit dans mes yeux ce qu'il y avait d'émotion et de pitié ; car, lui, depuis quelque temps si peu expansif, il se jeta dans mes bras.

— Maintenant tu devines, n'est-ce pas ? s'écria-t-il. Chaque soir c'est la même chose ; quand je ne rentre pas assez abruti, voilà, — il montra le verre, — voilà mon remède : quelquefois j'y trouve l'oubli, quelquefois, —

fit-il avec une sorte d'enthousiasme, — quelquefois le rêve; mais toujours, continua-t-il avec abattement, — il y a un réveil horrible. Ah! pourquoi n'est-elle pas morte! au moins je pourrais la pleurer, et je ne la haïrais point en l'adorant.

A partir de ce jour, nous nous revîmes plus souvent; mais à une apathie telle que celle dans laquelle il était tombé, il fallait quelque chose de plus que les consolations de l'amitié; ce quelque chose, ce fut Boudignot qui l'apporta et cela à un moment où pour nous, sans espoir aucun, Jacques était irréparablement perdu.

Boudignot, dès cette époque, avait déjà réalisé les promesses qu'autrefois, à la pension, si amplement il donnait, et par l'exercice continu et surtout très-apparent des vertus chrétiennes, il avait su conquérir une assez belle position : intelligent, mais pas trop; ambitieux, mais sans le laisser voir; protégé par deux ou trois sociétés religieuses desquelles il était membre actif et soumis; séide enthousiaste de tout pieux personnage qui, ayant une influence quelconque, en usait pour autrui, — il était en passe de faire son chemin et incidemment son salut. Cependant une chose manquait à son bonheur : on n'avait point encore pu le marier; pas une seule fille, jeune ou vieille, n'avait voulu de ce gros petit bonhomme, et malgré les efforts de ses influents prôneurs, toutes avaient été découragées et repoussées par cette face grasse et blême, par cette démarche humblement tortueuse, par cette apparence vigoureuse et maladive tout à la fois. Ces échecs réitérés étaient son éternel supplice, son boulet, sa croix, comme il disait lui-même. Quand il rencontra Jacques, il en était arrivé au désespoir, et il ne comptait plus que sur un miracle, ou sur un service éclatant qu'il rendrait à *la cause*, et qui lui permettrait d'exiger sans qu'on pût le refuser.

Lorsqu'il apprit l'histoire de Jacques, il reprit quelque

espérance, et sur les malheurs de son ancien camarade il pensa à établir de nouvelles intrigues matrimoniales : qu'il convertît un écrivain qui venait avec un certain bruit de servir la Révolution et la Liberté, et assurément, pour prix de cette victoire, on lui accorderait enfin une de ces jeunes et riches orphelines, qu'on ne pourrait légalement garder au couvent.

Il entreprit donc cette conversion avec une dévote ardeur : fort habilement il se fit le confident de Jacques, il l'écouta, il vint le voir presque chaque jour, il l'emmena avec lui; puis, lorsque par des chemins détournés il se crut arrivé assez près du but, il commença à l'entretenir de son sujet, et bientôt il put en parler quand il voulut et autant qu'il voulut.

— Mon Dieu, répétait-il à Jacques, ce que je voudrais, moi, mon pauvre ami, ce serait que tu soumisses ton esprit au doux joug du Seigneur et qu'avec humilité tu reconnusses la puissance de la foi. De ce fumier où tu croupis tu t'élancerais guéri. Dans l'état épouvantable et scandaleux où t'ont plongé les dérèglements d'une passion criminelle, ce qui peut t'arracher aux souvenirs de la chair, c'est quelque chose de solide, d'immuable, à quoi tu puisses te cramponner, sur quoi tu puisses t'établir, qui pose un baume sur tes blessures, qui te mette au cœur l'espérance, qui te permette de recommencer une vie nouvelle en lui donnant une sainte direction. Où trouveras-tu cela, si ce n'est dans la foi? Jusqu'à ce jour tu t'es plongé dans les ivresses de la science humaine : où cela t'a-t-il conduit? quels refuges, quels asiles y as-tu trouvés dans les jours de lutte? Ah! mon ami, apprends enfin à mépriser cet orgueil de l'esprit, laisse-toi arracher à ce pernicieux plaisir qu'il donne, *a jucunditate pestiferâ*, comme dit saint Augustin : ce sont des viandes dangereuses, comme le dit encore ce bienheureux évêque, que l'on sert sur de beaux plats; mais ces viandes, au lieu de nourrir le cœur, le vident; — tu en es là, toi ; où iras-tu maintenant?

Boudignot recommença ses homélies, non pas une, dix, mais vingt, mais cent fois. Un jour, il entra en discussion. Un mois après, il décidait Jacques à venir chez le père Labutte.

Mais le père Labutte n'était nullement l'homme que les conversations de Boudignot pouvaient faire supposer, — car de lui, Boudignot avait parlé comme il parlait de tout, avec cette emphase maladroite qui tue ou qui compromet ce qu'elle effleure; — c'était un petit vieillard fin, délié, intelligent, qui tout de suite comprit, initié qu'il était déjà par Boudignot, — à qui il avait affaire.

— Mon enfant, dit-il à Jacques, je ne vous parlerai point, — comme peut-être l'a fait un peu brusquement l'excellent M. Boudignot, des ineffables consolations que vous pourriez trouver dans notre sainte religion. Par malheur, je ne crois point que des considérations purement spirituelles puissent maintenant germer dans votre âme desséchée et y fructifier, car, moi aussi, je sais ce que c'est que les passions. Dans l'état présent, ce qu'il vous faut, c'est le calme, c'est la possibilité de réfléchir, de revenir sur vous-même, de sonder votre cœur, de faire un bon examen de conscience qui vous montre l'inanité des principes sur lesquels vous vous êtes appuyé, des jouissances auxquelles vous avez sacrifié. Ce calme, ce n'est que loin du monde que vous le trouverez.

Le refuge loin du monde que finalement le père Labutte proposa, ce fut à Bouchard, dans la Somme, auprès du père Chevillotte, qui serait heureux d'offrir ses conseils et sa maison à une âme blessée. Cela, d'ailleurs, n'engageait Jacques à rien, et sa retraite finie, si par malheur il n'était point touché de la grâce, il pourrait s'en aller comme il était venu.

Jacques était dans la situation d'un homme qui, tombé à l'eau, se cramponne convulsivement à un fétu flottant près de lui; il avait essayé de tout et se sentait perdu. Il accepta et écrivit au père Chevillotte une lettre dans laquelle il exposait son état et demandait asile pour quelques jours, pour quelques mois peut-être.

C'était assez indifféremment qu'il avait écrit cette lettre; ce fut très-impatiemment qu'il attendit la réponse. Par la réflexion, il s'était enthousiasmé pour cette idée nouvelle : s'il allait pouvoir oublier! s'il allait pouvoir guérir! Il ne parla plus que du père Chevillotte, il ne pensa plus qu'au calme, qu'à la paix, qu'à la certitude : il avait retrouvé une espérance, une volonté, un but.

Par malheur, la réponse se fit attendre, et il retomba bientôt dans ses alternatives de fièvre et d'abattement, puis bientôt aussi dans son apathie; et, découragé, il retourna à son ancienne vie, à ses malsaines distractions.

Un soir qu'il s'était ainsi laissé entraîner à un souper, deux de ses amis, ennuyés de le voir toujours lugubre et sombre, voulurent essayer de le distraire, — et en même temps aussi, il faut le dire, de se distraire eux-mêmes par la comédie qu'ils allaient se donner. — D'après leurs instructions, une grande et superbe fille, qu'on appelait Bérénice, vint s'asseoir près de lui : c'était une Normande de dix-neuf ans à peine, qui de son pays avait conservé une merveilleuse fraîcheur de chair, et qui de Paris avait pris tout ce qu'on peut prendre de corruption. Elle avait, ce qui est rare dans son métier, de l'esprit et de la finesse; elle força Jacques à causer, elle le força aussi à boire, et surtout à la regarder. Au bout d'une heure, il avait les yeux troubles, son cœur était gonflé; dans ses veines, son sang courait bouillonnant et picotant. Quand on se sépara, elle le fit monter dans sa voiture et l'emmena chez elle.

— Pauvre garçon, dit-elle en se faisant prendre les mains, vous avez donc des chagrins d'amour? Vous me les conterez, je vous conterai ceux que j'ai eus ; nous pleurerons ensemble : ça fait bien de pleurer quelquefois. Ah ! j'ai été bien malheureuse, allez ; mais, vous voyez, j'ai trouvé le moyen de me guérir.

Disant cela, elle lui souriait doucement et attacha sur lui un regard ardent et languissant qui n'avait pas besoin de commentaire.

Puis, le laissant seul, elle passa dans une pièce voisine.

Jacques resta un moment immobile ; il brûlait et il avait froid ; son cœur battait avec violence. Cependant, ne rencontrant plus les regards de Bérénice, n'écoutant plus sa voix, ne respirant plus son haleine, il eut honte de lui et voulut sortir.

Il ouvrait déjà la porte, quand Bérénice parut. Elle venait de faire une de ces toilettes de qui madame Dubarry disait : « Il n'y a que le nu qui habille bien, » et elle était splendide.

— Hé quoi ! fit-elle tout interdite, en voyant Jacques sur le pas de la porte.

— Vous avez près de vous, dit-il, un malheureux qui ne saurait guérir comme vous avez guéri.

Bérénice demeura un moment stupéfaite, mais presque aussitôt elle éclata de rire et se tournant vers sa bonne qui curieusement avançait la tête :

— Regarde monsieur, ma fille, regarde-le, s'écria-t-elle, et tu auras vu un joli serin !

Jacques entendit à peine cette explosion de dépit, ou tout au moins d'amour-propre offensé : il était déjà dans l'escalier.

— Allons, se dit-il, si le père Chevillotte ne veut pas de moi, la mort en voudra bien.

XXVI

LA PEUR DE L'INCERTAIN

Rentré chez lui, Jacques ne se coucha point. Il alla atteindre une petite malle, et s'occupa à la remplir de linge et de vêtements.

Bouleversant son armoire, il rencontra le carton où il renfermait ses reliques d'amours : les rubans, les fleurs, les gants qui avaient appartenu à Caroline, un portrait d'elle, les lettres qu'elle avait écrites.

Il prit ce carton, le posa sur la cheminée, alluma quelques poignées de bois, et quand la flamme brilla dans le foyer, un à un il y lança ces objets que jusqu'à ce jour il avait si pieusement gardés. Une odeur de violette se répandit dans la chambre et toutes ses fibres se roidirent et frissonnèrent ; cette odeur, c'était celle que Caroline employait ordinairement, celle qu'elle aimait, et de ces objets qui brûlaient elle venait de se dégager vivace et pénétrante. Jacques, qui tenait le paquet de lettres à la main, tout prêt à le brûler aussi, s'arrêta : avec ce parfum, les souvenirs lui avaient monté au cerveau et lui gonflaient le cœur. Mais il n'eut qu'un court moment d'hésitation ; les lettres rejoignirent les fleurs et les rubans : sur les tisons elles se tordirent en fumant, puis toutes ensemble elles s'enflammèrent. Jacques, penché au-dessus de la cheminée, les regardait, et des lambeaux de phrase, des mots lui sautaient aux yeux... « Nous nous aimerons toujours, mon Jacques... Les bois de Crillon... » Au moment où cette dernière ligne, elle aussi, allait être atteinte par la flamme, le courage lui manqua, et se jetant à deux genoux, il voulut au moins la sauver ; ce brusque mouvement activa le courant d'air, et avec les papillons noirs que faisait le papier brûlé, elle s'envola par la cheminée.

— Eh! bien, tant mieux, fit-il, au moins c'est fini.

Puis, comme le jour était venu, il sortit, et il alla chercher un marchand de bric-à-brac, à qui il vendit ce qui restait dans le logement.

Ses préparatifs étant ainsi terminés, il courut chez le père Labutte.

— Point de lettre du père Chevillotte, n'est-ce pas? demanda-t-il.

— Hélas! non, mon enfant.

— Alors je pars, je vais moi-même chercher une réponse; soyez seulement assez bon pour me donner les renseignements indispensables à mon voyage. Où est Bouchard? Quelle route dois-je prendre?

Le père Labutte voulut essayer quelques observations; mais, voyant Jacques bien décidé à ne rien écouter, il lui donna tous les renseignements nécessaires et y joignit de longs conseils sur la nouvelle vie qu'il allait embrasser.

Deux heures après, Jacques était au chemin de fer.

Quand il descendit de wagon, la nuit commençait à tomber; il se fit indiquer une auberge et demanda si on pouvait le conduire à Bouchard.

— Ce soir ce n'est guère facile, répondit l'aubergiste : il est tard et les chemins sont mauvais, tandis que demain matin, si monsieur veut rester à coucher, il n'y aura même pas besoin de le conduire... c'est tout droit par la rivière.

Jacques, malgré son impatience, n'insista point. Il était tard en effet, il se résigna à rester.

Tout en soupant, il tâcha d'obtenir quelques détails sur le père Chevillotte. A en croire le père Labutte, c'était un saint et de plus un homme de génie; jusqu'où allaient les exagérations de l'amitié et de l'esprit de parti, c'est ce qu'il était curieux d'apprendre.

Fin et prudent comme un Picard qu'il était, l'aubergiste se tint longtemps sur une sage défensive; mais à la fin, persuadé que son hôte n'était qu'un voyageur curieux, il se décida à parler.

— Faut que vous sachiez, dit-il, qu'il y a douze ans le couvent était une fabrique d'indiennes. Quand on a su dans le pays que les moines allaient revenir et reprendre leurs propriétés, car ç'avait été à eux avant d'être fabriqué, — je vous parle d'avant la Révolution, — ça a fait pas mal crier; d'abord, parce que les anciens de la contrée se souvenaient des moines et n'en disaient guère de bien; et puis aussi, parce que ça retirait le travail aux ouvriers. Quand ils ont été établis, ça s'est calmé tout doucement; ils faisaient faire des réparations, ils étaient charitables au pauvre monde. Maintenant, ils sont assez aimés. Ils sont bien un petit brin tourmentants pour qu'on aille aux églises; mais comme ils aident ceux qui y vont, ça encourage, et à l'occasion ils savent bien vous récompenser des quelques heures qu'ils vous font perdre le dimanche.

— Et le père Chevillotte?

— Ah! le révérend père, c'est le meilleur de la bande: c'est lui le généreux. Il était riche quand il s'est fait moine; il leur a donné toute sa fortune. C'est lui qui a payé presque tout Bouchard. On dit qu'il fait ce qu'il veut, et que le pape va le nommer cardinal romain.

Soit la fatigue, soit le bon lit, Jacques dormit cette nuit-là comme depuis longtemps il ne dormait plus. Quand il ouvrit les yeux, le matin, un rayon de soleil sur les rideaux de l'alcôve s'épanouissait chaud et clair. Il se leva et ouvrit sa fenêtre. En face de lui s'étalaient de vastes prairies couvertes d'un brouillard dans lequel paraissaient flotter de longues files de peupliers; on ne voyait point de rivière, mais le bruit de l'eau tombant par-dessus des vannes et le ronflement d'un moulin disaient qu'il y en avait une sous ces blanches et légères vapeurs. Des vaches passèrent se rendant au pâturage, et dans la cour de l'auberge les poules et les coqs sortant du poulailler firent entendre leurs joyeux cris. L'air frais, chargé des pénétrantes senteurs de la campagne qui lui souffla au visage, le calme de la nature, les bruits des paysans s'éveillant, toute cette douce poésie du matin et du village l'émut et le jeta dans une mélancolie pleine de calme et d'apaisement : il lui sembla qu'il renaissait, qu'il était plus jeune, plus vigoureux; son cœur se détendit; il espéra.

Lorsqu'il arriva à l'abbaye, on le conduisit à la chapelle où le père Chevillotte disait la messe, et il put ainsi l'observer facilement avant de l'aborder : c'était un grand vieillard à cheveux blancs, à l'air doux et imposant, aux manières pleines d'aisance, de grâce et de dignité.

Après la messe, Jacques s'avança vers lui et se nomma.

— Pardonnez-moi de n'avoir point répondu à votre lettre, dit le père d'une voix harmonieusement pleine; j'étais en voyage; c'est d'hier seulement que je suis de retour. Vous me demandez de vous recevoir ici pour quelques jours, n'est-ce pas?

— C'est ce que je vous demande encore, répliqua Jacques; si vous me repoussez, je n'ai pas une porte où aller frapper; cependant, quoique je m'adresse à vous, je dois vous l'avouer en toute sincérité, je n'ai pas la foi : je viens à vous brisé; n'osant pas regarder mon passé, ne croyant pas à l'avenir, je viens vous demander un refuge.

Pendant qu'il parlait, le père l'observait attentivement.

— Mon fils, lui dit-il, vous resterez ici tant que vous voudrez : notre porte n'a jamais été fermée à celui qui y a frappé. Que cette maison soit désormais la vôtre; vous y serez libre, la règle qu'on y observe ne sera point pour vous. Personne ne troublera la paix et la solitude dont vous vous entourerez; si parfois vous avez besoin de vous entretenir, non avec le prêtre, mais avec l'homme, avec le vieillard qui sait la vie, tous les soirs je vous attendrai.

Sans en dire davantage, il fit un signe. Un frère convers s'approcha, et précédant Jacques à travers les grandes et hautes salles nues et sonores, il le conduisit à la chambre qu'on lui assignait.

Resté seul, Jacques examina cette chambre: elle n'avait rien d'une cellule: les murs étaient tendus de belles tapisseries, les meubles étaient sculptés, et les larges fenêtres ouvraient sur la campagne qui, s'étageant doucement jusqu'à des coteaux couronnés de bois, offrait un horizon fait à souhait pour charmer les yeux, occuper l'esprit, réjouir le cœur.

A midi, on vint le prier de descendre pour le dîner. Dans le réfectoire il trouva toute la communauté debout autour de longues tables. Au devant de lui s'avança le père Chevillotte portant un plateau et une aiguière d'argent pour lui laver les mains. Instinctivement il voulut reculer, mais comprenant que c'était la règle, confus, il se laissa mouiller et essuyer les doigts par ce vieillard si grand et si digne en son humilité. Alors on récita le *Benedicite*, ce qui dura plus de dix minutes, et l'on s'assit. Pour l'étranger des viandes rôties avaient été préparées; pour les frères des lentilles cuites à l'eau. Curieusement Jacques examina ceux avec lesquels il allait vivre, et il put le faire avec d'autant plus de liberté qu'il ne rencontra pas un seul regard tourné vers lui; chacun mangeait en silence, et écoutait la lecture qu'on faisait en latin des constitutions de l'ordre.

Tout le reste de la journée, Jacques l'employa à parcourir l'abbaye, les cours, les jardins, le cloître, la chapelle, à se rendre compte matériellement, pour ainsi dire, de cette paix et de ce silence, en attendant qu'il pût les pénétrer et les sentir moralement.

Le lendemain il était dans la bibliothèque, lorsque le père Chevillotte entra :

— Eh bien, mon enfant? fit celui-ci en étendant et en expliquant son interrogation du regard.

— Ah! mon père, je fais aujourd'hui ce qui m'avait été impossible depuis bien longtemps : je lis avec plaisir. Il me semble presque que le goût de l'étude m'est revenu, et que je vais reprendre un travail que je préparais sur l'*Art de la Renaissance et le Sentiment chrétien*. Seulement, si je me remets à ce travail, j'aurai besoin de vos conseils ; je vous prierai de m'indiquer quels livres possède votre bibliothèque sur ce sujet.

— Tous les ouvrages qui vous sont indispensables, vous les trouverez à peu près ici, et, je l'espère, vous pourrez travailler utilement. Si parfois vous avez des jours de découragement, si la solitude vous pèse, venez causer avec moi : nous échangerons nos idées. Le sujet que vous avez choisi est vaste, et, pour vous, il me semble qu'il y a deux manières de le traiter : en artiste ou en philosophe. Je ne veux en rien peser sur vous, sur vos principes, que d'ailleurs je ne connais pas ; mais, quelle que soit celle de ces manières que vous adoptiez, n'oubliez point, n'est-il pas vrai, que le christianisme représente la supériorité de l'esprit sur la matière, de l'âme sur les sens, et que l'art, suivant la belle expression de saint Basile, « doit engager à la vertu ; » n'oubliez point non plus que la Renaissance a surtout exalté le perfectionnement de la partie matérielle, cherché l'étude exclusive de la forme, et absolument négligé la beauté morale. Mais il ne m'appartient point de vous prêcher ainsi ; je vous touche seulement un côté de la question ; pour le reste, j'attendrai que vous m'interrogiez.

Jacques était un esprit méditatif, une âme platonique. Doué à un haut point de ce que les phrénologues appellent la merveillosité, il se fût très-probablement, en obéisgant à sa seule nature, occupé avec bonheur de la recherche spéculative des problèmes religieux ; mais élevé par un père voltairien, emporté par le courant général qui entraîne notre époque, il n'avait guère appris du christianisme que ce qu'en enseignent ses ennemis ou le catéchisme.

A Bouchard, sans en avoir tout d'abord bien conscience, il s'engagea dans un sens complétement opposé.

Dès les premières journées, sous l'influence d'une vie solitaire et régulière, où chaque minute était pleinement remplie, où rien ne lui parlait du passé, un grand apaisement s'était fait en lui ; puis, poussé aussi par l'influence non apparente, mais cependant très-sensible, du père Chevillotte ; séduit par ce qu'il voyait autour de lui, troublé par la confession d'une douleur auprès de laquelle la sienne n'était qu'un enfantillage, douleur qui, cependant, avait dans la foi trouvé la consolation, il se dit que cette religion, après tout, valait bien la peine d'être approfondie de plus près que jusqu'à ce moment il ne l'avait fait, et insensiblement il s'absorba tout entier dans son étude.

Les premiers mois, ce fut comme accessoire de son travail ; puis il y chercha un aliment pour son esprit tourmenté ; puis un jour vint où il y chercha un aliment pour son cœur ; ce pauvre cœur se sentant revivre avait vaguement besoin d'amour, et cet amour c'était à la foi, que par la prière il aurait voulu le demander.

Mais pour prier il fallait croire, et Jacques ne croyait point. Les livres de saint Augustin, de saint Basile, de saint Chrysostôme l'avaient ému, non convaincu ; aux choses de la foi, il avait voulu appliquer la rigueur de raisonnement qu'il avait déjà appliquée à l'histoire, et là où il eût dû aveuglément accepter la tradition, il avait voulu la discuter, l'analyser, la choisir : au lieu de fermer les yeux avec confiance et humilité, il les avait ouverts avec orgueil et défiance.

Ainsi, venu à Bouchard pour fuir le trouble et l'incertain, il avait trouvé la lutte et le doute.

Ce fut dans sa vie un moment terrible : son cœur n'était point guéri et, de plus, sa tête était malade. Entraîné par le sentiment, retenu par la raison, sans cesse partagé entre les deux, malheureux de l'erreur, plus malheureux encore de la vérité, martyr de l'une et de l'autre, plein d'espoir et de découragement, voulant et ne voulant plus, — un jour vaincu par la poésie des offices, pleurant aux accents de l'orgue, se traînant sur les dalles de la chapelle, il criait avec enthousiasme : *Credo, Domine, sed adjuva incredulitatem meam;* — le lendemain, dans le calme de la réflexion, il maudissait sa raison honteuse et révoltée, il voulait la forcer au silence, il cherchait par quels moyens il l'anéantirait, il la tuerait. Ce fut ainsi qu'il en vint aux pratiques d'une dévotion sévère : ses devoirs religieux, il les accomplit tous, il les exagéra; il porta des cilices, il jeûna des journées entières; plus il fut incrédule, plus il s'obstina dans la prière et les macérations. N'était-ce point ainsi que Pascal et tant d'autres s'étaient affranchis du doute?

Pendant plusieurs mois quelle fut cette terrible lutte, c'est ce que je n'essayerai point de dire. Une froide analyse ne donnerait d'ailleurs aucune idée des vingt ou trente lettres que Jacques m'écrivit pendant cette période; je ne pourrais qu'affaiblir ses cris de douleur en tâchant de les répéter. Il me faudrait, pour être exact, transcrire au moins la moitié, sinon la totalité de ces lettres, et c'est ce que je ne peux ni ne veux faire.

Ces lettres, il me les écrivait assez régulièrement; mais un jour elles cessèrent. Depuis près de six mois nous étions absolument sans nouvelles de lui, lorsque je reçus un petit billet daté non de Bouchard, comme à l'ordinaire, mais de Paris.

Voici les quelques lignes qu'il contenait :

« J'ai le plus grand besoin de te voir ; aussitôt que tu
» auras une minute, viens rue Cadet, à l'hôtel d'Irlande ;
» ne tarde point, je t'en prie. »

XXVII

LES AMOURS DE CAROLINE.

Une heure après avoir reçu cette lettre j'étais rue
Cadet, et je trouvais Jacques au lit. Au premier coup d'œil
je fus effrayé ; il était pâle et maigre ; les yeux étaient
ardents, les lèvres décolorées.

— Voilà pourquoi je t'ai écrit, dit-il d'une voix sourde ;
je suis malade, très-faible de corps, très-abattu.

— Veux-tu un médecin ?

— C'est d'un remède moral que j'ai besoin, d'amitié.

— Qu'y a-t-il donc ?

— Il y a que, depuis que je t'ai écrit, bien des choses
se sont passées. Tu sais quelles luttes j'ai eu à subir là-bas,
à Bouchard ; enfin, soit lassitude, soit affaiblissement de
ma pauvre cervelle depuis quelque temps si rudement
secouée, j'ai fini par croire que je croyais ; et alors, espérant trouver le calme dans l'irréparable, espérant aussi
élever entre le passé et le présent un mur infranchissable,
espérant surtout mater pour toujours ma raison, j'ai voulu
me faire moine, prononcer des vœux, me lier à jamais.
Quand j'ai annoncé ma détermination au père Chevillotte,
il l'a combattue.

— Ta femme le gênait ?

— En rien ; marié seulement à la mairie, mon mariage
aux yeux de l'Église est nul, et il l'est pour elle partout,
excepté en France bien entendu. Ce n'est donc point ce
qui arrêtait le père ; non, ma conversion lui suffisait :

c'est un très-digne homme, très-ferme, très-prudent, très-sage. Cependant, malgré sa répulsion, inspirée peut-être par le peu de foi qu'il avait en moi, il céda, et je partis pour Rome. En passant à Paris, j'eus une idée que je te laisse libre de qualifier : je voulus revoir Caroline. Oui, de très-bonne foi je me dis que pour elle il n'y avait plus d'avenir; que Dieu seul pouvait la sauver; que je l'avais perdue, et que je devais tenter un effort pour l'arracher à la malheureuse destinée que je lui avais faite.

Je la revis. De cette entrevue ce ne fut point sa conversion qui résulta.

Il me fut assez difficile de la trouver : il y avait si longtemps que je n'avais entendu parler d'elle. Enfin j'appris qu'elle habitait une petite chambre sur le boulevard de Batignolles, qu'elle travaillait beaucoup et paraissait heureuse.

Je courus chez elle. J'étais plein de confiance, plein de force en moi.

Ce fut elle-même qui m'ouvrit. D'un bond elle me sauta au cou : je voulus me défendre ; elle me fit mille caresses.

Puis tout à coup, et avant que j'eusse pu placer un seul mot :

— Oh ! mon Jacques ! s'écria-t-elle, c'est le bon Dieu qui t'envoie : j'aime et je suis malheureuse ; tu me consoleras, tu me conseilleras.

Tu sais ce que j'ai souffert dans ma vie ; je n'ai jamais ressenti rien de comparable à ce coup brutal que je recevais en plein cœur. Ce fut quelque chose d'horrible : ces paroles m'entrèrent dans les oreilles comme un jet d'huile bouillante. J'avais supporté sa vue sans trop d'émotion, ses caresses sans trop de frémissement : — à cet aveu tout mon être se souleva. Où étaient cette force, cette confiance que dix minutes auparavant je m'applaudissais d'avoir? Je m'étais cru guéri ; je me réveillais jaloux.

Que te dirai-je ? Avec cet aveugle égoïsme que nous donne la passion, elle ne vit rien de ce qui se passait en moi : elle se mit à me parler d'elle et de son amour.

Elle aimait un homme que tu connais peut-être, mais dont dans tous les cas tu sais le nom, Paul Dauzat. Par hasard elle s'était rencontrée avec ce poëte de dix-huit ans; et pour lui, pour ses cheveux bouclés, pour son regard trouble où paraissent flotter des images de femmes, pour son audace naïve, sa fierté superbe, sa grâce d'enfant, elle avait été prise d'un amour irrésistible : elle avait été atteinte comme Juliette apercevant Roméo, tu te souviens : « Nourrice, va demander le nom de celui qui n'a pas voulu danser; s'il est marié, un cercueil sera mon lit nuptial. »

Tu sais que se sentir aimé n'inspire pas à l'homme de vingt ans, qui a eu déjà des maîtresses, les mêmes sentiments qu'à l'homme de trente. A vingt ans on se sait gré à soi-même des avances qu'on reçoit, à trente on en sait gré à la femme. Dauzat fut très-fier de lui, et de la meilleure grâce du monde il se laissa aimer ! Mais bientôt cette femme qui s'était jetée à sa tête l'ennuya : pour cette tendresse passionnée, mais exigeante, il n'éprouva plus que fatigue et dégoût.

Telles furent les confidences de Caroline ; je te les ai simplifiées autant que possible, t'épargnant les redites, les détails et surtout les pleurs.

— Tu le verras, me dit-elle en achevant, et toi, si fin, si analyste, si prévoyant, mon Jacques, tu l'étudieras, tu le jugeras, et tu me diras ce que je dois faire pour le rendre heureux, comment je dois me conduire, ce qui peut lui plaire.

Ce rôle, qu'avec ce froid égoïsme elle me proposait, à moi qui l'avais tant aimée, ne pouvait convenir, tu le comprends, ni à mon caractère ni à mon cœur. C'est ce que je tâchai de lui faire sentir : je lui dis aussi dans quelles intentions j'étais venu la voir, quelles étaient mes résolutions présentes, quelles étaient celles que j'avais espéré lui inspirer.

— Mon sauveur, me répondit-elle, ce sera lui et son amour.

Je ne pus rien gagner sur elle. Ce fut elle qui gagna sur moi que je ne partirais qu'après avoir vu Dauzat.

Je le vis. Je ne partis point. Les raisons qui me retinrent tu peux les deviner : une cependant eut une autre cause que ma faiblesse. Autant le calme du cloître m'avait exalté, autant le tumulte de la vie me refroidit. Je n'avais jamais eu la foi ; lorsque je n'eus plus l'exaltation, je retrouvai ma raison. D'ailleurs quelques jours auparavant que je partisse de Bouchard, un de nos frères, comme moi chrétien, par désespoir, s'était pendu ; ce suicide avait ébranlé ma volonté de conversion, la vue de Caroline fit le reste.

Je demeurai donc à Paris, et tous les jours je la vis, elle et son amant. Heureux je les aurais fuis, la jalousie m'eût sans doute arraché à mon supplice ; ils étaient malheureux, je me glissai dans leur vie. Générosité passionnée pour ses souffrances, espérance que dans un accès de désespoir elle me reviendrait, il y eut de tout cela dans ma conduite ; car si j'attendais avec une ardente impatience le jour où elle serait abandonnée, par mes conseils et par mes actions je faisais tout, pour que ce jour n'arrivât point.

Malheureusement pour eux, actions et conseils étaient en pure perte. A dix-huit ans, Dauzat est un charmant petit monstre, beau comme un éphèbe, corrompu comme un fils de Don Juan ; et le scepticisme, la sécheresse, l'ironie la dureté que Byron, Heine et de Musset, ses maîtres et modèles, ont mis dans leurs livres, il les met dans sa vie, non par méchanceté naturelle, mais plutôt par affectation, surtout par protestation contre les platitudes, contre les hypocrisies actuelles : dans l'intimité c'est un cœur d'enfant généreux et dévoué; dans le monde il devient railleur, insolent, cruel. Qu'un pareil caractère rencontre une femme passionnée jusqu'à la folie, et les résultats de cette liaison seront funestes. Dauzat jouait à l'amour avec Caroline, comme un chat joue avec une souris, la déchirant à chaque caresse, la mordant à chaque baiser. Rien que pour le plaisir d'éprouver jusqu'où allait son pouvoir sur elle, il la torturait impitoyablement, la bafouant, l'humiliant, restant des semaines sans la voir, ne répondant à aucune de ses lettres, la renvoyant durement lorsqu'elle allait l'implorer, la querellant lorsqu'elle n'y allait pas ; puis soit compassion, soit remords, tout à coup il revenait à elle, et dans une explosion d'un amour jeune, ardent et enthousiaste, il lui faisait oublier ses dédains et ses duretés.

La pauvre femme, dans l'attente de ces belles journées, supportait toutes les mauvaises; elle ne se plaignait qu'à moi. Quand Dauzat la laissait plusieurs jours sans venir, elle travaillait follement afin de gagner une de ces toilettes brillantes qu'il aimait; et, pour se distraire, elle me priait de rester auprès d'elle à écouter ses confidences. J'y restais ; et cet amour, absolu comme le mien l'avait autrefois été et même l'était encore, je l'étudiais avec une cruelle pitié, une douloureuse admiration. Jamais elle ne se démentit; jamais elle ne pensa à se révolter : domptée par sa passion elle se laissa diriger par elle, ne mettant à profit ni les conseils qu'elle me demandait, ni sa propre expérience, n'ayant qu'une idée : le rendre heureux pour qu'il daignât l'aimer. Jusqu'où elle alla dans ce but, c'est ce que tu croiras à peine : tu sais combien son intelligence était vive, combien son esprit était cultivé, combien sa nature était originale, supérieure; eh bien! dans son humilité elle se trouva indigne de son amant; maitresse d'un poëte, elle se figura qu'elle devait, pour le toucher, ressembler à quelque type illustre, et ses charmantes qualités natives elle les cacha sous des ornements qu'elle alla emprunter à toute la friperie poétique et romanesque.

Dévoré par ma jalousie lorsque je la savais heureuse, attendri par mon amour, lorsque je la voyais accablée, c'est ainsi qu'auprès d'eux, je vécus. Comment ai-je eu ce courage ou cette faiblesse? je n'en sais rien. Chaque soir je partais pour ne pas revenir, et chaque matin j'avais d'excellentes raisons pour retourner près d'elle. C'était quelque consolation à lui porter, quelque service à lui rendre. N'ai-je point ainsi consenti, sur sa demande, à faire un article scandaleux d'admiration, à la gloire du nouveau livre de Dauzat. Ne m'a-t-elle pas envoyé le chercher cent fois? Combien de fois m'a-t-elle fait l'accompagner chez lui, lorsqu'elle n'osait y aller seule? Combien de fois, réconciliés, m'ont-ils mis à la porte, eux souriants, moi pleurant de honte et de rage.

Mais j'abrége ces détails, ils me déchirent le cœur.

Les choses menaçaient de durer ainsi éternellement, lorsque, il y a quinze jours, je reçus la visite de Caroline. Elle paraissait embarrassée. Je l'aidai et vins à son secours. Alors avec des précautions infinies elle m'apprit que Dauzat se plaignait que je la voyais trop souvent.

— Il n'est pas jaloux, me dit-elle, mais il ne veut pas qu'on puisse prétendre que je le trompe. Je crois aussi qu'il est blessé des critiques de ton article. Enfin, il dit qu'il ne faut pas un tiers entre deux amants.

— Qui l'a voulu, ce tiers?

— C'est moi, mon pauvre Jacques, mais je ne croyais pas que tu le gènerais. Hier, après s'être fâché, il est parti pour la campagne, en me disant : « Entre M. Jacques et moi, choisis. » Je voulais le suivre : il a voulu qu'auparavant je réfléchisse.

— Et tu as réfléchi ?
— Je vais le rejoindre.
— Tu pars ?
— Oh! pas tout de suite : je viens dîner avec toi.

Nous avons dîné ensemble : jamais elle n'avait été aussi adorable. Depuis je ne l'ai pas revue, et je n'ai point reçu de lettre d'elle. Comprends-tu ce que j'ai souffert ?

Pour me dire cette horrible histoire, il lui fallut s'interrompre plusieurs fois; il avait la respiration courte et râlante; souvent il avait des crises de toux qui se terminaient par des étouffements; ses traits exprimaient le découragement : le nez était extraordinairement effilé, les joues étaient caves, les yeux étaient d'une couleur luisante, les lèvres étaient rétractées.

De nouveau je parlai de médecin; il refusa encore; mais quand j'eus mis en avant le nom de Aize, notre ancien camarade de la pension Heudelay, qui, tout jeune encore, venait de se signaler par une opération hardie dont la presse presque tout entière s'était occupée, l'idée de le revoir décida Jacques. Je l'allai chercher.

— Ah! dit Jacques en nous voyant entrer, je suis bien *malaise*, mais en même temps je suis *bien aise* de te serrer la main.

Ces vieux calembours qui nous rappelaient notre enfance nous donnèrent un moment de gaieté; moment qui pour Jacques dura peu et s'éteignit dans un accès de toux.

Aize l'observa attentivement, l'ausculta, lui fit quelques questions, puis d'une voix douce :

— Allons, ce ne sera rien, lui dit-il, et dans un mois ou six semaines, nous pourrons dignement fêter notre camaraderie.

Mais dans la rue :

— Je le crois perdu, dit-il; comment a-t-il vécu dans ces derniers temps ?

Je lui racontai ce que je savais.

— C'est bien ce que je craignais, continua-t-il : phthisie granuleuse qui, de la période prodromique, a passé à la période confirmée sous l'influence de ses dernières souffrances. Passionné comme il l'est, ce qu'il a enduré est atroce; pendant ces cinq ou six derniers mois il a dû vivre dans une fièvre continuelle qui l'a dévoré. Avec un sage régime, le pauvre garçon pouvait aller longtemps.

— Maintenant?

— Maintenant, je crains que nous ne soyons bien près de la troisième période. Il en a peut-être pour six mois, peut-être pour quinze jours; pour lui la vie est à cette heure dans les soins et la tranquillité; les soins, je ne l'en laisserai pas manquer... mais la tranquillité?

XXVIII

LE JUGEMENT DES AMIS

— Eh! bien, fit Jacques lorsque je rentrai, que dit-il?

— Il dit que dans un mois, avec du calme et des bons soins, tu seras guéri.

— Pas comme il le comprend, à coup sûr; guéri de souffrir, à la bonne heure! Je connais mon mal; c'est celui dont est mort mon père : affaiblissement et amaigrissement progressifs, tristesse, rêvasserie, chaleur insupportable à la peau, et puis enfin la toux; je sais ce que c'est; tous les médecins du monde n'y pourront rien.

Comme je faisais un signe, il continua :

— La mort ne m'effraye pas; au contraire, elle est mon espérance et ma consolation. Que pourrais-je faire maintenant? De longues années de vie devant moi me rempliraient de crainte; trois, cinq, six mois me donnent la force et la résignation : c'est juste ce qu'il me faut de temps pour bien mourir. J'ai réfléchi, vois-tu, surtout depuis que je suis là dans mon lit ; et en vérité la mort, quand on peut l'envisager raisonnablement, est en soi si peu de chose qu'il faut tâcher de mourir sans trop désoler ceux qui restent. Or, il restera après moi quelqu'un que j'ai brisé...

Je le regardai, et dans mes yeux il vit mon indécision.

— D'Eugénie ou de Caroline, tu ne sais qui je veux nommer, n'est-ce pas ? C'est là le châtiment de ma passion ; c'est que pour qu'on croie à mon repentir, il faut que je le précise : eh bien, ce n'est pas de Caroline qu'il s'agit, c'est d'Eugénie. Quand je parle de repentir, entendons-nous bien : de l'avoir épousée quand mon cœur n'était point libre, de l'avoir, pendant notre mariage, traitée durement ; de l'avoir fait souffrir, je me repens ; mais de lui avoir préféré Caroline je ne me repens pas. Ceci expliqué, tu voudras bien, de ma part, l'aller trouver ; tu lui diras qu'avant de mourir je désirerais la voir. Surtout qu'elle sache que je ne reviens point à elle pour qu'elle me soigne. Enfin, arrange cela comme tu l'entendras. En réalité, ce que je cherche, c'est faire quelque chose pour elle. Si je mourais sans nous être réconciliés, elle aurait peut-être la sainte bêtise de s'en accuser : au moins quand nous nous serons revus, je la quitterai sur un bon souvenir. Va, mon ami, amène-la.

Il n'y eut pas besoin de prières pour la décider ; il n'y eut pas même besoin d'explication.

Après ce qui s'était passé, leur première entrevue pouvait avoir quelque chose de pénible et d'embarrassé : Eugénie ne donna même pas le temps à Jacques de s'accuser : il lui tendait la main, elle se jeta dans ses bras.

— Quand tu seras guéri, tant que tu voudras, lui dit-elle doucement ; jusque-là, je t'en prie, pas un mot.

Pour le soigner plus librement, et aussi peut-être pour

le reconquérir tout à fait, elle eût voulu l'emmener chez elle. Aizo n'osa point y consentir : la saison se faisait rigoureuse, le temps était au froid; dans l'état où Jacques se trouvait, une imprudence pouvait le perdre.

Il fallut donc renoncer à ce projet ; et elle s'établit auprès de son mari pour ne plus le quitter.

La chambre qu'occupait Jacques était une vraie chambre d'hôtel, froide, nue, sale, avec de misérables meubles en plaqué qui avaient passé au moins douze ou quinze fois par la salle des ventes. Eugénie s'empressa de la transformer : sous un tapis vieux et reprisé, mais sans une tache, le carreau dérougi fut caché, les épais rideaux de calicot jauni furent remplacés par une mousseline blanche qui doucement tamisa la lumière sans la salir et l'attrister ; à tout elle donna un air d'ordre et de propreté. Rien aux yeux du malade ne parla de maladie.

Contrairement à ce que nous craignions, il montra un grand calme et une grande patience, ne se plaignant, ne s'emportant jamais.

— La certitude de mourir a guéri mon cœur, me disait-il souvent; je n'ai jamais été plus tranquille. Je meurs à temps : plus tôt, j'aurais regretté la vie; plus tard,.... il eût été trop tard! On me plaindra peut-être, on m'eût condamné, car jamais je ne me serais relevé : ma conscience, ma volonté, mon intelligence, tout avait été englouti dans le naufrage. Il y a des hommes qui savent triompher de la passion ; moi je n'ai pas su ou je n'ai pas pu dompter la mienne. Peut-être pouvais-je devenir mieux qu'un amoureux, peut-être y avait-il quelque chose là... — il se frappa le front; — mais ce quelque chose ne serait jamais sorti. Je ne regrette rien; si j'ai eu de terribles souffrances, j'ai eu aussi d'ineffables joies, qui ont effacé toutes ces souffrances, et qui, à l'heure présente, les effacent encore.

C'était ainsi qu'il m'entretenait de sa passion, mais de

haut et comme s'il en était revenu, comme s'il la jugeait.
Jamais il ne s'écartait de la résignation si pleine de douceur et de sérénité qu'il s'était imposée, acceptant, endurant tout; une seule fois il s'oublia; voici à quelle occasion.

Ordinairement, pendant la journée, Eugénie restait seule près de lui; le soir, trois ou quatre amis, Aize, Maret et quelques autres, nous venions lui tenir compagnie et le distraire un peu.

Un soir, en arrivant, je le trouvai fiévreux et animé; ses yeux brillaient, ses pommettes étaient rouges, il respirait vivement et difficilement.

— Il paraît que je suis plus malade que je ne croyais, fit-il dès qu'il m'aperçut, et je viens de recevoir une visite qui m'aurait enlevé ma dernière illusion si j'avais pu en conserver encore : Boudignot, l'excellent Boudignot. Quoique fort irrité contre moi, il n'a pu résister à la voix de la charité; il est venu pieusement m'avertir que je n'avais plus longtemps à rester sur cette terre d'iniquité, que je devais songer à mon salut et me préparer une mort qui expiât mes scandales et mes crimes. Je l'ai prié de me laisser tranquille, mais il ne me lâchera point, il reviendra : tu voudras bien le mettre à la porte.

— Mon ami ?...

— Je sais que ce que je demande est grave; mais pendant que j'ai encore toute ma raison, je veux que tu me promettes de faire respecter ma volonté quand je ne le pourrai plus moi-même : or, cette volonté est de mourir librement. A tort ou à raison, je ne crois point. J'ai cherché la foi et ne l'ai point trouvée. Me convertir aujourd'hui serait une comédie ou une faiblesse : la comédie, je ne suis point d'humeur à la jouer; la faiblesse, j'en ai assez commis sans cette dernière; ce n'est point à l'heure où je tâche de redevenir un homme et de remonter un peu dans ma propre estime que je vais m'en rendre coupable. Si

Boudignot se représente, et il se représentera, tu lui signifieras qu'il ait à ne pas me harceler.

Pendant qu'il me parlait ainsi, Eugénie était présente; quand il eut fini :

— Ce que Jacques ne veut pas, je l'aurais voulu, dit-elle; mais il a ses raisons que je ne peux pas juger : vous pouvez être certain, M. Frédéric, que je vous soutiendrai.

Comme Jacques le prévoyait bien, Boudignot se représenta.

— Eh quoi! s'écria-t-il, ce malheureux insensé s'obstine dans l'impénitence finale!

— Absolument.

— Il faut que je le voie; assurément, s'il se savait aussi près de la mort qu'il l'est en réalité, il ne résisterait pas à la peur de la damnation éternelle. Je vais l'entretenir quelques instants.

— Il ne veut ni t'entendre ni te voir.

— C'est épouvantable! Songe donc, mon ami, un homme qui, il y a quelques mois à peine... Quel exemple! Véritablement, il est possédé du démon. Laisse-moi lui dessiller les yeux.

— Sa volonté est formelle.

— Grand Dieu! il se perd et tu te perds toi-même; y as-tu réfléchi? Rappelle-toi la parole du Maître : « Malheur à celui par qui le scandale arrive. »

Il partit désespéré, mais non découragé, car, le lendemain, il fit une nouvelle tentative aussi malheureuse, quoiqu'il se fût fait accompagner par le père Labutte.

Quelques jours après, il revint encore, et, comme je n'étais point là, il pénétra jusqu'auprès de Jacques; il lui fallut se rendre à l'évidence : la conversion du pécheur était impossible.

Cependant, chaque jour le mal continuait progressivement sa marche; l'affaiblissement était de plus en plus grand; les sueurs étaient abondantes; les réponses commençaient à être incohérentes; enfin, la somnolence vint se joindre à tous ces symptômes alarmants et nous enlever tout espoir.

Eugénie redoubla de soins; ni le jour, ni la nuit, elle ne le quitta plus. Autant que possible, nous tâchions de l'assister et de l'aider; mais tout le poids de la fatigue et de l'inquiétude n'en retombait pas moins presque uniquement sur elle : au reste, elle ne s'en plaignait pas; de dévouement et de courage elle était parfaite.

Un soir que j'étais venu me mettre à sa disposition, nous restions auprès du feu inquiets et silencieux. La journée pour Jacques avait été mauvaise; il avait été très-faible, très-abattu, et, depuis quelques heures, immobile sur le dos, position qu'il gardait constamment, il respirait avec peine en sifflant; de temps en temps il avait des soubresauts.

Tout à coup on sonne : la femme de service, qui se tenait dans l'entrée, va ouvrir, nous entendons une voix claire, une voix de femme qui prononçait le nom de Jacques.

A ce bruit, Jacques, qui paraissait endormi et qui ne pouvait plus se soulever sans des plaintes et des gémissements, se dresse comme s'il eût été atteint d'une décharge électrique.

— Caroline! fait-il.

Nous aussi, nous nous étions levés : Eugénie était d'une pâleur livide.

Elle regarda son mari, et dans ses yeux elle vit une si déchirante expression de prière que, se tournant vers moi :

— Faites entrer madame Chaisemartin, dit-elle.

Je restai un moment indécis.

— Ne voyez-vous pas qu'il n'ose nous le demander?

Et me faisant un signe en me montrant l'entrée, elle passa dans la chambre voisine.

J'allai chercher Caroline, et l'ayant amenée près de Jacques qui, sur son lit, haletait péniblement, les yeux brillants, les lèvres frémissantes, je rejoignis Eugénie.

Je la trouvai affaissée sur une chaise, la tête cachée entre ses mains.

— Ah ! fit-elle avec un sanglot étouffé, jusqu'à la mort elle le poursuit !... elle me l'enlève encore !

Il y avait à peine cinq minutes que Caroline était auprès de Jacques, lorsque nous entendîmes un grand cri, un cri poussé par elle.

Vivement nous entrâmes : sur le lit, Jacques était renversé les yeux fixes, la bouche entr'ouverte. Caroline, comme pour chercher à comprendre, nous regardait, regardait le lit, regardait Jacques.

D'un bond, Eugénie courut à son mari ; elle voulut le soulever ; la tête s'en alla à la renverse ; les membres s'affaissèrent.

L'horrible vérité la frappa ; et se redressant, d'une main tenant la main du mort, de l'autre, par un geste plein d'autorité, à Caroline elle montra la porte.

Il y eut un moment de terrible silence ; ces deux femmes se regardaient : Eugénie frémissante, irrésistible de force, Caroline confuse, à moitié folle.

Devant les yeux d'Eugénie elle dut baisser les siens, et sans qu'il y eût un seul mot d'échangé, tremblante, éperdue, elle sortit.

Eugénie voulut elle-même garder le mort. Elle-même, elle le veilla ; elle-même, elle l'ensevelit. Il fallut presque lui faire violence pour l'arracher d'auprès du cercueil ; surtout il le fallut pour l'empêcher de suivre le convoi.

— Laissez-moi, disait-elle, je serai forte, j'irai jusqu'au bout... ne m'en séparez pas encore.

Suivant l'expresse volonté de Jacques, on ne devait point

aller à l'église ; de la maison mortuaire, nous partîmes donc directement pour le cimetière.

Sans être nombreuse, l'assistance était convenable ; quelques camarades étaient venus, Aize, Maret, Chaisemartin, et même Boudignot.

— Comment! toi? lui dis-je en le voyant.

— Mon Dieu, oui, je n'ai pas voulu laisser partir ce malheureux sans une prière ; cependant je t'avoue que cela me gêne bien : je me marie dans trois jours, et tu sais, les préparatifs, les visites, ma cour à faire.

Soit hasard, soit intention, nous nous trouvâmes réunis dans la même voiture, Boudignot, Maret, Chaisemartin et moi.

D'abord il y eut un moment de silence ; puis l'un de nous parla du froid qui était intense ; la conversation changea et s'abattit sur Jacques.

— Mourir à trente-deux ans, c'est bien malheureux!

— C'est heureux, au contraire : que fût-il devenu?

— Messieurs, interrompit Boudignot, c'est un véritable scandale, une calamité pour la religion. La mort de ce pauvre Jacques, que j'aimais de tout mon cœur, est, comme sa vie, blâmable en tous points : cette mort n'a été qu'un acte d'orgueil, cette vie qu'une longue suite de fautes. Voyez où l'absence de principes certains peut conduire ; vous avez tous connu cette belle intelligence, voyez à quoi elle a servi : à la confusion, à la honte, au désordre, au néant.

— Est-ce que tu vas prêcher longtemps, vénérable sacristain? interrompit Chaisemartin, qui n'avait rien perdu de son insolence. Tu aimais ce cher Jacques, dis-tu ; si nous te laissions continuer, avec tes paroles béates et confites, tu le ferais plus noir qu'une de ces soutanes que tu adores à genoux. Il ne m'est pas permis, à moi, de dire que je l'aimais ; plus que personne j'ai contribué à ses malheurs; mais pour lui j'avais de la sympathie. Non-seulement je ne blâme ni sa vie ni sa mort, mais je les admire. Il a fait, ce garçon que tu voudrais nous représenter comme un fou, ce que pas un de nous n'aurait eu la force de faire. Dans ce temps d'ambition, de sécheresse, d'égoïsme, il n'a écouté que son cœur... et il en est mort. Je trouve ça très-beau, moi, et je lui porte envie; sentiment, — soit dit sans vous offenser, — que je ne ressens à l'égard d'aucun de vous, pas même à ton égard, heureux et pieux Boudignot. Que n'a-t-il rencontré une autre femme !

— Oui, interrompis-je à mon tour. Voyez ce qu'il a été, livré à lui-même, et voyez aussi ce qu'il a été sous l'influence de...

— Allons, n'aie pas peur, s'écria Chaisemartin, achève.

— De Caroline. Jacques était malheureusement un cœur né pour n'aimer qu'une fois, et qui, dans sa première passion, avait tout placé : toutes ses forces, toutes ses facultés. Du jour où il a aimé Caroline, il n'a plus été maître de lui, et si, comme juré, j'avais à le juger, je dirais que de ce jour-là il n'a plus agi avec discernement : si vous voulez le condamner, condamnez la fidélité, condamnez la passion.

— Eh bien ! moi, reprit Maret qui n'avait encore rien dit, j'avoue que dans tout ceci mes sympathies sont pour Caroline. Jacques a beaucoup crié, s'est bruyamment plaint, a fait partout un élégant étalage de sa douleur; Caroline n'a jamais rien dit. Ne la jugez point d'après des impressions reçues, jugez-la d'après des faits. Si quelqu'un a subi une fatale influence, c'est elle. Qui lui a fait abandonner Caen, où elle était heureuse, et cela sans avoir ni asile, ni position, ni rien à lui offrir ? Qui lui a inspiré des idées de fortune ? Pendant trois années, elle a été pour Jacques une Providence : elle l'a nourri pendant qu'il faisait de belles phrases sur la sainteté de l'amour.

Est-ce à vous, Chaisemartin, de condamner sa trahison, si trahison il y a? Est-ce à vous, — il se tourna vers moi, — de la condamner pour ces dernières années? En avez-vous le droit? Savez-vous ce qu'elle a souffert? savez-vous ce qu'était Jacques? quelle était sa jalousie, son exigence dans les choses de l'amour, sa puérilité dans celles de la vie? Savez-vous enfin lequel s'est dévoué à l'autre? Vous n'avez vu, vous n'avez écouté que Jacques; vous ne l'avez pas entendue, elle; vous n'avez pas reçu ses douloureuses confidences.

— Oh! oh! interrompit Chaisemartin, je crois que le témoin Maret a mangé chez la prévenue, si toutefois il n'a pas fait mieux.

Maret allait répondre; mais on était arrivé au cimetière; il fallut descendre de voiture.

A pied nous suivîmes le char. Nous avancions lentement. Dans les allées, la neige était épaisse et molle. Arrivé jusqu'au haut du cimetière, le corbillard s'arrêta; on prit le cercueil à bras et nous nous engageâmes dans un petit sentier non frayé : la fosse était au bout.

— Quel numéro? demanda un homme galonné.

— Deux cent cinquante, répondit une voix.

— C'est bien, allez!

Et l'on voulut descendre le cercueil; mais pendant la nuit il avait fortement gelé, la terre s'était gonflée, la fosse était trop étroite. Un fossoyeur y descendit et se mit à piocher à grands coups.

Nous étions rangés autour, tête nue, les pieds dans la neige. La terre était tellement dure que le travail n'avançait guère. Les autres fossoyeurs, comme s'ils eussent été seuls, causaient : « Ça va bien, six en deux heures. — La saison y est. » Pour nous, nous grelottions, au milieu de ce vaste cimetière couvert d'un drap blanc sur lequel se détachaient les tiges roussies des lauriers et des cyprès.

— Vas-tu dire quelque chose? me demanda Chaisemartin.

— J'ai la gorge trop malade : c'est à peine si je peux parler.

— Nous ne pouvons pourtant pas l'enterrer comme un chien ; moi, je ne dois pas me permettre le plus petit discours sur cette tombe ; si nous laissons faire Boudignot, il va prêcher pendant trois heures.

— Parlons-en à Maret.

Maret se résigna. Ce fut lui qui, pour nous tous, adressa à notre camarade, à notre ami, nos derniers adieux.

Pendant ce temps les fossoyeurs avaient rempli la fosse.

Comme nous avions fait quelques pas pour nous éloigner :

— Regarde là-bas, me dit Chaisemartin, en m'indiquant une touffe de thuya.

C'était Caroline, qui, à genoux dans la neige, à demi cachée derrière une grille, pleurait.

En même temps, du côté opposé, arrivait une autre femme en noir et voilée.

Elle marcha à la tombe de Jacques et s'agenouilla.

Curieux, je m'avançai vers elle : c'était Eugénie.

Elle sanglotait lamentablement, et dans les blocs de terre elle tâchait d'enfoncer une petite croix en bois noir sur laquelle, écrit en lettres blanches, on lisait :

JACQUES CHEVALIER

FIN

NOTICE POUR « LES AMOURS DE JACQUES »

Mon premier roman publié, j'en avais tout de suite commencé un autre, dont trois cents pages environ étaient écrites quand l'éditeur Michel Lévy me les demanda pour les communiquer à Buloz, le directeur de la *Revue des Deux-Mondes* :

— Il veut voir ce que vous faites, ajouta-t-il.

— Pour me demander de faire autre chose, sans doute.

Ma réplique était partie un peu vite ; je l'expliquai après avoir remercié Michel Lévy de son intervention :

— Quand, pour mes *Amants*, vous avez, par peur d'un procès, exigé des suppressions, je n'ai pas hésité à reprendre mon manuscrit, bien que je ne visse pas du tout ce que j'en ferais, où je le placerais, et même si je le placerais jamais ; et pendant des mois j'ai couru tous les éditeurs de Paris, acceptant d'interminables attentes, comptant les jours après les jours pour recevoir des réponses qui n'arrivaient jamais. Et cependant il ne s'agissait que de coupures, qui pour ennuyeuses qu'elles fussent dans le moment n'engageaient pas du tout l'avenir. Tandis qu'avec Buloz ce n'est pas de coupures de ce genre qu'il s'agit. Ce qu'il demande à voir c'est ce que je fais, afin de savoir ce qu'on pourra me faire faire plus tard. Ce qu'il veut c'est prendre ma mesure, — mesure du caractère plus encore que du talent, — afin de se rendre compte de mon aptitude à entrer dans la livrée qu'il impose à ceux qu'il admet à écrire chez lui.

— Alors ?

— Je me tâte. Je suis si peu souple, et ce qui est pire, si rétif !

— Vous pouvez toujours essayer. S'il vous impose des conditions qui vous déplaisent vous les refuserez. S'il ne vous demande rien, je ne vois pas ce que vous auriez à refuser. A votre place combien seraient heureux de se voir entr'ouvrir la porte devant laquelle vous vous cabrez sans même savoir ce qu'il y a derrière.

— Demain je vous apporterai mon manuscrit.

Je n'aurais jamais eu l'idée de présenter mon premier roman à Buloz, dont je croyais connaître l'esprit; mais puisque lui-même, après avoir lu ce premier roman, demandait à connaître le second, j'aurais été bien maladroit de refuser ses avances. D'ailleurs toutes chances de publication dans la *Revue* mises de côté, — et je ne me faisais guère d'illusions sur ce point, — la proposition que me transmettait Michel Lévy avait pour moi cela d'intéressant qu'elle allait me faire faire la connaissance de Buloz. Dans nos entretiens de jeunes que nous étions alors, Buloz revenait à chaque instant, et chacun parlait de lui selon ses espérances ou ses rancunes, ses opinions ou ses partis pris, bien plus que d'après la réalité. Etait-il réellement le brutal qu'on disait, grossier, sans éducation d'aucune sorte, et même sans instruction, qui, par la seule force d'une volonté persévérante, avait su pendant trente années exercer une tyrannie humiliante sur le monde littéraire de son temps, le plier sous son despotisme et le faire travailler à sa fortune, sans que lui-même fît rien pour ceux qu'il exploitait, si ce n'est les payer misérablement avec accompagnement d'insolences et même quelquefois... de gifles ? Ou bien, ce qui semblait plus vraisemblable, avait-il acheté son succès par certaines qualités qu'on ne voulait pas voir ? Puisqu'une occasion s'offrait de faire fonctionner pour moi seul ce terrible Savoyard, j'allais passer un bon moment, et, dans les dispositions où j'étais, m'offrir une amusante étude.

Peu de jours après la remise de mon manuscrit, Michel Lévy m'ayant prévenu que Buloz m'attendait, je montai le petit escalier de la rue Saint-Benoît, et après avoir traversé un jardinet j'entrai dans une espèce d'étude d'avoué de province où, derrière des bureaux noirs, de vieux clercs travaillaient silencieux. J'allais demander à l'un d'eux si M. Buloz était visible, lorsqu'un œil dur, un seul, se fixa sur moi : c'était le maître.

Je m'avançai et me nommai. Il ne répondit pas et continua à me regarder de façon à me faire comprendre que j'allais être mis à la porte : je le savais borgne, mais j'ignorais qu'il fût sourd ; je lui tendis ma carte.

— Pourquoi ne m'avez-vous pas apporté votre premier roman ? me dit-il d'un ton rogue.

— Parce que je n'ai pas cru que vous le publieriez.

— Je ne l'aurais pas publié, en effet, mais je vous aurais donné des conseils qui vous auraient servi pour votre second que je viens de lire et où il y a de l'intérêt, des caractères, de la composition, un style français, de la poésie même, mais tout cela noyé dans des défauts qui doivent être corrigés.

Et vigoureusement, comme s'il cognait à coups de serpe, il tailla dans mon roman, en même temps qu'il m'indiquait comment je devais remplacer ces abatis. Ce fut seulement quand il se tut que je répondis :

— Ce que vous m'indiquez là, c'est le roman *Revue des Deux-Mondes*.

— C'est le bon.

— Je ne dis pas qu'il n'ait pas été le bon, mais il n'est peut-être pas le seul bon.

— Il l'est pour moi. Des écrivains qui vous valent bien ont compris qu'ils avaient intérêt à suivre mes indications, et elles leur ont profité. Voyez Octave Feuillet ; il commence à bien faire, je l'ai formé. Voyez madame Sand ; elle avait du génie ; quand elle n'a pas écrit à la *Revue* elle est devenue folle. Vous n'avez pas, je pense, la prétention de ne pas accepter des corrections ?

— C'est que justement je fais des romans pour dire ce qui me plaît, tout ce qui me plaît, et rien que ce qui me plaît.

— Ah ! ah ! très bien ! Vous verrez où cela vous conduira, jeune homme.

Si jeune que je fusse, je ne l'étais pas cependant au point de ne pas sentir la gravité d'un pareil avertissement. Le manque d'affabilité n'est pas la preuve qu'on ne connaît ni la vie ni les hommes. Et en regardant d'où Buloz était parti pour arriver à créer la puissance qu'était la *Revue*, à ce moment restée seule intangible au milieu du désastre des journaux (1859), on ne pouvait pas prendre pour paroles en l'air celles de ce bourru; et elles avaient d'autant plus d'importance pour moi qu'elles précisaient, avec l'autorité de l'expérience, ce que je m'étais déjà dit. Il continua:

— L'intransigeance n'a jamais été utile à personne; reprenez votre roman, corrigez-le dans le sens que je vous indique, et je le publierai, comme je publierai probablement les autres si vous n'en faites pas trop et suivez mes conseils: il faut se châtier comme il faut se borner. Si Alfred de Musset ne m'était pas revenu après avoir tâté des journaux, il était perdu.

Si la sagesse me faisait me soumettre, j'étais enrégimenté sous cette direction: je n'avais plus qu'à écrire des romans sur le modèle connu sans inquiétude et sans recherche. Jusqu'à un certain point j'étais comme ces jeunes peintres qu'un petit succès vient de signaler à l'attention des marchands de tableaux, qui les enrôlent à leur service en leur achetant d'avance leur fabrication, réglée à l'avance aussi, et leur assurent avec la fortune les honneurs officiels.

Mais cela ne me tentait point, j'avais d'autres idées, d'autres visées, un autre but, et si aventureuse qu'en fût la poursuite, ces sages avertissements ne me le feraient pas abandonner: suivons-nous d'autres conseils d'ailleurs que ceux qui s'accordent avec notre caractère? « Je verrais bien, comme disait Buloz, où cela me conduirait et si je rencontrerais partout des exigences analogues à celles qu'il m'opposait. »

Il semblait que nos relations devaient en rester là; cependant elles reprirent quelques années plus tard; dans la *Notice sur madame Obernin*, je dirai comment et à quoi elles aboutirent.

H. M.

TABLE DES MATIÈRES

Pages.
DÉDICACE. 1

PREMIÈRE PARTIE

I. — La pension Heudelay.	3
II. — En huitième.	12
III. — Jacques.	21
IV. — Le premier malheur de Jacques. . . .	27
V. — Les premières ivresses.	39
VI. — Caroline.	47
VII. — La halte avant le désert.	56
VIII. — Amour.	66
IX. — A quoi sert un rival.	76
X. — La misère dorée.	86
XI. — Chaisemartin.	95
XII. — Les bois de Crillon.	105
XIII. — Les rouéries de l'expérience. . . .	118
XIV. — Les affres de la séparation.	131
XV. — Les paroles du sphinx.	143
XVI. — Le Calvaire.	162

DEUXIÈME PARTIE.

Pages.

XVII. — Le feu sous la cendre. 181
XVIII. — Les vertiges du souvenir. 197
XIX. — La gare du chemin de fer du Nord. . . . 208
XX. — La maîtresse et l'ami. 217
XXI. — La femme de Jacques. — Le mari de Caroline. 225
XXII. — Nouvelles amours. 234
XXIII. — La résolution de la colère. 251
XXIV. — Les hypocrisies de la passion. 263
XXV. — Les homélies de l'excellent Boudignot. . 274
XXVI. — La peur de l'incertain. 285
XXVII. — Les amours de Caroline. 293
XXVIII. — Le jugement des amis. 300

FIN DE LA TABLE DES MATIÈRES

Émile Colin. — Imprimerie de Lagny.

DEPLIANT EN COULEUR

SERVICES DIRECTS ENTRE LA FRANCE ET LA SUISSE

BILLETS D'ALLER ET RETOUR
à prix réduits
DE PARIS A BERNE ET A INTERLAKEN
(via Dijon, Pontarlier, Les Verrières, Neuchâtel)
ou réciproquement

PRIX DES BILLETS :

De PARIS à
- Berne . . . 1re classe, **101 fr.** 2e classe, **75 fr.** 3e classe, **50 fr.**
- Interlaken . 1re classe, **112 fr.** 2e classe, **82 fr.** 3e classe, **55 fr.**

Valables **60 jours** avec arrêts facultatifs sur tout le parcours.

TRAJET RAPIDE DE PARIS A BERNE EN 12 HEURES
SANS CHANGEMENT DE VOITURE EN 1re ET 2e CLASSE

Ces billets d'aller et retour sont délivrés du **15 Avril** au **15 Octobre**. Franchise de 30 kilog. de bagages sur le parcours P.-L.-M.

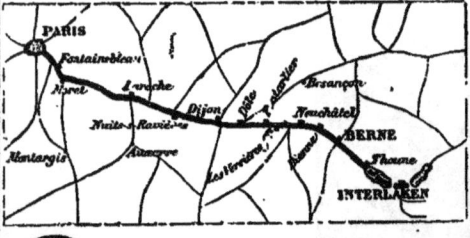

LES TOURISTES devront toujours avoir soin de se munir d'un flacon de **Vin de Vial**, seul réparateur énergique des forces. — Un petit verre à liqueur pris régulièrement avant chaque repas fait disparaître immédiatement toute lassitude pour faire bientôt place à un sentiment inaccoutumé de bien-être. — *Se trouve dans toutes les Pharmacies.*

Excursions au Mont-Rose
Service direct entre Paris et Zermatt (Mont-Rose)
Via Dijon, Pontarlier, Lausanne

TRAJET RAPIDE EN 20 HEURES

BILLETS SIMPLES
1re classe, **88 fr. 75**; 2e classe, **65 fr. 65**; 3e classe, **43 fr. 20**

BILLETS D'ALLER ET RETOUR A PRIX RÉDUITS
1re classe, **140 fr.**; — 2e classe, **108 fr.**; — 3e classe, **71 fr.**

Ces Billets d'Aller et Retour, valables pendant 60 jours, ne sont délivrés que du 15 mai au 30 septembre. — *Arrêts facultatifs.* — Franchise de 30 kilog. de bagages sur le parcours P.-L.-M.

BILLETS D'ALLER & RETOUR POUR CHAMONIX
Par CLUSES

Excursions au Mont-Blanc

Des gares ci-dessous A CHAMONIX et retour	ITINÉRAIRE	PRIX DES BILLETS			DURÉE de validité
		1re Classe	2e Classe	3e Classe	
		fr. c.	fr. c.	fr. c.	jours
Paris (1) . . .	Dijon, Mâcon, Ambérieu, Bellegarde, Genève-Cornavin, Genève-Eaux-Vives, Saint-Julien-en-Genevois — Annemasse .	127 05	95 40	67 05	15
Lyon-Perrache (1) . .	par Genève ou directement . .	60 25	40 16	31 »	10
Genève-Eaux-Vives .	La Roche-sur-Foron	22 05	19 80	17 75	8
Aix-les-Bains	La Roche-sur-Foron	31 15	26 35	22 0	8
Annecy	La Roche-sur-Foron	24 40	21 50	18 90	8
Evian-les-Bains. . .	La Roche-sur-Foron	27 60	23 80	20 40	8
Thonon-les-Bains. .	La Roche-sur-Foron	26 10	22 70	19 70	8

(1) Les voyageurs ont à pourvoir à leurs frais au transport de leur personne et de leurs bagages entre la gare de Genève-Cornavin et celle de Genève-Eaux-Vives.

NOTA. — Le parcours entre la gare de Cluses et Chamonix est effectué par les voitures de la Société de Correspondance des Chemins de fer P.-L.-M. et du Jura Simplon, 24, G. and-Quai, à Genève.

TRAJET RAPIDE DE PARIS A CHAMONIX en 18 heures 1/2

Par **L'EMPLOI RÉGULIER** du **Vin de Vial** à la dose d'un verre à liqueur avant chaque repas, les personnes épuisées ou affaiblies par un **TRAVAIL DE BUREAU** ou un surmenage intellectuel retrouveront bientôt la vigueur et la santé. *(Dans toutes les pharmacies.)*

Voyages circulaires à Itinéraires fixes
A PRIX RÉDUITS

La Compagnie P.-L.-M., délivre, en toute saison, des billets circulaires à itinéraires fixes extrêmement variés dont la nomenclature complète publiée dans le **Livret-guide officiel P.-L.-M.** qui est mis en vente au prix de 0 fr. 40 dans les principales gares de son réseau, dans les bureaux de ville et Agences.

Il est donné ci-dessous à titre d'exemples, quelques-uns des voyages qui sont le plus fréquemment employés pendant la saison d'été pour se rendre en

Savoie et en Suisse :

ITINÉRAIRE 4 (¹)°

DURÉE DU VOYAGE 30 JOURS. — 1re cl., 125 fr.; 2e cl., 93 fr.
DURÉE DU VOYAGE 60 JOURS. — 1re cl., 133 fr.; 2e cl., 100 fr.

Afin de faciliter la visite de Lyon aux voyageurs porteurs de billets de ce voyage dont l'itinéraire ne comprend pas cette ville, les voyageurs sont autorisés à substituer le parcours Mâcon-Lyon-Ambérieu au parcours Mâcon-Bourg-Ambérieu, moyennant le paiement d'un supplément de 6 fr. 30 en 1re classe et de 4 fr. 50 en 2e classe.

━━━━ Tracé du voyage. ××××××× Parcours facultatifs.

SUITE DES EXEMPLES

ITINÉRAIRE 5 (¹)°
DURÉE DU VOYAGE 30 JOURS. — 1re cl., 125 fr.; 2e cl., 100 fr.
DURÉE DU VOYAGE 60 JOURS. — 1re cl., 133 fr.; 2e cl., 108 fr.

ITINÉRAIRE 6
DURÉE DU VOYAGE 30 JOURS. — 1re cl., 12. fr.; 2e cl., 93 fr.

DÉLIVRANCE DES BILLETS:

Les billets des voyages ci-dessus sont délivrés :
1° *Voyage 4.* — Pendant toute l'année dans les gares de Paris, Dijon, Genève et Culoz.
2° *Voyage 5.* — Validité 2 mois, du 1er mai au 31 août; validité 4 mois, du 1er mai au 30 septembre dans les gares de Paris, Dijon, Mâcon et Genève;
3° *Voyage 6.* — Du 1er mai au 30 septembre, dans les gares de Paris et Dijon.
(1) ° Mêmes renvois que ceux qui figurent à la page précédente.

L'emploi du **phosphate de chaux** et de la **viande crue** à l'état naturel n'a pas pu jusqu'à ce jour prendre place dans les prescriptions journalières, c'est que tous les médecins se sont heurtés à des répulsions insurmontables lorsqu'ils ont eu à en donner l'emploi aux enfants, aux jeunes filles, aux jeunes mères, auxquels le nervosisme a pour premier symptôme le dégoût de toute nourriture. C'est alors que, pour imposer la guérison, le médecin a recours à la préparation connue sous le nom de « **Vin de Vial** » qui contient à l'état de concentration sous la forme la plus assimilable, tous les principes actifs du **quina**, de la **viande** et du **phosphate de chaux**. — **J. VIAL**, rue Victor-Hugo, à Lyon, et toutes **Pharmacies**.

RELATIONS DIRECTES ENTRE PARIS & L'ITALIE
(Via Mont-Cenis)

BILLETS D'ALLER ET RETOUR
DE
Paris à Turin, à Milan, à Gênes et à Venise
(Via Dijon, Mâcon, Aix-les-Bains, Modane)

PRIX DES BILLETS

	1re classe	2e classe
Turin	147 60	106 10
Milan	168 35	119 »
Gênes	167 10	119 15
Venise	216 35	154 »

Validité : 30 jours.

Ces billets sont délivrés toute l'année à la gare de Paris-Lyon et dans les bureaux succursales.

La validité des billets d'aller et retour Paris-Turin est portée gratuitement à 60 jours, lorsque les voyageurs justifient avoir pris, à Turin, un billet de voyage circulaire intérieur italien.

D'autre part, la durée de validité des billets d'aller et retour Paris-Turin peut être prolongée d'une période unique de 15 jours, moyennant le payement d'un supplément de 14 fr. 75 c. en 1re classe et 10 fr. 60 c. en 2e classe.

ARRÊTS FACULTATIFS A TOUTES LES GARES DU PARCOURS
Franchise de 30 kilog. de bagages sur le parcours P.-L.-M.

Trajet rapide de PARIS à TURIN en 16 h., à MILAN en 19 h. 1/2

Le **VIN DE VIAL**, d'une supériorité reconnue sur tous les vins de ce genre, contient, sous la forme la plus assimilable, tous les principes actifs du Phosphate de Chaux, du Quina et de la Viande crue. Ces trois substances dont l'action isolée est parfaitement définie, constituent, par leur union, le plus rationnel et le plus complet des **toniques**.

VOYAGES CIRCULAIRES
A Itinéraires Facultatifs
SUR LE RÉSEAU P.-L.-M.

Il est délivré, pendant toute l'année, dans toutes les gares du réseau P.-L.-M., des billets individuels et des billets collectifs de famille, à prix très réduits, pour effectuer sur ce réseau, en 1re, 2e et 3e classe, des Voyages circulaires à itinéraires établis par les voyageurs eux-mêmes, avec parcours totaux d'au moins 300 kilomètres. Les prix de ces billets comportent des réductions très importantes pour les billets individuels et pouvant atteindre jusqu'à 50 % pour les billets collectifs.

Les billets de famille ou billets collectifs sont délivrés aux familles d'au moins quatre personnes payant place entière et voyageant ensemble. Le prix s'obtient en ajoutant, au prix de trois billets de voyages circulaires à itinéraires facultatifs ordinaires, la moitié du prix d'un de ces billets pour chaque membre de la famille en plus de trois, sans, toutefois, que ce prix puisse descendre au-dessous de 50 % du tarif général appliqué à l'ensemble des membres de la famille.

Pour se procurer un billet individuel ou un billet de famille, il suffit de tracer sur une carte, qui est délivrée gratuitement dans toutes les gares P.-L.-M., le voyage à effectuer et d'envoyer cette carte, 5 jours avant le départ, à la gare où le voyage doit être commencé, en joignant à cet envoi une provision de 10 francs par chaque billet demandé.

Exemple d'un de ces voyages au départ de PARIS

PARCOURS : 1.390 KILOMÈTRES

DURÉE DU VOYAGE :
30 jours.

1re CLASSE	109 10
2e	82 10
3e	60 10

Arrêts facultatifs dans toutes les gares situées sur l'itinéraire.

Depuis de longues années, l'attention du Corps Médical tout entier s'est portée sur le **Vin de Vial**, dont les excellents résultats leur en ont fait préconiser l'emploi. C'est le **tonique** le plus énergique que doivent prendre les convalescents, les vieillards, les femmes et les enfants débiles et toutes personnes délicates. *(Dans toutes les Pharmacies.)*

BILLETS DIRECTS
DE
Paris à Royat et à Vichy

voie la plus courte et la plus rapide pour se rendre de Paris à Royat est la voie de Nevers-Clermont-Ferrand.

DURÉE DU TRAJET :
DE PARIS A ROYAT EN 9 HEURES
DE PARIS A VICHY EN 6 HEURES 1/2

PRIX :

		1re classe	2e classe	3e classe
Paris à	Royat	47 60	32 30	21 10
	Vichy	41 »	27 70	18 10

EXCURSIONS AUX GORGES DU TARN
(Voir les descriptions dans le Livret-Guide officiel de la Compagnie)

ITINÉRAIRE :
ers — Moulins — Clermont-Ferrand — Arvant — Neussargues

AVIS IMPORTANT

es renseignements les plus complets sur les **Voyages circulaires** d'excursion (prix, conditions, cartes et itinéraires), ainsi que sur billets simples et d'aller et retour, cartes d'abonnent, horaires, relations internationales, etc., sont renfermés s le **LIVRET-GUIDE OFFICIEL P.-L.-M.**, mis en vente au de **40 centimes**, dans les principales gares, bureaux de ville et les bibliothèques des gares de la Compagnie.

VIN DE VIAL
AU QUINA, SUC DE VIANDE ET PHOSPHATE DE CHAUX

Toujours identique dans sa composition, le Vin de Vial est un modificateur puissant de l'organisme. Il convient surtout aux convalescents, enfants chétifs et malades, adolescents anémiés par la croissance, aux femmes et aux vieillards épuisés par l'âge ou la maladie. PAR SON EMPLOI, Amaigrissement, Langueur, Inappétence disparaissent promptement pour faire place à un sentiment inaccoutumé de bien être et de force.

VIAL, Pharmacien
Ex-préparateur à l'École de Médecine et de Pharmacie.
14, rue Victor-Hugo, LYON

RISON RAPIDE Le VIN DE VIAL est le remède indiqué dans les cas graves résultant des suites de toute épidémie. ndant la maladie, indispensable pendant la convalescence, il détermine une rapide, évite l'affaiblissement et prévient toute rechute.

renseignements ou réclamations concernant la publicité insérée dans ce prospectus d'adresser à l'Agent Général, 58 bis, Boulevard Port-Royal, Paris.

CHEMINS DE FER DE PARIS-LYON-MÉDITERRANÉE

SAISON D'ÉTÉ 1895

Suisse-Italie
VOYAGES CIRCULAIRES

www.ingramcontent.com/pod-product-compliance
Lightning Source LLC
Chambersburg PA
CBHW060410170426
43199CB00013B/2083